ESOTERISCHES
WISSEN

Herausgeber dieser Reihe Michael Görden

Robert B. Stone
DER WEG ZU SILVA MIND

Das Geheimnis der Silva Mind Methode und die Geschichte ihres Begründers José Silva

Deutsche Erstausgabe

WILHELM HEYNE VERLAG
MÜNCHEN

HEYNE ESOTERISCHES WISSEN
08/9615

Aus dem Amerikanischen übertragen
von Brigitte Peterka

Titel der Originalausgabe:
THE MAN WHO TAPPED THE SECRETS OF THE HUMAN MIND
AND THE METHOD HE USED
erschienen bei H J Kramer Inc, Tiburon, Kalifornien

Copyright © 1990 by José Silva
Copyright © 1992 der deutschsprachigen Ausgabe by
Wilhelm Heyne Verlag GmbH & Co. KG, München
Printed in Germany 1992
Umschlaggestaltung: Atelier Adolf Bachmann, Reischach
Umschlagillustration: Zefa/Maehl, Düsseldorf
Satz: Kort Satz GmbH, München
Druck und Bindung: Presse-Druck Augsburg

ISBN 3-453-06089-X

Inhaltsverzeichnis

Vorwort

Als Autor oder Mitautor von etwa fünfundsiebzig Selbsthilfebüchern habe ich einige Biographien geschrieben, die sich mit Menschen befassen, die ihre Mitmenschen besonders inspirierten, so über den führenden Kopf der damals größten Verlagsanstalt der Welt, ein Genie auf seinem Gebiet, des weiteren über einen Vier-Sterne-General und über eine Frau, die auf dem Unterhaltungssektor zu Starruhm kam.

Der Held dieses Buches ist auf dem Evolutionssektor ein Star, auf dem Gebiet der Menschheitsentwicklung. Wenn Sie vielleicht glauben, daß dies die Möglichkeiten eines einzelnen überschreite, dann lesen Sie bitte weiter.

Die Lektüre dieses Buches wird Ihnen doppelten Gewinn bringen. Erstens werden Sie entdecken, wie sich ein Mann wissenschaftlicher und spiritueller Kräfte bediente, um eine Methode zu entwickeln, mit deren Hilfe ein größerer Teil des menschlichen Geistespotentials genutzt werden kann, und wie er diese Kräfte in heldenhafter Weise einsetzte, um wissenschaftliche und spirituelle Vorbehalte zu überwinden. Und zweitens werden Sie einen Einblick in das Silva-Bewußtseinstraining und in seine praktische Anwendung gewinnen und auf diese Weise in der Lage sein, Ihre eigene Lebensqualität zu verbessern.

José Silva, der Erfinder dieser Methode, hat in seinem ganzen Leben nie eine richtige Schule besucht. Im Alter von sechs Jahren verdiente er für seine Familie als Zeitungsverkäufer und Schuhputzer den Lebensunterhalt. Dann wurde er ein erfolgreicher Geschäftsmann, Erfinder und Elektronikspezialist. Dieser erstaunliche Werdegang ähnelt dem eines Mannes, der gleichfalls kaum die Schulbank drückte, dem des Physikers Walter Russell, der an der Entdeckung von schwerem Wasser beteiligt war, die den Weg ins Atomzeitalter ebnete. Als Architekt errichtete Russell mehrere Gebäude in New York und als Bildhauer die Skulpturen zweier Präsidenten und vieles andere mehr. Der Autor einer Biographie über Russell gab seinem Buch den Titel: ›Der Mann, der den Geheimnissen des Universums auf die Spur kam‹, was mich zu dem Untertitel meiner Biographie über José Silva inspiriert hat: ›Der Mann, der den Geheimnissen des menschlichen Geistes auf die Spur kam‹.

Mit sechsundsiebzig hat José Silva ganz offensichtlich mehr zu tun, als sich mit Erfindungen zu beschäftigen. Er ist dabei, die computerähnliche Speicherfähigkeit des menschlichen Gehirns anzuzapfen, um die mittels IQ-Test gemessene Intelligenz zu steigern, und gleichzeitig die kreative Seite des menschlichen Geistes zu aktivieren, um im Lichte des New-Age-Denkens alte Lehren neu zu interpretieren und der Menschheit Hoffnung auf eine Welt ohne Gefängnisse, Spitäler und Schlachtfelder zu machen.

Ich unterrichte die Silva-Methode jetzt seit mehr als fünfzehn Jahren und wünschte, ich könnte ihre vielen stillen Erfolge von den Dächern verkünden — den langsamen Einzug der Psychoneuroimmunologie und dann der Kyberphysiologie auf medizinischem Feld, die Errungenschaften auf dem Gebiet ganzer Fächer im Unterrichtswesen, basierend auf der Silva-Methode, die Erfolge im Geschäftsbereich durch Unternehmer, die täglich die Silva-Methode anwenden.

Dieses Buch soll für mich das Dach sein und für Sie das Fundament für ein neues Leben, das von der Methode zur erweiterten Nutzung des menschlichen Geistespotentials gelegt wird.

Robert B. Stone, Ph. D.

Kaneohe, Hawaii, 1. Juli 1990

Teil I
José Silva

1

Der Mann, die Botschaft und die Methode

Viele Lebensgeschichten werden erst erzählt, wenn die betroffenen Personen schon gestorben sind. José Silva ist noch sehr lebendig und wird — so unglaublich das klingen mag — in der Zeit, bis dieses Buch in Ihre Hände gelangt ist, noch viel lebendiger geworden sein.

Der Grund dafür ist, daß Kreativität den Lebensfunken sprühen läßt, und José Silva leitet ein Training, das aus gewöhnlichen Leuten Genies macht, und zwar nicht auf der Basis von ›Bestanden‹ oder ›Nicht bestanden‹, sondern mit hundertprozentiger Erfolgsrate. Wer sich für das Training in der Silva-Methode entscheidet, spielt keine Rolle — ob jung oder alt, reich oder arm, dumm oder gescheit, aus Ost oder West, schwarz oder weiß, katholisch oder muslimisch, analphabetisch oder gebildet. Bei jedem Trainingsteilnehmer erhöht sich der IQ, verbessert sich die Gesundheit, lösen sich die Probleme, kommt die persönliche Wirkung zum Tragen, steigert sich die Kreativität, wird die Intuition verläßlicher und das Leben selbst immer besser und besser.

Es ist möglich, daß Sie von José Silva und seinem Bewußtseinstraining schon gehört haben doch wahrscheinlich wissen Sie sowohl über den einen, als auch über das andere nur wenig. Und gäbe es nicht dieses Buch, würde sich daran auch in nächster Zeit nicht viel ändern. Aus dem einfachen Grund, weil die meisten früher verfaßten Bücher sich nicht gründlich genug mit dem Mann und seiner Methode auseinandersetzten, und weil die Leute, die das Training absolvierten, im allgemeinen darüber nichts verlauten lassen, da sie nur zu gut wissen, daß nur wenige ihren Erzählungen über ihre Erfahrungen Glauben schenken würden.

Doch dieses Wissen ist kein Geheimnis. Die Schüler werden nicht aufgefordert, Stillschweigen darüber zu bewahren. Nichtsdestotrotz ist seine Wirkung unglaublich: Die Methode ermöglicht es den Praktizierenden, ihren Geist auf eine Weise zu beherrschen, so daß sie mental zu unglaublichen Leistungen in der Lage sind. Derartige Methoden werden in keiner Schule gelehrt, sind häufig verbal nicht zu beschreiben, und die Wissenschaftler beginnen erst jetzt sie zu verstehen.

Wenn Sie ein UFO sähen, würden Sie darüber reden? Wahrscheinlich nicht. Denn Sie müßten befürchten, von den Leuten für verrückt gehalten zu werden. Ähnlich ist es mit der Silva-Methode. Ein Absolvent des Silva-Bewußtseinstrainings, der sich getraut mit seinen Nachbarn darüber zu reden, könnte sich gezwungen sehen, auf die weitere Teilnahme an den sommerlichen Grillfesten in der Nachbarschaft verzichten zu müssen. Ja selbst zwischen Eheleuten könnte es zu einer Entfremdung kommen. Nur eine dramatische Demonstration der erworbenen Fähigkeiten kann dann dazu führen, daß das wohlbekannte »Oh ja, wirklich?« der Faszination weicht.

Mittlerweile spielt man auf dem Erziehungssektor noch immer eine Vogel-Strauß-Politik. Es wird zwar viel von Umstrukturierung und Erneuerung gesprochen, doch bleibt dies ein bloßes Lippenbekenntnis, eine Barriere, hinter der man sich verschanzt.

Auf dem medizinischen Sektor ist es nicht viel anders. Die Ärzteschaft anerkennt die Möglichkeit, daß der Geist bei der Heilung des Körpers mithilft. Diese Beziehung hat sogar schon ihren Niederschlag in der medizinischen Terminologie gefunden, in Worten wie *Psychoneuroimmunologie* und *Kyberphysiologie*. Doch die medizinische Fachwelt im großen und ganzen zeigt nach wie vor wenig Interesse an einer Erforschung der Körper-Geist-Beziehung und neigt sich statt dessen lieber den lukrativeren Aussichten zu, die sich durch die chemische Industrie eröffnen.

Auch der Staat will von diesem großartigen Werkzeug, das viele Probleme lösen könnte, nichts wissen. Doch je mehr er sich in seinem Kampf gegen Drogen und Kriminalität anstrengt, desto größer scheinen die Probleme zu werden. Dennoch kehrt er solchen Lösungen wie der Silva-Methode den Rücken.

Allein die Tatsache, daß José Silva keinerlei offizielle Schulbildung genossen hat und dennoch der Trainer von Genies ist, macht ihn einzigartig. Wenn sich sein Leben auf den kommenden Seiten vor Ihnen entfaltet, werden Sie weitere einzigartige Aspekte entdecken, sei es, daß sich Dinge erfüllten, bei denen die Wahrscheinlichkeit für ihr Gelingen eins zu einer Million stand, sei es in Form anderer ›glücklicher Zufälle‹. Es wird Ihnen wie mir gehen: Sie werden das Gefühl haben, daß hier eine höhere Intelligenz ›die Fäden zog‹, wenn Sie die Entwicklung von Josés Arbeit betrachten.

Je mehr Sie sich in das Leben und Werk dieses Mannes vertiefen, desto vertrauter werden Sie mit seinen Techniken werden, ob es sich dabei um das Erreichen ›unerreichbarer‹ Ziele handelt oder um Lösungen für ›unlösbare‹ Probleme. In dieser Hinsicht stellt dieses Buch nicht nur eine Biographie, sondern auch eine Anleitung zur Selbsthilfe dar. Es wird Ihnen zeigen, wie Sie Ihren Geist in einen ›Supermind‹ verwandeln können, indem Sie sich an die eigentliche Quelle jeder Intelligenz anschließen und sich dabei einen Mann zum Vorbild nehmen, dessen Geschick von Anfang an unter einem günstigen Stern zu stehen schien. Nach und nach wird sich Ihnen beim Lesen das Bild dieses Mannes und seiner Methode immer mehr erschließen, wobei das eine Bild das andere erhellen wird. Aus diesen klaren Bildern werden Sie dann José Silvas Mission erkennen können.

Bei der Arbeit an der Erziehung seiner zehn Kinder legte José den Grundstein für seine Methode, die das Potential jedes Menschen freilegt und heute auf der ganzen Welt gelehrt wird. Im Jahre 1966 gab er sein einträgliches Elektronikgeschäft auf, um sich der Verbreitung der Silva-Methode auf kommerzieller Basis widmen zu können. Zuerst hatte er seine Methode verschiedenen Regierungsstellen offeriert, da er erkannte, als er sich seiner unerwarteten Erfolge auf dem Gebiet der Intelligenzverbesserung bewußt wurde, daß diese besser nach Washington passe, als nach Laredo in Texas. Doch er hatte jedes Mal die Antwort erhalten: »Rufen Sie uns nicht mehr an, wir werden uns bei Ihnen melden.«

Heute hat die Silva Mind Control International, Inc., in Laredo allein fünfzig Angestellte, die für die Herausgabe und den Druck sämtlicher schriftlicher Informationen verantwortlich sind. Außerdem sind sie für die Montage der Biofeedback-Geräte zuständig und für die Überwachung der vierhundert freien Mitarbeiter in neunundsiebzig Ländern der Welt, die das Training in sechzehn verschiedenen Sprachen unterrichten.

José Silva lebt mit seiner Frau, Paula, in einem Haus in unmittelbarer Nachbarschaft. Seine zehn Kinder sind jetzt erwachsen und haben selbst wieder zusammen siebenundzwanzig eigene Kinder. Obwohl von seiner Arbeit, die in jedem Menschen das Genie erweckt, schon an die zehn Millionen Menschen profitiert haben, ist José ein Familienmensch geblieben, für den Frau, Kinder und Verwandte an erster Stelle kommen, während er seinen Geist auf eine höhere Intelligenz einstimmt, um aus dieser Welt eine bessere für uns alle zu machen.

Weißhaarig und voller Vitalität hält der sechsundsiebzig Jahre alte José noch immer Kurse für Fortgeschrittene in seinem Zentrum in Laredo. Doch er unternimmt auch ausgedehnte Reisen, um auf der ganzen Welt Vorträge zu halten. Die Anzahl seiner Zuhörer überschreitet dabei häufig die Tausendergrenze.

Was ist es denn, was diese Millionen von Absolventen der Silva-Methode eigentlich lernen, und auf welche Weise kann es die Welt verändern? In der modernen Physik beginnt sich die Theorie durchzusetzen, daß es ein Intelligenzfeld im Raum geben müsse, um die im Labor gemachten Forschungen erklären zu können. Dieses Intelligenzfeld, dem C. G. Jung als Erster den Namen ›das kollektive Unbewußte‹ gab, wird nun mit wissenschaftlicheren Namen, wie zum Beispiel ›Morphogenetisches Feld‹ versehen. Und die Kluft zwischen der klassischen Physik Newtons und den von Einstein beeinflußten Wissenschaftlern des New Age vergrößert sich immer mehr. José Silva lehrt, wie man dieses größere Intelligenzfeld für den täglichen Gebrauch und zum eigenen Nutzen anzapfen kann.

»Vom Schuhputzer zum Millionär«, so lautet die Lebensgeschichte von José Silva, in bester amerikanischer Tradition. Als Laie erreichte er mehr als so mancher Wissenschaftler mit zahlreichen Diplomen. Sein System, das den inneren Genius erweckt, hat schon an die zehn Millionen Menschen geholfen und breitet sich immer weiter aus.

Einige Auszüge aus Zeitungen neueren Datums belegen die Notwendigkeit für das, was José zu bieten hat:

»Den Absolventen der amerikanischen Schulen ermangelt es sogar an den Grundkenntnissen, die erforderlich sind, um die vorhandenen Arbeitsplätze an den Fließbändern aufzufüllen, von den komplizierten neuen Berufszweigen, die in steigender Zahl dic Wirtschaft dominieren, erst gar nicht zu reden.«

»(Unsere Schulen haben) das Zeug, zu einer nationalen Katastrophe zu werden.«

»Eine Dritte Welt (wächst) innerhalb unseres Landes heran.«

»Der ›Amerikanische Traum‹ ist zu einem Alptraum geworden.«

»Ein Viertel der Studenten an den Höheren Schulen bricht das Studium vorzeitig ab, und einem weiteren Viertel fehlt die Grundvoraussetzung zum wirtschaftlichen Überleben...«

Diese Erklärungen wurden auf einer Konferenz abgegeben, die einberufen worden war, um sich mit der Tatsache auseinanderzusetzen, daß die Industrie der Vereinigten Staaten aufgrund der mangelhaften Ausbildung in den Schulen einer Katastrophe entgegensieht.

Die Silva-Methode wurde nur von einigen wenigen Pädagogen eingesetzt, weil sie erstens nichts mit den üblichen Lehrmethoden gemein hat, und zweitens weil sie von einem ›Außenseiter‹ geschaffen wurde. Bei den wenigen Schulen, in denen es die Direktion dem Lehrkörper und/oder den Schülern gestattet hat, sich einem Training in der Silva-Methode zu unterziehen, handelt es sich zum Großteil um private Einrichtungen, die meistens flexibler als die öffentlichen Institutionen sind.* In einigen Fällen wurden vor und nach dem Training psychologische Standardtests durchgeführt, um die Resultate zu messen.

Obwohl der Trainingseffekt weit über das von den Tests festgelegte Maß hinausging, werden hier dennoch einige Resultate angeführt:

Bei den Studenten der höheren Schulen, die sich dem Training unterzogen, wurden starke Veränderungen festgestellt in bezug auf Selbstbewußtsein, Reife, Gelassenheit und Umgang mit der Wirklichkeit. Eine spätere Studie erbrachte den Beweis, daß diese Veränderungen von Dauer waren und tatsächlich während einer bestimmten Zeitspanne noch zunahmen.

Bei erwachsenen Trainingsteilnehmern hat sich folgendes gezeigt:
1. Abnahme der Hemmungen im gesellschaftlichen Umgang

---

* The Silva Mind Control Courses: Effects With Three High School Populations (Laredo, Texas: SMCI, 1974)

15

2. Entwicklung weg von Zuständen, die als ›angespannt, frustriert und überdreht‹ beschrieben wurden, und hin zu Zuständen, die als ›entspannt, zufrieden und gelassen‹ erlebt wurden.
3. Wende von ›ängstlich, besorgt und unruhig‹ zu ›selbstsicher, ruhig und heiter‹.

Jede positive Veränderung innerhalb der Persönlichkeitsstruktur, sei es bei Studenten oder bei Erwachsenen, wirkt sich auf den persönlichen Erfolg aus, sei es auf die Lernerfolge der Studierenden oder auf die beruflichen Erfolge der Erwachsenen. Ein verbessertes Selbstkonzept ist der Schlüssel.

Wie kann ein Mann, der weder über eine Schulbildung, noch über eine Ausbildung zum Erzieher verfügt, ein Training entwickeln, das sich bald als einzige Rettung für das nationale Erziehungssystem erweisen könnte? Die Antwort darauf fußt ebensowenig auf logischen Überlegungen wie das Training selbst. Sie hat vielmehr etwas mit der im allgemeinen unangetasteten Beziehung zwischen den rationalen und den intuitiven Aspekten des Geistes zu tun.

Der rationale Aspekt unseres Geistes bildet die Grundlage für die heutzutage übliche Standarderziehung, wohingegen der intuitive Aspekt von ihr fast völlig ignoriert wird. Diese Auffassung prangert die Silva-Methode als den größten Irrtum der Menschheit an.

Die Absolventen der Silva-Methode sind sich dessen gewiß — und wenn Sie dieses Buch fertig gelesen haben, werden Sie sich auch sicher darüber sein.

Die Silva-Methode ist eine präzise Technik, dazu bestimmt, Ihnen das zu geben, was Ihnen Erziehung und Erfahrung in dieser materiellen Welt schuldig bleiben. Oberflächlich gesehen scheinen die Resultate des Trainings in einem verbesserten Gedächtnis zu bestehen, in vermehrter Kontrolle über unerwünschte Gewohnheiten und erwünschte Fähigkeiten, der schnelleren Lösung von Problemen, besserer Gesundheit, größerem Selbstvertrauen und einem höheren Grad an Kreativität und Intuition.

Wie günstig die Wirkung dieser Resultate auch sein mag, das Training bietet mehr und geht noch viel weiter. Gerade dieses zusätzliche Stück Weg, das dieses Training zurücklegt, läßt die Reichweite unseres Vokabulars, das für diese materielle Welt geschaffen wurde, zu kurz werden, denn für den kreativen Bereich, aus dem die materielle Welt entspringt, genügt es nicht. Die Silva-Methode setzt ihre Trainingsteilnehmer in Richtung dieses kreativen Bereiches in Bewegung.

Im Bereich des Schöpferischen herrscht Intelligenz, rein und einfach. Dort, im Bereich des Schöpferischen, ist alles Klarheit. Die Komplikation liegt im Bereich der *Schöpfung,* in deren Komplexität wir uns wie in einem Labyrinth verirren können. Eine Verstrickung in diesem Netz kann uns lähmen. Die Silva-Methode ermöglicht es uns, den Anschluß an das Schöpferische zu finden, um wieder lebendig zu werden.

Heute reicht die Zahl derer, die von dem Training profitiert haben, an die Zehn-Millionen-Grenze heran, und der Mann, der dieses Training geschaffen hat, ist überzeugt, daß je mehr Leute es unterrichten, desto schneller wird es in das öffentliche Erziehungswesen Eingang finden und somit auch in die Wirtschaft und Industrie und vielleicht sogar in die etablierten Religionen. Die Lehrer der Silva-Methode sind ihre Botschafter, die immer größere Teile der menschlichen Familie mit der schöpferischen Quelle verbinden.

Wer wird ein Lehrer der Silva-Methode? Ein typischer Fall ist, daß Absolventen des Silva-Trainings so von den persönlichen Veränderungen, die die Methode in ihr Leben gebracht hat, beeindruckt sind, daß sie nun den Wunsch haben, ihre Erfahrungen mit anderen Menschen zu teilen. Und sobald sie einmal diesen Entschluß gefaßt haben, werden sie sich zu einem intensiven zweiwöchentlichen Training in Laredo anmelden.

Welche persönlichen Veränderungen spornen zu einem solchen Beschluß an? Betrachten wir uns einmal den Fall Gerald Seavey zu dieser Frage. Als er sich für das Training anmeldete, gab er für seine Herionsucht täglich etwa zweihundert Dollar aus. Er hörte seinen Lehrer sagen: »Verändern Sie die unerwünschte Programmierung auf der Ebene der Ursachen, und Sie verändern das Verhalten auf der Ebene der Wirkungen.«

Skeptisch, aber mit einem Schimmer von Hoffnung, begann Seavey sich täglich zu entspannen und sich in seiner Vorstellung als ein anderer zu sehen.

»Dreimal täglich programmierte ich, daß ich am 20. Juli, also dreißig Tage nach meinem ersten Programmierversuch, kein Verlangen für Heroin mehr haben würde, und zwar für immer. Während der dreißig Tage nahm ich weiterhin Drogen, aber ich verringerte langsam die Dosis, um zum festgesetzten Datum völlig entwöhnt zu sein.

An diesem großen Tag im Juli hörte ich tatsächlich auf mit dem Heroin und habe seither auch nie mehr welches genommen. Und es war auch nicht wie die unzähligen Male davor, als ich mit dem Heroin Schluß gemacht hatte, nur um ein paar Tage oder Wochen später wieder damit anzufangen. Diesmal spürte ich es vom Bauch her, daß mein Verlangen nach Heroin tatsächlich erloschen war. Es war weder Willenskraft dazu nötig, noch das Unterdrücken von Verlangen oder Gefühlen. Es funktionierte! Ich war endlich frei!«

Diese große Gnade motivierte Seavey, die Methode anderen zu vermitteln, und er hat in Boston in den letzten zwanzig Jahren Tausende Menschen trainiert.

Betty Perry aus Florida ist eine weitere Absolventin, die zur Trainerin geworden ist:

»1980 wog ich über 80 Kilo, konnte meine linke Hand kaum benutzen, hatte keine periphere Sicht nach links, ein schlechtes Gedächtnis und eine noch schlechtere Haltung. Seit 1966 hatte ich den Ärzten geglaubt, die mir versicherten, es wäre ein Glück, daß ich den Schlaganfall, den ich in jenem Jahr hatte, überlebt hätte und mir in Erinnerung riefen, daß ich einen Gehirnschaden davongetragen hätte. Doch 1980 sagte mir ein Silva-Trainer, daß ich etwas dagegen tun könnte. Was hatte ich schon zu verlieren?

Ich benutzte bei meinen Visualisierungsübungen eine ganze Serie sehr aktiver und lustiger Bilder. Ich ließ eine Schar von Klempnern und Elektrikern den Gehirnschaden reparieren. Die Blutgefäße waren Rohre, die von den Klempnern geflickt werden konnten. Die Nerven waren Drähte, an denen die Elektriker mit Hilfe von Elektronikingenieuren, die den Computer neu programmierten, arbeiteten. Ich stellte mir einen weißgerahmten Spiegel vor und sah mich darin frei von allen physischen Behinderungen, die vierzehn Jahre lang zu meinem Leben gehört hatten.

Innerhalb von drei Monaten stellte sich eindeutig eine Besserung ein, die sich noch steigerte, so daß heute nur ein Neurologe irgendwelche Einschränkungen in meinen Körperfunktionen feststellen kann. Aber das war nur der Anfang. Sobald es mir erst körperlich besser ging, begann ich nach anderen Wegen zur Verbesserung meines Lebens Ausschau zu halten. Heute kann ich ehrlich sagen, daß ich gesünder, glücklicher und erfolgreicher bin, als ich es je zuvor in meinem ganzen Leben war.«

Meine eigene Motivation, ein Silva-Lehrer zu werden, fand wieder auf einer anderen Bewußtseinsebene statt. Nachdem ich jahrzehntelang über die Kräfte des Geistes geforscht, gelehrt und geschrieben hatte, bildete ich zusammen mit einem Arzt ein Team, um in dem berühmten Ilikai Hotel auf Waikiki Selbsthypnose zu lehren. Bei dieser Gelegenheit hörte ich einmal während einer Pause die Stimme eines anderen Vortragenden aus einem Saal am anderen Ende der Halle dringen und fühlte mich angezogen. Was dieser Kerl beschrieb, klang ein bißchen nach Selbsthypnose. Ich warf einen Blick auf die Karte an der Tür des Versammlungsraumes und las dort: »SILVA BEWUSSTSEINS-TRAINING«. Still stand ich vor der Tür und lauschte. Der Vortragende ließ Behauptungen fallen wie diese:

»Genies machen von einem größeren Teil ihres Geistes Gebrauch und benutzen ihn auf besondere Weise. Sie sind soeben dabei zu lernen, von einem größeren Teil Ihres Geistes Gebrauch zu machen und ihn auf besondere Weise zu benutzen.«

»Immer wenn Sie auf diesen Geistesebenen funktionieren, zeitigt dies eine günstige Wirkung sowohl physisch als auch mental.«

»Sie werden Körper und Geist immer gesund erhalten.«

Wenig später kehrte ich zurück, um meinen Horchposten wieder aufzunehmen und bekam dieses Mal etwas zu hören über die Heilung anderer, die Kommunikation über große Entfernungen hinweg und weiters wie man wertvolle Informationen in einem Traum anfordert und auch erhält und wie man auf konstruktive und kreative Art und Weise zur Verbesserung der Welt beitragen kann. Der Anwendungsbereich der Selbsthypnose beschränkt sich auf die Verbesserung des Selbstbildes, das Gewinnen von Selbstvertrauen und auf das Loswerden von unerwünschten Gewohnheiten. Dieses Silva-Bewußtseinstraining schien da um einige Kopfeslängen voraus zu sein.

Ich nahm an dem Training teil, und es war eine Wucht. Ich gab dem Arzt, mit dem ich zusammenarbeitete, meine Kündigung bekannt, und innerhalb eines Jahres war ich ein diplomierter Silva-Lehrer.

Aber ich will hier keine Autobiographie schreiben, sondern die Geschichte des Mannes, dessen Methode die medizinische Welt erschütterte, dessen Methode der Geschäftswelt eine neue Dimension verlieh, während sie der Sportwelt Wege zur Entwicklung übermenschlicher Kräfte wies, und heute verspricht sie, die gesamte Menschheit in ein spirituelles Erwachen zu führen.

Es ist wichtig, sich vor Augen zu halten, daß es am Anfang gar nicht das erklärte Ziel von José Silva war, diese Methode zu entwickeln. Sie schien vielmehr ganz von selbst unter dem Expertenauge ihres irdischen Schöpfers zu wachsen und zu sprießen.

Der Schlüssel zur Methode liegt in der rechten Gehirnhälfte. Das Silva-Bewußtseinstraining war bereits seit fast einem Jahrzehnt in Gang, ehe José die Bedeutung der rechten Gehirnhälfte zu verstehen begann. Anstatt sich auf die linke und rechte Gehirnhälfte zu beziehen, spricht das Training daher über objektive und subjektive mentale Vorgänge. Heute weiß man, daß objektive mentale Vorgänge für die linke Gehirnhälfte charakteristisch sind, wogegen subjektive mentale Vorgänge in der rechten Gehirnhälfte stattfinden.

José war sich des Unterschiedes zwischen subjektiven und objektiven mentalen Vorgängen seit seiner Kindheit bewußt gewesen, und diese besondere Wahrnehmungsfähigkeit ermöglichte es ihm, immer wieder zur rechten Zeit am rechten Ort mit der richtigen Idee zu sein. Diese Vorfälle ereigneten sich viel zu häufig, als daß man sie bloß seinem ›Glück‹ oder dem ›Zufall‹ hätte zuschreiben können. Sie beweisen vielmehr selbst am besten den Wert seiner Methode.

Die meisten Leute erfahren aus der Zeitung, daß es das Silva-Bewußtseinstraining gibt. Sie sehen eine Anzeige über einen kostenlosen Vortrag, den ein Silva-Trainer in einem lokalen Hotel hält. Wollen wir auch hingehen?

Gleich beim Eingang tragen wir uns in die Anwesenheitsliste ein und erhalten einige Prospekte und Broschüren. Wenn der Vortrag beginnt, lehnen wir uns bequem zurück und hören zu, wie der Sprecher über eines der faszinierendsten Themen, die es überhaupt gibt, spricht — das menschliche Gehirn.

José Silva pflegte selbst regelmäßig Vorträge zu halten, doch nun überläßt er dies seinen Lehrern und widmet seine öffentliche Vortragstätigkeit nur noch den fortgeschrittenen

Aspekten seiner Methode. Unser Vortragender hat jetzt sein Publikum begrüßt und das Thema kurz umrissen, das er behandeln wird, und nun zeigt er auf eine Wandtafel, die den Titel ›Skala der Gehirnentwicklung‹ trägt. Er erklärt, daß diese Karte zur Darstellung unserer Konzepte über Körper, Gehirn und Geist dient. Die Karte weist sowohl horizontale als auch vertikale Unterteilungen auf. Die linke Spalte betrifft den Körper, die mittlere Spalte das Gehirn und die rechte Spalte den Geist. Die Pfeile mit den Zahlen bilden eine Skala, an der die jeweilige Gehirnfrequenz abgelesen werden kann.

Dann macht uns der Vortragende mit einem wissenschaftlichen Konzept bekannt, das die Grundlage des Silva-Bewußtseinstrainings bildet: So ähnlich wie das Herz schlägt, schwingt auch das menschliche Gehirn, nur viel schneller. Die Anzahl der Herzschläge wird pro Minute gemessen, doch das Gehirn schwingt so viele Male in der *Sekunde*. Die Anzahl der Schwingungen ändert sich je nach dem mentalen Zustand, den wir erleben.

Die durchschnittliche Schwingungsfrequenz beträgt bei einer Person, die hellwach ist, normalerweise ungefähr zwanzig Schwingungen pro Sekunde. Alles, was über vierzehn Schwingungen pro Sekunde liegt, wird Beta-Frequenz genannt. Beta-Frequenzen werden mit der äußeren Welt des Körpers in Verbindung gebracht. Sie kommen vor, wenn wir unsere physischen Sinne benutzen und uns über Raum und Zeit bewußt sind. Dies bezieht sich auf eine äußere bewußte Geistesebene.

Langsamere Schwingungen, zwischen sieben und vierzehn Schwingungen pro Sekunde, sind als Alpha-Gehirnwellen bekannt. Diese Ebene wird mit den Träumen assoziiert — sowohl während des Schlafes, als auch während des Tagträumens. Frequenzen zwischen vier und sieben Schwingungen pro Sekunde werden als Theta-Gehirnwellen bezeichnet. Die Alpha- und Theta-Wellen sind an der körperlichen Welt und den körperlichen Sinneswahrnehmungen

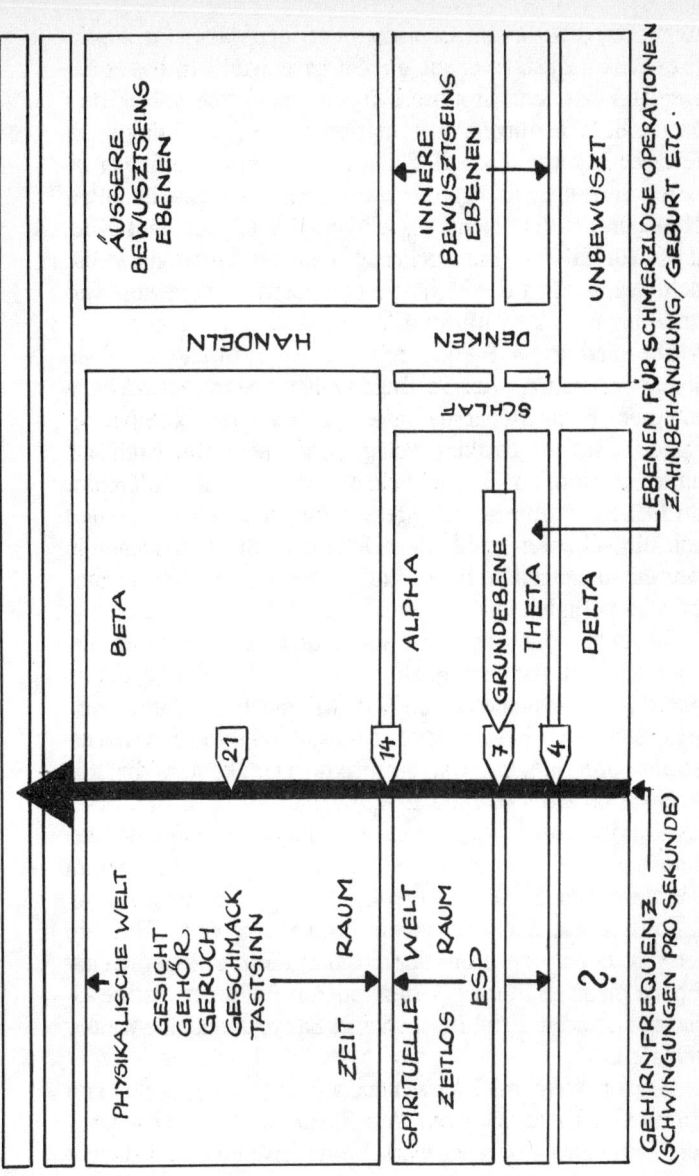

SKALA DER GEHIRNENTWICKLUNG DIE VIER EBENEN DER GEHIRNTÄTIGKEIT

nicht beteiligt, Raum und Zeit sind uns daher im Alpha- oder Theta-Zustand nicht unbedingt bewußt. In dieser Dimension können wir unsere Intuition, unsere subjektiven Sinne, dazu benutzen, Informationen zur Erreichung unserer Ziele zu erhalten. Die Theta-Wellen werden mit einer *inneren* Bewußtseinsebene assoziiert, die von manchen Psychologen als die Ebene des Unbewußten bezeichnet wird. Aber für uns ist diese Ebene durchaus nicht ›unbewußt‹, denn wir sind in der Lage, sie bewußt zu nutzen, um Veränderungen herbeizuführen.

Die niedrigsten Frequenzen, die wir während des Tiefschlafs erreichen, werden Delta-Wellen genannt und liegen in einem Bereich unterhalb von vier Schwingungen pro Sekunde. Es heißt, daß nur wenige Menschen fähig sind, sich an Informationen aus diesem Zustand, wenn also ihr Gehirn im Delta-Rhythmus schwingt, zu erinnern. Wir wissen derzeit nur sehr wenig über den Delta-Bereich, weshalb sich in der entsprechenden Spalte auf unserer Karte ein Fragezeichen befindet.

›Skala der Gehirnentwicklung‹ lautet die Legende der nebenstehenden Abbildung. Die Wissenschaft erklärt uns, daß sich das menschliche Gehirn über Millionen von Jahren hinweg entwickelt hat und es zur Ausbildung von Funktionsebenen mit immer höheren Frequenzen kam, wobei die höchste derzeit bekannte Ebene die Beta-Ebene ist. Dieser Evolutionsprozeß wiederholt sich in jedem menschlichen Embryo, und die ersten meßbaren Frequenzen liegen im Delta-Bereich. Sobald das Gehirn dann den derzeitigen Evolutionsstand erreicht hat, wird das Kind geboren. Bis zum vierten Lebensjahr funktioniert das Kind auf der Delta-Ebene mehr als in irgendeiner anderen Frequenz, das bestätigt auch unsere Erfahrung, wieviel Babys und kleine Kinder schlafen.

Größer werdende Kinder beginnen immer mehr von ihrem Gehirn zu benutzen, eine Tatsache, die durch schnellere Frequenzen bezeugt wird. Vom vierten bis zum siebten

Lebensjahr herrscht bei Kindern, wenn sie die Augen geschlossen haben, zumeist der Theta-Rhythmus vor. Ungefähr zu der Zeit, in der die Milchzähne ausfallen und sich die zweiten Zähne einstellen, kommt es zu einer Veränderung in den Gehirnfunktionen. Nun läßt sich die Alpha-Frequenz nachweisen, wenn die Augen geschlossen sind, die rechte Gehirnseite wird mehr benutzt, die Vorstellungskraft erhöht sich und das Kind lernt schneller. Wenn die Augen benutzt werden, funktioniert das Gehirn im Beta-Rhythmus, der für gewöhnlich um die zwanzig Schwingungen pro Sekunde beträgt.

Die Zeit, in der diese Veränderung eintritt, ist sehr bedeutsam. Wenn das Kind zu diesem Zeitpunkt lernt, sowohl die linke als auch die rechte Gehirnhälfte zum Denken zu benutzen, wird es diese wertvolle Fähigkeit sein ganzes Leben lang behalten. Unglücklicherweise lernen nur wenige Menschen, sich beider Gehirnhälften zu bedienen. Statt dessen nimmt bei den meisten Leuten die durchschnittliche Gehirnwellenfrequenz mit fortschreitender Entwicklung zu und das Denken mit der rechten Gehirnhälfte ab. So kommt es, daß ungefähr neunzig Prozent der Menschen, wenn sie erwachsen sind, bei ihren Denkvorgängen nur mehr die linke Gehirnhälfte benutzen.

An dieser Stelle im Einführungsvortrag befestigt der Vortragende die Elektroden eines kleinen elektronischen Gerätes an seinen Fingern und erklärt, daß es sich dabei um ein Biofeedback-Gerät handle, das auf indirekte Weise die Gehirnwellenfrequenz anzeige. Sobald das Gerät eingeschaltet ist, wird ein pulsierendes Geräusch hörbar. Der Vortragende regelt das Gerät auf eine schnellere Geschwindigkeit ein.

»Hören Sie, was passiert, wenn ich meine Augen schließe und tief Atem hole«, sagt er.

Sofort verlangsamt sich das Pulsieren. Wenn der Vortragende die Augen öffnet, nimmt der Pulsschlag wieder zu.

»Als ich meine Augen schloß und tief atmete«, erklärt der Vortragende, »entspannte ich mich. Ein entspannter

Mensch hat einen niedrigeren elektrischen Hautwiderstand. Dieses Gerät mißt die Veränderungen im Hautwiderstand und macht sie hörbar. Der Hautwiderstand selbst ist von keiner Bedeutung, doch seine Veränderungen gehen einher mit Veränderungen in der Gehirnwellenfrequenz. Diese Maschine hat daher auf indirekte Weise eine Verlangsamung meiner Gehirnwellen angezeigt.«

Wenn wir uns entspannen und unsere Gehirnwellenfrequenz in den Alpha-Bereich absenken — sieben bis vierzehn Schwingungen pro Sekunde — befinden wir uns im Zentrum unseres Frequenzbereiches. Hier in diesem Bereich sind beide Gehirnhälften — also nicht bloß die linke — am Denkprozeß beteiligt. Und die Teilnahme der rechten Gehirnhälfte bewirkt, daß Sie ein anderer Mensch sind, als wenn nur die linke Gehirnhälfte mit dem Denken zu tun hat: Sie sind weiser, Sie haben einen höheren IQ, Sie sind kreativer und sind fähig, Probleme zu lösen, die Sie ansonsten matt setzen würden.

Sehr vereinfacht gesagt, ist die Silva-Methode ein Weg, um willentlich in den Alpha-Bereich zu kommen. Denn sobald Sie dort sind, können Sie mehr von Ihrem Geist nutzen, und Ihr Geist kontrolliert Ihr Gehirn. Das Gehirn selbst ist so ähnlich wie ein riesiger Computer. Sobald Ihr Geist im Alpha-Zustand ist, können Sie diesen Computer ›programmieren‹, um alte Denkmuster und Gefühlsstrukturen zu verändern und die Ziele zu erreichen, nach denen Sie sich schon immer gesehnt haben.

Obwohl der Standardeinführungsvortrag Licht auf das Hauptziel des Trainings wirft — zu lernen, auf der entspannten Alpha-Ebene des Geistes zu funktionieren —, machen zwei Aspekte der Alpha-Funktionsweise die Geschichte von Josés Entdeckung noch spannender und aufregender.

Ein Aspekt ist der kybernetische Ansatz, der das menschliche Gehirn mit einem Computer vergleicht. José stieß ›durch Zufall‹ auf die Elektronik. Hätte er sich nicht damit befaßt, so wäre wahrscheinlich viel mehr Zeit vergangen, ehe er mit seinen amateurhaften Forschungen über den Geist Erfolg gehabt hätte.

Die im Durchschnitt 1300 Gramm schwere Masse, die wir Gehirn nennen, enthält etwa dreißig Milliarden Neuronen. Ein Neuron ist eine Ansammlung von Molekülen, die zusammenarbeiten, um Information zu verarbeiten und zu speichern. Jedes Neuron kann mit einem Schaltkreis in einem Computer verglichen werden.

Schon die Idee, daß wir quasi alle einen Computer mit dreißig Milliarden Schaltkreisen im Kopf tragen, flößt Ehrfurcht ein, nun leistet aber jedes Atom, aus dem sich diese Neuronen zusammensetzen, einen Beitrag zu unserer Intelligenz, so daß wir es mit einer Zahl von einhundert Billionen Billionen, der Gesamtsumme der Atome, zu tun haben, wenn wir von unserer eigentlichen Gehirnkapazität sprechen!

Einhundert Billionen Billionen ist eine Zahl, die sich nur sehr schwer verdeutlichen läßt. Stellen Sie sich vor, daß Sie in einem Wohnzimmer durchschnittlicher Größe sitzen und daß jedes Atom in Ihrem Gehirn die Größe eines Schrotkornes hat. Nehmen Sie an, Sie hätten einhundert Billionen Billionen dieser winzigen Schrotkörner und müßten das Wohnzimmer damit füllen. Hätten Sie genug davon?

Ja, und es würden noch viele übrigbleiben. Also stellen Sie sich vor, Sie würden auch das Zimmer Ihres Nachbarn anfüllen. Und noch immer hätten Sie mehr als genug übrig, also könnten Sie jede Sekunde ein weiteres Zimmer damit füllen.

Sie schnappen jetzt jede Sekunde einmal mit den Fingern und schon ist ein Wohnzimmer vollgefüllt! Wissen Sie, wie lange Sie mit den Fingern schnappen müßten, um alle Schrotkörner aufzubrauchen? An die zwanzig Millionen Jahre lang!

Kommen Ihnen vielleicht Bedenken, Ihrem Gehirn könnten ein paar Neuronen fehlen oder daß Ihr Nachbar mehr als Sie hätte? Das können Sie ruhig vergessen. Das einzige Problem ist, daß Sie nur einen Teil dieser dreißig Milliarden Neuronen benutzen. José Silva widmete seine ganze Energie der Frage, wie man mehr davon nutzen könnte.

Aber das ist erst die Hälfte der Geschichte. José sah außerdem in einer genialen Eingebung, die andere Gehirnforscher nicht hatten, die tiefe Bedeutung der rechten Gehirnhälfte. Dieser zweite, faszinierende Aspekt seiner Entdeckung ist ein uraltes Geheimnis des menschlichen Geistes. Wir haben längst erkannt, daß die linke Seite des Gehirns für die rechte Körperseite zuständig ist, und daß die rechte Seite des Gehirns die linke Körperseite steuert. Außerdem wissen wir, daß, wenn eine Gehirnseite verletzt wird, die andere Seite einspringt und ihr zu Hilfe kommt.

In den Anfängen der Forschung über die beiden Gehirnhälften gab es jedoch ein schwerwiegendes Hindernis: Aufgrund der Verbundenheit der beiden Gehirnhälften konnten die Wissenschaftler zwischen rechter und linker Gehirntätigkeit nicht unterscheiden. Die Verbindung war jedoch bei geisteskranken Patienten manchmal gestört, so daß bei ihnen der Unterschied zwischen den beiden Gehirnfunktionen klarer war. Doch da es sich hier nicht um gesunde Menschen handelte, konnten die Forschungsergebnisse nicht auf die Allgemeinheit angewendet werden.

Schließlich kam es zu der Entdeckung, daß man eine Gehirnhälfte anästhetisieren und erfolgreich außer Aktion setzen konnte, ohne daß die andere davon in Berührung gezogen wurde. Auf diese Weise entdeckte man, daß wir in einer Welt leben, die von der linken Gehirnhälfte dominiert wird: Die linke Hemisphäre, die auch nur als linkes Gehirn bezeichnet wird, interessiert sich für die materielle Außenwelt und für alles, was mit Aktion, Bewegung, logischem Denken und dem Verständnis von Raum und Zeit zu tun hat.

Es stellte sich heraus, daß das rechte Gehirn eine ganz andere Perspektive hat. Sein Interesse ist mehr nach innen als nach außen gerichtet. Es ist passiv und meditativ. Es zieht vor, sein Denken durch Gefühle und Ahnungen zu lenken. Es ist kreativ und intuitiv.

Die Sichtweise des rechten Gehirns schien nicht im Einklang mit der ›Realität‹ zu sein, das heißt mit der materiellen Welt. Dies erklärt, warum das rechte Gehirn von den konventionellen Erziehungsmethoden faktisch ignoriert wurde, da diese Methoden den Zweck haben, uns auf das Überleben in dieser materiellen Welt vorzubereiten.

Eine ähnlich unbedeutende Rolle spielt das rechte Gehirn auch in unserem Staatswesen, den internationalen Beziehungen, der Politik, der Wirtschaft und selbst in der Gesundheitsfürsorge, da alle diese Aspekte unseres Lebens ebenfalls der materiellen Welt zugerechnet werden. Die Folge davon ist, daß diese Bereiche der menschlichen Existenz die Intelligenz der rechten Gehirnhälfte entbehren müssen, eine Intelligenz, die *hinter* der materiellen Schöpfung verankert zu sein scheint.

José Silva wurde sich der überragenden Bedeutung bewußt, die die Ergründung und der Gebrauch dieser Intelligenz im täglichen Leben haben, und zwar deshalb, weil *bei ihm* beide Gehirnhälften voll funktionieren.

Was war schuld daran, daß sich bei José in seinen jungen Jahren die Funktion der rechten Gehirnhälfte nicht verminderte, wie es bei den meisten von uns der Fall ist? Und wie kam er dem Geheimnis des menschlichen Geistes auf die Spur?

Um diese Fragen zu beantworten, müssen wir ganz von vorne anfangen.

2

Der sechsjährige Unternehmer

José Silva wurde am 11. August 1914 um 2 h 14 früh in Laredo, Texas, in dem Haus geboren, wo schon seine Mutter Isabel geboren worden war.

Obwohl in Monterrey, Mexiko, beheimatet, begab sich Isabel immer kurz vor ihrer Niederkunft zu ihrer Mutter nach Laredo, damit das Kind die amerikanische Staatsbürgerschaft bekam. Als José geboren wurde, hatte sie schon zwei Mädchen, von denen jedoch das eine noch vor Josés Geburt starb, so daß Josefina als einziges Mädchen übrigblieb. Zwei Brüder sollten noch geboren werden – Juan, um zwei Jahre jünger, und Albert, um vier Jahre jünger als José.

Isabel kehrte mit ihrem Baby wieder nach Monterrey zurück. Es war die Zeit der mexikanischen Revolution, und kein Tag verging, an dem nicht Soldaten durch Monterrey marschierten. Oft machten sie halt, um sich auszuruhen und um Wasser zu bitten. Da sich Isabel weigerte, das Haus zu verlassen, wenn sich Soldaten draußen herumtrieben, brachte ihnen der kleine José das Wasser.

Josés Vater, der auch José hieß, arbeitete bei der mexikanischen Eisenbahn, wie die meisten männlichen Familienmitglieder es taten. Die Schienen verliefen nur einen Steinwurf weit hinter dem Haus der Silva, und José senior pflegte daher nach getaner Arbeit vom Zug abzuspringen und das Stück Weg zu Fuß zurückzulegen. Wenn José den Zug hörte, lief er schnell seinem Vater entgegen, um sich die Süßigkeiten oder Früchte zu holen, die ihm dieser immer mitbrachte.

Wenn der von der Arbeit müde Mann bei seinem Haus angelangt war, zog er sich Jacke und Hemd aus und ließ sich auf den Stufen zur Küche nieder, in der seine Frau Isabel das Abendessen kochte. José mußte ihm dann den Rücken kratzen, was er sehr genoß.

Zugunfälle waren während der Revolution an der Tagesordnung, da die Eisenbahnbrücken häufig in die Luft gesprengt wurden. José senior überlebte viele solcher Unfälle, doch bei einem wurde sein Fuß festgeklemmt und kochendes Wasser ergoß sich aus der Maschine über ihn. »Ich erinnere mich noch immer an den Besuch im Krankenhaus«, erzählte José. »Eine Krankenschwester schob ihn im Rollstuhl zur Tür hinaus. Er war über und über mit weißer Salbe und Verbandstoff bedeckt. Kaum war er an der frischen Luft, fiel er in Ohnmacht, und sie rollten ihn wieder zurück ins Krankenhaus. Diese Erinnerung hat viele Jahre lang eine Frage in meinem Gedächtnis wachgehalten. Was passierte mit ihm − wo war er und was tat er −, als er in Ohnmacht fiel?«

Josés Vater überlebte, aber er war in einem derart geschwächten Zustand, als er das Krankenhaus verließ, daß er einer der ersten war, die bei der Grippewelle, die 1918 Mexiko erfaßte, hinweggerafft wurden.

Als ihr Mann starb, war Isabel mit Albert schwanger, und so kehrte die Familie nach dem Begräbnis nach Laredo zurück, um dort mit Josés Großmutter zu leben. Obwohl Isabel ein Kind erwartete, ging sie dennoch einer Arbeit als Verkäuferin in einem Stoffgeschäft nach, da sie und ihr Bruder Manuel, der sie begleitet hatte, nun die einzigen waren, die für den Lebensunterhalt der Familie sorgten.

Nach Alberts Geburt kehrte Isabel wieder in das Geschäft zurück, während Josés Großmutter sich um die Kinder kümmerte.

Isabel hatte mit vierzehn Jahren geheiratet, und selbst nach der Geburt von fünf Kindern war sie immer noch eine schöne Frau. Es dauerte nicht lange, da erhielt die junge Witwe Heiratsanträge von mehreren Seiten, und bald gab sie einem geschiedenen Maschinisten, der zwanzig Jahre älter als sie war, das Jawort. Josés neuer Stiefvater und seine Mutter zogen in eine andere Stadt in Texas, um dort zu arbeiten, und nahmen den dreijährigen Juan mit sich. José und seine ältere Schwester Josefina blieben bei der Großmutter, da diese darauf bestand. Albert kam zu einer Tante, deren Kinder schon alle erwachsen waren und die das Baby über alles liebte. Er lebte bei ihr bis zu seinem vierzehnten Lebensjahr.

Eine Bärin lehrt ihre Jungen, auf einen Baum zu klettern, wenn Gefahr droht, und dort zu bleiben, bis sie sie wieder ruft. Eines Tages gibt sie dann das Gefahrensignal, und wenn die Jungen im Baum sind, macht die Bärenmutter sich auf Nimmerwiedersehen davon. So ähnlich handelte auch Isabel.

Josés Großmutter nahm nun die Stelle seiner Mutter ein, und sein Onkel Manuel wurde sein Vater.

Der Verlust der Eltern ist immer ein einschneidendes Erlebnis für ein Kind. Noch siebzig Jahre später sieht José diese Periode seines Lebens, in der sein Vater starb und seine Mutter verschwand, als eine Zeit, in der er über das Leben nachzudenken begann. Warum passierten diese Dinge? »Ich machte mir über Dinge Gedanken, an die ein Fünfjähriger normalerweise nicht denkt«, bemerkte José. »Ich fragte mich, was da vorginge, warum ich hier wäre, warum ich gerade das Leben dieser Person teilte und nicht das einer anderen?«

Dazu wäre noch zu sagen, daß der Verlust der Eltern auf manche Kinder einen stärkenden Einfluß ausüben kann. Natürlich stimmt es, daß elterliche Liebe und eine intakte Familie wichtige Zutaten für ein gesundes Wachstum darstellen, doch wenn sie entzogen werden, reagieren gewisse

Kinder auf die Herausforderung auf eine positive und bedeutsame Weise.

Als José sechs Jahre alt war, arbeitete sein Onkel Manuel in einer Dampfwäscherei, die etwa einen Häuserblock von ihrem Haus entfernt war. Zwei Häuserblocks weiter befand sich ein Gebäude, das einer britischen Firma gehörte, die eine Schmelzhütte betrieb. Josefina wurde in einer kleinen Privatschule untergebracht, doch José war nicht alt genug, um sie zu besuchen. Da die finanzielle Lage angespannt war, fertigte Onkel Manuel für José eine Schuhputzerkiste an, so daß er in der Wäscherei und in der Schmelzhütte etwas dazuverdienen konnte.

Schuhputzen machte José Spaß. Er freute sich über das Lächeln, das ihm seine Kunden schenkten, wenn ihre Schuhe glänzten, und er war froh, etwas Geld zum Haushalt seiner Großmutter beitragen zu können. Er faßte den Entschluß, daß er noch mehr tun könnte. Er begann, Zeitungen zu verkaufen. Manche Kunden kauften einen Schuhservice *und* eine Zeitung, manche nur das eine oder das andere. Onkel Manuel half José bei der Anfertigung von separaten Listen über die Kunden, die nur eine Zeitung kaufen wollten, oder jene, denen er nur die Schuhe putzen mußte, und über die, die beides wünschten. Weiters wurde in die Liste eingetragen: der Name und die Adresse des Kunden oder die seines Büros, so wie die Zeiten, zu denen er den einen oder anderen Service oder beide in Anspruch nehmen wollte. Diese Listen halfen José, seinen Kunden immer dann, wenn sie etwas wollten, das zu bieten, was sie wollten.

Obwohl José es damals natürlich nicht wußte – er war erst sechs! –, sammelte er bereits Erfahrungen, die ihm in seinem späteren Leben noch von großem Nutzen sein würden. Er lernte, die logische linke Gehirnseite zu benutzen, um Aufzeichnungen über seine Kunden anzufertigen, und sich gleichzeitig der kreativen, intuitiven rechten Gehirnseite zu bedienen, als er sich bemühte, seinen Kunden einen besseren Service zu bieten und neue Ideen zu entwickeln, um mehr Geld zu verdienen. Damit reihte er sich unter die zehn Prozent an der Spitze der Welt — alles Leute, deren Schwerpunkt in der linken Gehirnhälfte liegt.

Die Penny- und Fünfpennystücke summierten sich. Bald verdiente José einen Dollar am Tag, dasselbe, was die meisten Erwachsenen in seiner Welt verdienten. Aber seine Geschäfte nahmen noch weiter zu, und bald verdiente er zwei Dollar am Tag, mehr als sein Onkel Manuel Lohn hatte. Als José sieben war, also das Schulalter erreicht hatte, trug er gleich viel zum Familieneinkommen bei wie sein Onkel. Da die Familie jedoch noch immer finanziell zu kämpfen hatte, wurde beschlossen, daß José, anstatt zur Schule zu gehen, lieber weiter arbeiten sollte.

Bald fügte er eine dritte Tätigkeit zu seinem Geschäft hinzu — er verteilte die Rundschreiben, die Lebensmittelgeschäfte am Sonntag zu Werbezwecken aushändigten.

Eines Tages, als José in der britischen Schmelzhütte beim Schuhputzen war, begann er sich vorzustellen, wie die Büros innerhalb des Gebäudes wohl aussehen mochten. Dann ließ ihn seine Neugier noch einen weiteren Schritt machen. Mußten die Leute, die in diesen Büros arbeiteten, diese nach Arbeitsschluß selbst reinigen? fragte er sich. Als der Direktor vorbeikam, um sich die Schuhe putzen zu lassen, handelte José nach dem mentalen Bild, das er heraufbeschworen hatte.

»Sir, wäre es Ihnen angenehm, wenn ich nach Büroschluß Ihr Büro aufräumen würde?«

Der Mann sah ihn an. In seinen Augen zeigte sich Interesse.

»Wieviel würdest du dafür verlangen?« fragte er.

»Was Sie glauben, daß es Ihnen wert ist.«

»Ich mache eine Woche lang einen Versuch mit dir.«

Bei Arbeitsschluß war José pünktlich im Büro des Direktors. Es wurde ihm aufgetragen, den Boden zu fegen, Staub zu wischen, die Möbel zu polieren und die Fenster zu reinigen. Er beschloß, auch den Bleistiftspitzer zu entleeren, in der Toilette Toilettenpapierrollen anzubringen und den Boden feucht aufzuwischen. Zum Schluß leerte er auch die Papierkörbe und brachte allen Müll in den Hof zur Müllsammelstelle.

An einem der folgenden Tage fand er eine Fünfdollarnote auf dem Boden und eine Uhr auf dem Schreibtisch. Seine Intuition sagte ihm, daß dies eine Prüfung war. Er legte beides in eine Lade und teilte am nächsten Tag dem Direktor mit, was er gefunden und wo er es hineingegeben hatte.

Rückblickend sagte José: »Damals verstand ich nicht, wie mein Geist funktionierte. Erst Jahrzehnte später, als ich den menschlichen Geist erforschte, wurde mir klar, daß ich beide Gehirnhälften benutzte – die logische linke und die intuitive rechte. Ich entwickelte mich auf natürliche Weise zu einem Hellseher, ich konnte den Leuten meine Ideen vermitteln und sie spüren lassen, daß ich es ehrlich meinte. Und ich bin sicher, das half mir, auch ihre Bedürfnisse besser zu erspüren.«

Die erste Woche mit Büroputzen war so erfolgreich, daß José für eine fixe Gebühr pro Raum auch mit der Reinigung anderer Büros beauftragt wurde. Nun räumte er nachts die Büros auf, tagsüber putzte er Schuhe und verkaufte Zeitungen während der Woche und an Sonntagen stellte er die Werbesendungen der Lebensmittelhändler zu. Als er das neunte und zehnte Lebensjahr erreichte, fügte er noch Rasenmähen und Gartenarbeiten zu seinem Arbeitsprogramm hinzu. Er war nun der Hauptfamilienerhalter und konnte obendrein noch Geld zurücklegen.

Mit zwölf Jahren lernte José, mit dem Ford T Modell seines Onkels zu fahren. Das verschaffte ihm die Möglichkeit zu einer neuen Einnahmequelle: Einmal im Monat chauffierte er eine reiche Dame durch die Stadt, um ihre Mieten zu kassieren.

In diesen frühen Teenagerjahren ging José allen möglichen Geschäften nach, doch als er siebzehn wurde, begann sich eine Idee in seinem Kopf zu formen, von der er das Gefühl hatte, sie unbedingt verwirklichen zu müssen. Er wollte nach San Antonio fahren, dort zu Großhandelspreisen Waren einkaufen, die in Laredo nicht erhältlich waren, um sie dann daselbst weiterzuverkaufen.

San Antonio liegt 250 Kilometer nördlich von Laredo. Die Straße dorthin war damals noch ungepflastert und daher keineswegs bei jedem Wetter befahrbar — einige Abschnitte wiesen zwar eine harte Oberfläche auf, doch gab es auch viele sandige Strecken. Josés erster Schritt war es, die Erlaubnis seines Onkels zur Benutzung von dessen neuen Ford A Modell einzuholen. Dabei handelte es sich um ein viertüriges Modell mit einem abnehmbaren Oberteil aus Segeltuch und kleinen Celluloidfenstern zum Schutz gegen Regen.

»Es geht mir nicht um das Auto, sondern um die Entfernung«, warnte Onkel Manuel, der seine Zweifel über den Plan hatte. »Du solltest noch jemanden mitnehmen.«

»Wie wäre es mit Beto?« schlug José vor. Beto war Josés elfjähriger Cousin und wie ein Bruder zu ihm.

Die Großmutter mischte sich in das Gespräch. »Beto ist zu jung für eine solche Fahrt und du auch«, gab sie zu bedenken. »Du bist noch nie so weit gefahren. Du hast genug zu tun in Laredo. Warum willst du unbedingt nach San Antonio und ein solches Risiko auf dich nehmen?«

»Ich habe eine Idee für ein Geschäft, die ich ausprobieren möchte«, erklärte José.

»Kümmere dich um deine Arbeit in Laredo, da hast du genug zu tun. Um was für ein Geschäft handelt es sich denn überhaupt?« fragte seine Großmutter.

José überlegte. Er wollte nicht zu sehr ins Detail gehen, da er nicht genau wußte, welche Waren er in San Antonio bekommen würde.

»Ich möchte dort en gros einkaufen und hier wiederverkaufen«, sagte er.

»Unsinn«, sagte die Großmutter und verließ kopfschüttelnd den Raum.

José hob einen Großteil seiner Ersparnisse ab. Er und Beto brauchten einen ganzen Tag lang – sie brachen vor Sonnenaufgang auf und kamen bei Dunkelheit an –, um San Antonio zu erreichen. Da seine Mutter in San Antonio lebte, gingen sie in ihr Haus, um dort zu übernachten. So hatte er Gelegenheit, auch seinen Bruder Juan und seine Schwester Josefina wiederzusehen, die damals beide bei Isabel wohnten. Alle waren erstaunt, daß die beiden Jungen die Fahrt von Laredo nach San Antonio in einem Tag geschafft hatten.

Am nächsten Morgen machten sich José und Beto schon früh auf den Weg zu den Großhändlern. Sie fanden genau die Waren, die sich José zu kaufen vorgestellt hatte: Kämme, Knöpfe, Nähnadeln, Spulen mit schwarzem und weißem Zwirn, Schuhcreme, Schuhbänder, Fingerhüte, Flaschen mit Haarwasser und Haaröl, Nagelfeilen und -scheren und Taschentücher.

Die Preise waren so niedrig, daß José die Waren zu Großhandelspreisen an Geschäfte in Laredo hätte verkaufen und noch immer das Doppelte verdienen können. Aber er hatte etwas anderes im Sinn. Er wollte sie selbst verkaufen und sein Geld verdreifachen. Zu diesem Zweck erstand er sechs kleine Koffer.

Am nächsten Tag in der Früh bereitete Isabel für die beiden Jungen ein reichliches Frühstück, und dann fuhren sie ohne das geringste Problem nach Laredo zurück.

Als José die Waren aus dem Wagen auslud, schlug seine Großmutter die Hände zusammen.

»Soll das heißen, daß du deine ganzen hartverdienten Ersparnisse für dieses Zeug ausgegeben hast?« rief sie wütend.

Am nächsten Tag, als die Schule aus war, sprach José mit den Müttern von sechs Jungen, die er für sein Vorhaben ausersehen hatte, um es ihnen zu erklären: Er würde die Jungen in verschiedene Stadtteile fahren und sie dort mit einem Koffer voller Waren absetzen, die sie dann täglich nach der Schule zwei Stunden lang von Tür zu Tür verkaufen sollten. Er selbst würde herumfahren, sie im Auge behalten, Geld wechseln und sie dann wieder heimbringen. Alle Mütter samt den zukünftigen Verkäufern waren einverstanden.

Das Unternehmen entwickelte sich genau so, wie José es vorhergesehen hatte. Jedes der Kinder erzielte in den zwei Stunden einen Gewinn von ungefähr vier Dollar, den José zu gleichen Teilen mit ihnen teilte. So verdiente ein jedes jeden Tag nach der Schule zwei Dollar, während José so viel einnahm wie seine ganze Verkaufsflotte zusammen – ungefähr zwölf Dollar in zwei Stunden.

Nach einer Woche beschloß José, noch weitere vier Stunden am Samstag einzuschieben. Das erhöhte den Verdienst jedes Jungen auf durchschnittlich fünfzehn Dollar pro Woche, was oft mehr war, als ihre Eltern bei voller Arbeitszeit verdienten.

Am Ende des Monats machte José Inventur, um Ware nachbestellen zu können. Kleingeld zum Wechseln hatte sich als wichtig erwiesen, also hatte er die wöchentlichen Einnahmen in Säcken verwahrt. Nun leerte er seine vier Säcke mit Kleingeld auf einen Tisch und sortierte die Münzen nach Pennystücken, Fünfpennystücken, Zehnpennystücken und Vierteldollars.

»Wo hast du das viele Geld her?« Seine Großmutter stand mit verschränkten Armen im Zimmer und starrte auf die zu kleinen Säulen aufgeschichteten Münzen.

»Das habe ich im ersten Monat bei meinem Tür-zu-Tür-Verkauf verdient«, erklärte José seiner Großmutter und fügte hinzu: »Du weißt ja, die Waren, die ich in San Antonio gekauft habe.«

Sie nickte und lächelte ihn dann unsicher an: »Weißt du, José, das könnte sich zu einem ganz schönen Geschäft entwickeln.«

Bald kaufte sich José ein eigenes Auto, ein Ford-Coupé mit Klappsitzen – und jeder Menge Platz zum Unterbringen der Waren.

Während sein Geschäft wuchs, nahm José seine Erziehung selbst in die Hand. Es begann damit, daß er Josefina bat, die Lektionen, die sie in der Schule gelernt hatte, an ihn weiterzugeben. Er interessierte sich besonders für Sprachen – die wohlklingenden Laute des Spanischen und auch des Englischen. Er fand heraus, daß er, wenn er die ›richtigen‹ Worte benutzte, Worte, die besondere Gefühle in den Leuten auslösten, sie überreden konnte, seine Waren zu kaufen. Um mehr zu lernen, las er Comics, wobei er die Bilder als Visualisierungshilfe benutzte, und auf diese Weise unabsichtlich seine rechte Gehirnhälfte stimulierte.

Er begann, seine freie Zeit in einem benachbarten Friseurgeschäft zu verbringen, wo immer ein Stapel Comichefte für die wartenden Kunden auflag. Eines Tages ergriff er ein neues Heft, das er noch nie gesehen hatte. Zu seiner Überraschung konnte er es verstehen.

»Kann ich das nach Hause mitnehmen, damit ich es zu Ende lesen kann?« fragte José.

»Warte«, entgegnete der Friseur, »das ist doch kein Comicheft, was du da hast. Es ist eine Lektion von dem Fernlernkurs in Elektronik, die mir per Post zugesandt wird.«

»Ich werde es zurückbringen.«

»He, junger Mann, das kostet mich eine Menge Geld. Aber ich werde dir etwas sagen, wenn du willst, kannst du es für einen Dollar pro Lektion ausborgen.«

José dachte einen Moment nach. Es war 1928, wo viele Erwachsene einen Dollar pro Tag Lohn hatten. Doch er verdiente viel mehr.

»Einverstanden«, sagte er.

»Warte«, sagte der Friseur. »Da ist noch etwas.«

»Und das wäre?«

»Du mußt die Fragen am Ende jeder Lektion beantworten.«

»Das werde ich tun.«

So kam es, daß José einen Fernlernkurs in Elektronik nahm und am Ende jeder Lektion einen Test machte. Als er den Kurs beendet hatte, erhielt der *Friseur* ein Diplom in Elektronik, rahmte es und hing es in seinem Geschäft auf.

Während der nächsten zehn Jahre hing das Diplom dort an der Wand, doch während der Friseur weiter seinen Kunden die Haare schnitt, begann José von dem, was er gelernt hatte, Gebrauch zu machen.

Die nächsten Schritte, die er unternahm, sollten nicht nur sein Leben, sondern das von Millionen anderen verändern.

3

Familiengründung

Da inzwischen von der Wissenschaft immer mehr Parallelen zwischen der elektronischen Funktionsweise und der Arbeit des menschlichen Gehirns aufgezeigt werden, scheinen die Vorgänge, die José Silva in das Gebiet der Elektronik führten, an ein Wunder zu grenzen. Comichefte, Friseurladen, elektronischer Fernlernkurs, und ein Friseur, der für den Kurs, zu dem er sich angemeldet hat, gar kein Interesse hat. Es stellt sich die Frage, ob hier nicht eine höhere Intelligenz zugunsten eines noch nicht enthüllten Zwecks ihre Hand im Spiel hatte.

Obwohl José vom Elektronikvirus ziemlich stark infiziert worden war, machte er noch einen Umweg, ehe er sich endgültig in dieser Richtung engagierte. Er war vierzehn, als er eines Tages, während er sich im Friseurladen aufhielt, einen Mann bemerkte, der Löcher grub und die ausgehobene Erde auf einem freien Grundstück auf der anderen Straßenseite verteilte. José ging hin, um zuzusehen.

»Was machen Sie da?« fragte er den Mann.

»Ich errichte einen Hamburgerstand«, antwortete der Mann.

»Tatsächlich!« rief José, »das ist großartig.«

Später, als José seine Comics- und Elektroniklektüre beendet hatte, sah er den Mann immer noch arbeiten, um den Boden vorzubereiten. José ergriff eine zweite Hacke, die herumlag, und begann, Unkraut zu entfernen.

»Warte«, rief der Mann, »ich kann dich nicht einstellen, da ich es mir nicht leisten kann, jemanden zu bezahlen.«

»Sie brauchen mir nichts zu zahlen«, entgegnete José, ohne aufzuhören zu hacken. »Ich habe gerade nichts zu tun, also dachte ich, ich könnte mit Ihnen reden und mehr darüber erfahren, wie Sie diesen Hamburgerstand bauen.«

Der Mann war einverstanden, und so arbeiteten sie und unterhielten sich. Er hieß Mike Malus, war Grieche und konnte kein Spanisch, so daß sie gezwungen waren, ihr Englisch zu üben. Von diesem Nachmittag an ging José, wann immer er freie Zeit hatte, zu seinem griechischen Freund, um diesem bei der Arbeit zu helfen. Auf diese Weise lernte er das Baugewerbe.

Aber José hatte keine freie Zeit im Überfluß. Zwar arbeitete er nicht mehr als Schuhputzer und Zeitungsverkäufer, doch er betrieb nachts den Reinigungsservice, half am Wochenende der reichen Dame die Mieten zu kassieren und verrichtete zwischendurch noch alle möglichen Gelegenheitsarbeiten. Er war keiner, der zu Hause herumlag und nichts tat, und er gab sich nur selten einer sportlichen Betätigung hin. Doch er sah sich gern das sonntägliche Baseballspiel an, wenn die Mannschaft der Wäscherei auf einem freien Platz spielte. Und jeden zweiten Sonntag spazierte er den Fluß entlang und ging ins Kino.

Mike war mit seinem Hamburgerstand fertig, noch ehe José seinen Elektronikkurs beendet hatte, was zum Teil an Josés freiwilliger Mitarbeit lag. Nun bat Mike José, ihm bei der Zubereitung der Hamburger zu helfen, wenn viel los war, und ihn zu vertreten, wenn er verschiedene Wege hatte. José willigte ein – wieder ohne Bezahlung.

Das Hamburgergeschäft begann zu blühen, und aus dem Stand entwickelte sich bald ein richtiges Restaurant, das von Malus ›Brown Derby‹ getauft wurde. Nun bezahlte er José für seine Arbeit in Hamburgern, die er nach Hause nehmen durfte, und später zahlte er ihm, jedes Mal wenn er aushalf, einen Dollar, was sich dank der vielen Arbeit, die

José bei Mike leistete, bald zu einer erklecklichen Summe auswuchs.

Der Arbeitseifer, den José schon mit sechs Jahren an den Tag legte, läßt erkennen, daß dies sozusagen eine angeborene Eigenschaft war. Doch wenn man Josés Entwicklung über mehrere Jahrzehnte hinweg beobachtet, beginnt man zu verstehen, daß dieser Mann kein ›Workaholic‹ ist, sondern daß bei ihm beide Gehirnhälften am Denkprozeß beteiligt sind, da es für solche Leute normal ist, stundenlang mit großer Begeisterung zu arbeiten.

Das ›Brown Derby‹ wurde zu einem der größten und bekanntesten Restaurants von Laredo. José stellte sich so geschickt an, daß er bald Bestellungen aufgeben, Menüpläne entwerfen und für Mike die Abrechnung machen mußte. Er lernte sogar, Hamburger zu formen, Gewürze zu mischen und die Schokoladesauce für die Eisbecher herzustellen. Und Mike hatte volles Vertrauen zu José. Eines Tages – José war noch keine siebzehn – offerierte Mike ihm den Posten eines Restaurantmanagers. Doch José stand kurz vor dem Abschluß seines Elektronikkurses, und er erzählte Mike, daß er das Gefühl hätte, diese Richtung einschlagen zu müssen.

»Lächerlich, José. Ich bestehe darauf, daß du bei mir bleibst.«

»Ich bin gern im ›Brown Derby‹. Ich arbeite gerne für dich. Aber irgend etwas zieht mich in die Elektronik«, entgegnete ihm José.

»Ich verdopple dein Gehalt.«

»Es geht mir nicht um Geld, Mike. Irgendwie spüre ich, daß in dieser neuen Wissenschaft etwas ist, das für mich bestimmt ist.«

»Dann wünsche ich dir alles Gute«, sagte Mike und streckte ihm die Hand entgegen.

Wie viele junge Leute hätten wohl den Mut gehabt, eine angenehme, gut bezahlte Stelle wegen einer leisen Stimme im Inneren aufzugeben, die etwas Neues versprach? Die

Angst vor Fehlschlägen ist meistens viel stärker als der Ruf, sich an etwas Neues zu wagen, doch nicht so bei José. Der Ruf mochte noch so schwach gewesen sein, er hatte ihn dennoch laut und deutlich vernommen und folgte ihm.

In jenen Tagen erstreckte sich das Gebiet der Elektronik in kommerzieller Hinsicht vorwiegend auf Radios. Diese wurden von Musik- und Möbelgeschäften verkauft. Jedes verkaufte Radio benötigte eine Antenne, da es 1930 noch keine Radios mit eingebauter Antenne gab. Also lieferten die Geschäfte jedem Käufer eines Radios eine Antennenausrüstung und beauftragten und bezahlten jemanden mit der Installation.

José kaufte Antennenmaterial in großen Mengen ein – Kupferdraht, Isoliermaterial, Antennenzuleitungen, Spanndraht usw. – und begann mit der Herstellung von Antennen für die Dachinstallation auf dem Haus der Kunden. Dann stattete er sämtlichen Geschäften in Laredo, die Radios zum Verkauf anboten, einen Besuch ab und offerierte den Besitzern Antenne plus Installation zu einem festen Preis pro Radio. Alle Geschäftsinhaber waren mit diesem Serviceangebot einverstanden.

Das hieß, daß José bei jedem Radiokauf auf dem Hausdach des Kunden eine Antenne zu installieren hatte, die er sodann mit dem Radiogerät verbinden und so einregeln mußte, daß der Kunde einen guten Empfang hatte.

Ein Steinchen ergibt das andere – lautet ein altes Sprichwort. Das trifft auch auf Josés Leben zu. Die innere Stimme, die José ins Antennengeschäft führte, ließ ihn später immer tiefer in die Materie eindringen und verknüpfte ein Elektronikelement mit dem anderen. Das Antennengeschäft führte zu einem Reparaturgeschäft für Radios. Das Radioreparaturgeschäft führte zu einem Geschäft mit Adressen für Schulen und Firmen. Letzteres führte dazu, daß José eine Firma gründete, die sowohl die Mechanik als auch die Elektronik von Münzphonographen reparieren konnte – früher waren Restaurants oder Bars, die solche Maschinen aufgestellt hatten, wenn diese kaputt waren, gezwungen, zwei verschiedene Techniker anzurufen.

Als sein fachmännisches Können wuchs, wollten ihn ständig irgendwelche Firmen einstellen, doch José weigerte sich. Er wollte unabhängig bleiben, seine Selbständigkeit bewahren und nur auf dieser Basis mit anderen zusammenarbeiten. Diese Prinzipien gelten auch für die Organisation, die von José zur Verbreitung der Silva-Methode aufgebaut wurde.

Das Radiogeschäft florierte, und so kaufte José die Spezialwerkzeuge und Prüfgeräte, die notwendig waren, um seinen Reparaturdienst auf den letzten Stand zu bringen. Da sein Geschäft gut eingeführt war, und er auch über den nötigen Fuhrpark verfügte, wurde sein Geschäft zum größten und besten in der ganzen Gegend.

Sobald sich ein bestimmter Zweig seines Geschäftes ausweitete, bildete José Helfer aus, um das größere Arbeitsvolumen bewältigen zu können. Wenn aus irgendeinem Grund das Geschäft auf einem Gebiet nachließ, sah sich José nach einem Nachfolger um, der bereit war, es zu übernehmen, wobei er weiterhin mit einem geringen Prozentsatz am Gewinn beteiligt war. Auf diese Weise war es ihm möglich, sich auf die einträglicheren Geschäfte zu konzentrieren.

Obwohl sich seine Strategien als erfolgreich erwiesen, und er mit großem Interesse dabei war, war das Geschäft nicht alles für José. Wie alle jungen Burschen seines Alters, begann auch er sich für Mädchen zu interessieren, und durchlebte, wie jeder andere Jüngling auch, die Höhen und Tiefen auf dem Gebiet der Liebe. Einmal geschah es sogar, daß er sich im Streit um ein attraktives Mädchen auf einen Faustkampf einließ. José verlor sowohl den Kampf als auch das Mädchen. Er schwor sich, daß ihm so etwas nie wieder passieren würde.

Am nächsten Tag trat er in einen Sportclub ein und fing an, boxen zu lernen. Er trainierte täglich zwei Stunden, bis er schließlich einen Punkt erreichte, an dem er das zuversichtliche Gefühl hatte, es mit jedem jederzeit aufnehmen zu können. Durch regelmäßiges Training fuhr er fort, sich seine Kondition zu bewahren. Vom Rauchen oder Trinken fühlte er sich nie angezogen, und das half ihm, in guter körperlicher Verfassung zu bleiben.

Er ging für längere Zeit mit einem Mädchen, und dann mit einem anderen, doch beide Male gab es kein Happy-End. Mit siebzehn hatte José das Gefühl, daß er nie heiraten würde. Dann nötigte ihn seine Großmutter eines Tages, sich um zwei junge Besucher zu kümmern, um ihnen den Aufenthalt in Laredo zu verschönern. Es handelte sich um den Neffen und die Nichte von seinem Vetter, der nebenan wohnte. Also führte José jeden Samstag nach dem Mittagessen auf das Drängen seiner Großmutter die beiden Besucher ins Kino und zeigte ihnen anschließend die Stadt. Er hatte keine Ahnung, wie sehr dies einmal sein Leben beeinflussen würde. Das zwölfjährige Mädchen kehrte bald wieder in ihr fernes Heim zurück.

Acht Jahre später, als José beinahe schon fünfundzwanzig war, fuhr er einmal seine Straße entlang und sah seinen Vetter in Begleitung von zwei jungen Damen. Er wendete und fuhr zurück und lud sie auf eine Spazierfahrt ein. Eine der beiden jungen Damen war das zwölfjährige Mädchen von damals, das er ins Kino mitgenommen hatte.

»Die Mädchen verbringen hier einen Ferienmonat«, erklärte sein Vetter. »Glaubst du, daß du sie ein bißchen herumführen könntest?«

»Fangen wir gleich heute abend an«, sagte José voller Begeisterung. »Gehen wir in ein Tanzlokal.«

Paula, das junge Mädchen von einst, erweckte in José ein Gefühl, das er nie zuvor verspürt hatte. »Sie war nicht eines von den Mädchen, die einem über den Weg laufen und mit denen man sich ein paarmal trifft und sonst nichts«, sagte er über dieses erste Rendezvous. »Dies war ein sehr seltenes, fremdartiges, ungewöhnliches, ja ganz besonderes Gefühl. Alle meine Flausen, daß ich nie heiraten würde, schwanden, als ich sie in dieser Nacht nach Hause brachte, und wir miteinander allein waren.

Der nächste Tag war ein sehr merkwürdiger Tag für mich. Ich konnte nicht ans Geschäft denken, da meine Gedanken sich nur um sie drehten. Ich fühlte, daß ich ihr sehr, sehr nahe sein wollte.

Sie war wirklich hübsch und hatte ein schönes Gesicht. Aber es war nicht nur ihr Aussehen, was mich anzog. Schließlich war ich damals schon fünfundzwanzig Jahre alt und hatte schon etliche Mädchenbekanntschaften hinter mir. Ich hatte schon einige Erfahrung mit dem anderen Geschlecht, und diese Erfahrung half mir zu erkennen, daß dieses Mädchen die Richtige für mich war. Ich wußte es einfach.«

Die beiden hatten eine Menge gemeinsam. Paula kam aus einer kleinen Stadt und war ihrer Familie sehr ergeben. Sie stammte aus armen Verhältnissen wie José und hatte keine Angst vor der Arbeit. Sie ging regelmäßig zur Kirche. Sie war verantwortungsvoll, verläßlich und einige Jahre jünger als er.

Bevor ihr Ferienmonat um war, hatten sie die Vereinbarung getroffen, daß José in Paulas Heimatstadt fahren würde, um mit ihrem Vater zu sprechen. »Was werden wir tun, wenn er mich abweist?« fragte José. Er hatte eine Vorahnung, daß ihr Vater ihnen in die Quere kommen würde.

»Das wird er nicht«, versicherte ihm Paula.

»Laß uns jetzt gleich heiraten. Wenn dann dein Vater nein sagt, können wir sagen: ›Tut uns leid, wir sind schon verheiratet.‹«

»Das wäre eine Beleidigung für meinen Vater.«

Widerwillig gab José nach und fuhr nach Mexiko. Dort fand er Paulas Vater freundlich und verständnisvoll und völlig einverstanden mit ihren Heiratsplänen. Im nächsten Jahr sollte ihre Hochzeit stattfinden.

Wieder zurück in Laredo, begann José mit den Vorbereitungen für seine Heirat. Er sah sich nach einem Haus um, bestellte die Möbel und so weiter. Doch plötzlich erreichte ihn die Nachricht, daß Paulas Vater einen tödlichen Herzanfall erlitten hatte.

Paula und ihr jüngerer Bruder, Jesus, hatten allein mit dem Vater gelebt, da ihre Mutter schon früh gestorben war. Ihre beiden älteren Schwestern waren schon verheiratet und hatten bereits eine eigene Familie.

Eine Tante, die in Paulas Heimatstadt lebte, bestand darauf, daß Paula und Jesus zu ihr kämen, um bei ihr zu wohnen. Sie stimmten zu. Es war im April 1940, und die Hochzeit sollte in ein paar Monaten stattfinden. José würde im August sechsundzwanzig, Paula einundzwanzig sein.

Plötzlich, ohne jede Vorwarnung, kündigte Paulas Tante an, daß es keine Hochzeit geben würde. Paula wäre zu jung, behauptete sie, und sollte nicht die Erlaubnis erhalten, einen Fremden zu heiraten, der nicht aus der Stadt stammte. So hatte sich Josés Vorahnung doch als richtig erwiesen: Paulas Vater war ihnen — durch seinen Tod — tatsächlich in die Quere gekommen.

Beide Seiten der Familie machten ihren Einfluß auf die Tante geltend, doch ohne Erfolg. Sie wollte keinen Zollbreit nachgeben. Da sämtliche anderen Familienangehörigen Paulas mit der Heirat einverstanden waren, wurde beschlossen, daß José und Paula schnell — *sehr* schnell — heiraten sollten, um den häuslichen Frieden wiederherzustellen.

Als Katholik hatte José eine kirchliche Trauung geplant, doch nun gebot die Eile, mit einer zivilen Trauung vorliebzunehmen. Während sie am Abend vor der Trauung noch einmal mit Paulas Familie zusammenkamen, um alles zu besprechen, drängte José auf eine letzte Aussprache mit der verstockten Tante.

Doch sie hatten sich kaum niedergesetzt, als die Tante schon vor Wut herausplatzte: »Es hat gar keinen Sinn, noch einmal über diese Heirat zu sprechen. Mein Entschluß ist gefaßt. Es wird nicht zu dieser Hochzeit kommen und damit hat es sich!«

In Josés Kopf ertönte eine noch lautere Stimme: »Es geht um die Gefährtin deines Lebens. Stell dich auf die Füße.« Er stand auf. »Verzeihen Sie mir meine Unverfrorenheit, aber ich bin nicht hergekommen, um mir Ihre Erlaubnis zur Heirat mit Ihrer Nichte Paula zu holen. Ich kam her, um Sie zur Hochzeit einzuladen. Sie findet morgen mittag in Paulas Vaterhaus statt.«

Die Tante wurde kreidebleich. Sie sprang auf und zeigte zur Tür. »Sie hätten nicht hierher kommen sollen. Verlassen Sie mein Haus. Sie beleidigen mich.« Alle standen auf und gingen hinaus. Sie hörten noch, wie sie ihnen nachrief: »Ich werde nicht kommen. Das würde mir nicht im Traum einfallen.«

Es war eine schöne Hochzeit – und Jahre später mußte selbst die Tante zugeben, daß sie recht gehabt hatten und sich für ihr Benehmen entschuldigen. Aber als José mit seiner Braut nach Laredo heimkehrte, hatte er noch keinen Platz gefunden, wo er mit seiner Frau leben konnte. Seine Großmutter hatte nicht erwartet, daß er als ein verheirateter Mann zurückkehren würde. Folglich wohnten die Neuvermählten für eine Weile bei Paulas Onkel, der in Laredo lebte.

Paulas Onkel, der mit seiner Frau den zweiten Stock eines Hauses bewohnte, erklärte sich einverstanden, die untere Etage an José und Paula zu vermieten. José unterteilte die Wohnung – die eine Hälfte wurde zu ihrem Heim, die andere Hälfte zu seinem Geschäft. Und in dieses stürzte er sich wieder mit Feuereifer.

José bemerkte, daß die Geschäfte beim Kauf eines Radios das alte Gerät in Zahlung nahmen. In einem Lagerhaus sah er eine Unmenge alter Radios aufeinander getürmt.

»Was kostet ein Radio?« fragte er.

»Zehn Dollar, wenn Sie es sich aussuchen, sieben Dollar fünfzig, ohne auszusuchen.«

»Ich nehme alle für fünf Dollar per Stück.«

»Bar?«

»Nein, zehn Prozent Anzahlung, der Rest in zwölf Monatsraten. Zinsenfrei.«

Der Lagerhausverwalter kratzte sich den Kopf, schaute sich um und sah, wieviel Platz die Radios wegnahmen.

»Sie gehören Ihnen«, sagte er.

José ging denselben Handel auch mit anderen Radiogeschäften ein. Dann suchte er die neueren Modelle aus, um sie zuerst in Arbeit zu nehmen. Er reparierte sie, versah sie mit einem neuen Anstrich, so daß sie wie neu waren. Von nun an fragte er, immer wenn er zu einer Reparatur gerufen wurde, die Kunden, ob sie Interesse hätten, ein gutes gebrauchtes Radio zu sehr günstigen Bedingungen zu kaufen – ein Dollar Anzahlung und der Rest in wöchentlichen Zahlungen von zwanzig Cent. Auf diese Weise gelang es ihm, Hunderte Radios, die ihn bloß fünf Dollar gekostet hatten, zu fünfzig, hundert und sogar hundertfünfzig Dollar zu verkaufen. Meistens zahlten die Kunden in Raten von fünfzig Cent oder einem Dollar pro Woche. Nun fuhr José am Sonntag nicht mehr mit einer ältlichen Hausbesitzerin herum, sondern mit seiner schönen jungen Frau. Und er kassierte nicht mehr fremdes, sondern sein eigenes Geld aus dem Radiogeschäft ein.

Schon im Alter von sechs Jahren war José einer Vielzahl von Beschäftigungen nachgegangen, auch mit sechsundzwanzig hatte sich nichts daran geändert. Er begann Autoradios zu verkaufen, betrieb einen Tauschhandel mit Musikautomaten, die für Mexiko bestimmt waren, und handelte unter anderem mit Hühnerküken. Und Paula stand ihm bei jeder seiner Unternehmungen zur Seite.

Im Jahr 1941 brachte Paula mit Hilfe von Dr. Ruby Lowry ihr erstes Kind zur Welt. José war auch Geburtshelfer, wenn auch nur widerwillig, denn es fiel ihm schwer, Paula leiden zu sehen. Der vier Kilo schwere Junge wurde José junior genannt.

Im Januar 1942 zog die Familie in eine größere Wohnung. Zu dieser Zeit war Paula bereits sechs Monate schwanger und erwartete ihr zweites Kind. Dieses Mal war das Baby früher da als Dr. Lowry. Das Mädchen, das Paula ohne ärztlichen Beistand geboren hatte, wurde nach Josés Mutter Isabel genannt.

José und Paula bot sich die Gelegenheit, das Haus, in dem sie wohnten, zu kaufen, doch irgendwer kam ihnen zuvor. Bald jedoch wurde ein ebenfalls in der Nähe liegendes, noch besseres Haus zum Kauf angeboten. Sie besiegelten den Erwerb dieses Hauses gegen Ende des Jahres 1943, nachdem ihr drittes Kind, Ricardo, geboren worden war. Es war ein riesiges, hundert Jahre altes Gebäude. Heute, beinahe ein halbes Jahrhundert später, ist es immer noch ihr Heim.

Es wird erzählt, daß dieses Haus ursprünglich ein Warenhaus gewesen sein soll, in dem die Gutsbesitzer und die Bauern der Umgebung ihre Einkäufe tätigten und auch Schlafplätze und Waschgelegenheiten in den Unterkünften im Hinterhof vorfanden. Auch ihre Pferde und Maulesel wurden versorgt. Heute kommen die Lehrer des Silva-Bewußtseinstrainings in dasselbe Haus, um Nachschub zu holen, sich auszuruhen und zu erfrischen.

Eines Abends gegen acht, als Paula gerade das Abendessen vorbereitete, klopfte es an der Tür. Es war einer von Josés Kunden, da er in Bars, Gaststuben und Tanzlokalen seine Spielautomaten aufgestellt hatte. Ob José in seine Bar mitzukommen bereit wäre, da eine Maschine kaputtgegangen und es doch eine Samstagnacht und viel Betrieb sei? José war einverstanden.

Während José das Gerät reparierte, fing ein riesenhafter, bedrohlich aussehender Typ an, ihn zu belästigen, indem er ihm Schimpfnamen gab. José erkannte in dem 120 Kilo schweren Raufbold einen Störenfried, der erst eine Woche zuvor jemandem die Zähne eingeschlagen hatte. José versuchte, die Verwünschungen und Beschimpfungen zu überhören, doch schließlich hatte er das Gefühl, daß ihm nichts übrigbleiben würde, als seine Jacke auszuziehen und zu sagen: »Los, gehen wir hinaus.«

Als er sich umdrehen wollte, packte ihn der Schläger von hinten, hob ihn hoch, trug ihn nach draußen und warf ihn zu Boden. José erhob sich schnell. Der Mann band sich ein Taschentuch um das Handgelenk.

»Ich werde dir eine solche Abreibung verpassen«, schnaubte er, »daß dich deine eigene Mutter nicht wiedererkennt.«

Der Mann holte aus und schlug zu. José trat zurück, und der Schlag verfehlte ihn. Das passierte noch ein zweites Mal. Da wußte José, daß der Mann kein Boxer war. Beim dritten Angriff wehrte José ab und schlug zurück. Dann wartete er weiter ruhig ab, bis sein Gegner ausholte und der Schlag ins Leere ging, und holte selber aus und traf.

Bald war der Mann mit Blut bedeckt, hatte zahlreiche Platzwunden und blutunterlaufene Stellen. Als die Polizei eintraf, um dem Kampf ein Ende zu machen, zeigte der Raufbold auf José und jammerte: »Er wollte sich mit mir anlegen.« Die Polizei sah sich den viel kleineren José Silva an und lachte.

Eine Woche später erhielt José seine Einberufung. Bald würde er in dem größten Kampf stehen, den die Welt je gesehen hatte.

Zuerst wurden die unverheirateten jungen Männer einberufen, dann die älteren ledigen Männer. Dann wurden verheiratete Männer ohne Kinder einberufen, als nächste verheiratete Männer mit einem Kind, danach solche mit zwei Kindern. Schließlich kam die Reihe an José, verheiratet und drei Kinder. Er bestand die Untersuchung auf Tauglichkeit und hatte noch dreißig Tage zur Vorbereitung, ehe er sich der Armee zu stellen hatte. Das war im April 1944.

Innerhalb dieses Monats verkaufte José sämtliche Waren, Geschäftsausstattung und Fuhrpark, was er im Laufe der Jahre für sein Geschäft gehortet hatte. Er wollte alles für seine Frau Paula und seine Kinder zu Bargeld machen, für den Fall, daß er nicht zurückkehrte. Schließlich machte er noch Pläne für einen Umzug seiner Familie zu seiner Mutter nach San Antonio, wo er sich zur Grundausbildung zu stellen hatte. Auf diese Weise würde er seine Familie zumindest am Wochenende sehen können.

Im Zuge des Einberufungsprozesses kam es zu einem scheinbar unbedeutenden Vorfall, der nicht nur das Leben Josés, sondern auch das Leben Millionen anderer Menschen verändern sollte. Die Rekruten mußten zahlreiche Fragen über sich ergehen lassen. Eine der letzten Befragungen wurde von einem Psychiater durchgeführt.

»Sind Sie ein Bettnässer?« wurde José gefragt.

José war verblüfft. Er hatte noch nie gehört, daß Einunddreißigjährige in ihre Betten machten.

»Nein, Sir, ich mache nicht ins Bett«, antwortete er.

»Mögen Sie Frauen?« war die nächste Frage des Psychiaters.

José wußte nicht, daß dieser Mann ein Psychiater war. Er hatte in der Tat noch nie etwas von Psychiatrie gehört.

»Ich bin dreißig Jahre alt«, gab er zurück, »bin verheiratet und habe drei Kinder. Das Weitere überlasse ich Ihrer Vorstellung.«

Der Psychiater lachte, so daß José sich erleichtert fühlte. Jetzt begann er, Fragen zu stellen.

»Auf welchem Gebiet sind Sie tätig, Sir, das solche Fragen erforderlich macht?«

»In der Psychiatrie«, war die Antwort. »Eine Kombination aus Medizin und Psychologie.« Durch weitere Fragen erfuhr José, daß sein Interviewer ein Oberstleutnant sei, der schon viele Jahre in der Psychiatrie tätig gewesen war.

José entschuldigte sich, weil er so viel wissen wollte und so viel Zeit in Anspruch nahm, während die anderen darauf warteten, daß sie an die Reihe kamen.

»Das ist durchaus keine Zeitverschwendung, sondern gehört zur Befragung dazu«, erklärte ihm der Offizier. »Ich will bloß feststellen, ob Sie sinnvoll reagieren, egal ob Sie nun Fragen stellen oder beantworten.«

Er beendete das Gespräch, indem er José den Titel eines Buches nannte, aus dem er noch mehr über Psychiatrie lernen konnte.

Als nächstes in der Reihenfolge war ein Stand, wo José Schriften und Broschüren über die Verordnungen und Vorschriften in der Armee erhielt. Alles, was er las, endete mit dem Satz: »Sie sind jetzt in der Armee.« Von der Post bis zur Religion wurde alles erklärt.

Auch ein Blatt Papier war darunter mit einem Bild von Jesus und einer kurzen Betrachtung von einem unbekannten Autor, betitelt *Ein einsames Leben*. José warf bloß einen flüchtigen Blick darauf. Es ging darum, wie einfach Jesus gelebt hatte und wie groß dennoch sein Einfluß auf die Menschheit ist. Diese Aufeinanderfolge, zuerst seine Einführung in das Studium der Psychologie und nun kurz danach diese Betrachtung, hinterließ ihre Spur in Josés Geist. Das Studium der Psychologie in Verbindung mit Jesus wurde von diesem Moment an zu seinem Lebenswerk. Rückblickend sieht José heute diese doppelte Einführung nicht als einen Zufall an.

Die Grundausbildung war so intensiv und zeitaufwendig, daß José nie Gelegenheit hatte, sich das Buch über Psychiatrie zu besorgen. Es war sogar sehr schwierig, zum Wochenende Urlaub zu bekommen, so daß er Paula und die Kinder in San Antonio besuchen konnte. Doch er erreichte, daß er der Fernmeldetruppenschule in Camp Crowder, Missouri, zugeteilt wurde, indem er vorgab, einen High-School-Abschluß zu haben. Es wurde ihm erlaubt, am Elektroniktest teilzunehmen, und das gute Ergebnis führte dazu, daß er den Befehl erhielt, sich nach der Grundausbildung in Camp Crowder zu melden.

José teilte Paula mit, daß er versuchen würde, für sie einen Platz in der Nähe des Camp zu finden. Doch dies stellte sich als unmöglich heraus, und so mußte er sich mit einer möblierten Wohnung in Joplin, Missouri, begnügen, was ungefähr eine Busstunde entfernt war. Die Miete war viel höher, als sie es sich aufgrund seines Soldes und Paulas Haushaltszuweisung hätten leisten können, aber sie zogen dennoch dort ein.

Nun sah sich José einem ernsten Problem gegenüber. Er wollte nicht Monteur, Lastwagenfahrer oder Mechanikergehilfe werden. Er hatte sich deshalb zur Fernmeldetruppe gemeldet, um als Techniker in Elektronik geschult zu werden. Doch nun entdeckte er, daß für diese Ausbildung vier Jahre College Voraussetzung waren. Er wurde zu einem Gespräch mit einem Oberstleutnant beordert, der für die Verwaltung der Elektronikabteilung zuständig war. Bezüglich seines High-School-Abschlusses hatte er gelogen. Sollte er wieder diesen Weg einschlagen?

»Wie Sie wissen, sind für die Aufnahme in diese Abteilung vier Jahre College Voraussetzung«, zitierte der Offizier die entsprechende Verordnung. »Ich bin nicht für Ihre Zulassung.«

José verließ der Mut. Der High-School-Abschluß war nur eine Notlüge, aber College?

»Nichtsdestotrotz…« Der Offizier ergriff ein anderes Blatt, das auf seinem Schreibtisch lag. »Wenn ich mir Ihre Beurteilung ansehe, muß ich feststellen, daß Sie bei dem Elektroniktest eine sehr hohe Benotung erzielt haben. Aus diesem Grund bin ich verpflichtet, Sie aufzunehmen — aber unter einer Bedingung.«

Diese Bedingung war, daß José jeden Freitag den Test auf Anhieb zu bestehen hatte. »Collegeabsolventen können noch ein zweites und ein drittes Mal antreten, Sie aber nicht. Sollten Sie einmal durchfallen, sind Sie erledigt und können sich zu den Monteuren melden. Noch Fragen?«

»Nein, Sir.« José wußte, daß bei Kampfhandlungen die Monteure die kürzeste Lebenserwartung hatten. Sie wurden wie Vögel abgeschossen. Er stand auf, grüßte und ging.

José bestand die Aufnahmeprüfung mit Leichtigkeit. Er hatte schließlich nicht umsonst vierzehn Jahre lang voller Begeisterung mit Lötkolben und Prüfgeräten hantiert. Bei den nächsten Prüfungen ging es um Fehlersuche und Entstörung defekter Geräte. Hier bewegte er sich wieder auf vertrautem Boden dank seiner Erfahrungen bei der Reparatur von Radios, die er schon gesammelt hatte, kaum als die ersten kommerziellen Sender den Betrieb aufgenommen hatten. Während andere in der Gruppe noch immer mit dem ersten Gerät beschäftigt waren, hatte er schon bei zehn Geräten den Fehler gefunden und behoben. Alle sahen ihm zu, selbst die Unteroffiziere.

Die Freitagsprüfungen waren natürlich ein Zuckerschlekken für ihn. Aber dann kam die radiotechnische Mathematik. Für seine Arbeit mit Radiogeräten im zivilen Bereich hatte er sie nie gebraucht, aber bei der Arbeit mit militärischen Geräten war sie eine Notwendigkeit. Er sah sich schon als Monteur auf den Telephonmasten herumklettern. Er mußte Mathematik lernen. Bald fand er auch eine Lösung für dieses Problem.

Hätte der diensthabende Unteroffizier, nachdem es ›Licht aus‹ geheißen hatte, noch einmal die Baracken inspiziert, so wäre er auf drei Collegeabsolventen gestoßen, die in den Latrinen — dem einzigen Platz, wo das Licht an blieb — von José zeitsparende Tips für die Fehlersuche lernten.

»Beginnt beim Lautsprecherende und arbeitet euch dann durch das ganze System Schritt für Schritt durch«, erklärte José, indem er demonstrativ verschiedene Komponenten mit den Fingern anfaßte. »Die Stromschläge sind nicht der Rede wert. Sie gehen nur von Finger zu Finger, und die Spannung ist zu niedrig, um irgend jemand zu verletzen. Hört zu, ob der Lautsprecher Summtöne, ein Quietschen oder Pochen von sich gibt. Dann wißt ihr, daß dieser Teil in Ordnung ist.« Er fuhr fort, die verschiedenen Teile mit den Fingern abzutasten und stieß auf einen Punkt, an dem keine hörbare Reaktion im Lautsprecher erfolgte. »Da! Das ist der tote Abschnitt.«

Es dauerte nicht lange, dann wurden die Rollen vertauscht. José war nun der Schüler, und die drei Collegeabsolventen seine Lehrer, die ihm alles beibrachten, was er für die Prüfung am Freitag wissen mußte, um sie zu bestehen. Und er bestand sie.

Als die Wochen der Ausbildung zu Monaten wurden, begannen die hohen Mietkosten und Kriegspreise in Joplin José zu drücken, so daß er beschloß, sich eine Arbeit zu suchen, obwohl dies den Heeresangehörigen ausdrücklich untersagt war.

Eines Abends betrat er ein Geschäft, in dem Radios verkauft und auch repariert wurden. Der Eigentümer sagte: »Ich stelle keine Soldaten ein.« Er entfernte sich, doch José hatte so eine Ahnung und blieb einfach stehen und wartete. Seine Intuition erwies sich als richtig. Der Eigentümer kam zurück und fragte: »Wieviel wollen Sie verdienen?«

José gab dieselbe Antwort, die er schon als Zivilist so oft in seinem Geschäftsleben gegeben hatte: »Was Sie glauben, daß es Ihnen wert ist.« Er hatte gelernt, daß einen die Leute meistens fair behandeln.

»Nun, das ist etwas anderes.« Der Geschäftsbesitzer führte ihn in den Keller, in dem die Radios aufgetürmt waren, die eine Reparatur brauchten. »Machen Sie sich an die Arbeit. Ich komme später wieder.«

José reparierte. Nach zwei Stunden kehrte der Besitzer zurück. »Nun, wie geht's?«

»Ich habe alle Radios mit einem roten Anhänger repariert«, berichtete José. »Vierzehn insgesamt.«

Der Geschäftsbesitzer kratzte sich verwundert am Kopf. Dann prüfte er alle vierzehn Radios. Da sie alle zu seiner Zufriedenheit funktionierten, lud er José auf einen Kaffee ein und fuhr ihn dann ins Camp zurück. Er drückte ihm zehn Dollar in die Hand. »Einverstanden?« fragte er. »Einverstanden«, sagte José.

Nachdem José den Rückstand an kaputten Radios aufgearbeitet hatte, erklärte sich sein neuer Chef damit einverstanden, daß er, wenn bei ihm das Geschäft nachließ, sich woanders um Arbeit umsah. Und einmal, als er in einem anderen Geschäft arbeitete, machte ihn ein Arbeitskollege, der seine Uniform sah, darauf aufmerksam, daß ein Soldat keiner zivilen Arbeit nachgehen darf. José schenkte der Kritik keine Beachtung und begann sich jene Geräte vorzunehmen, deren Reparatur sein Mitarbeiter aufgegeben hatte. Er setzte sie alle instand. Als ihre Arbeitszeit um war, zog der andere seine Zivilkleider aus und legte seine Fernmeldetruppenuniform an.

»Das hier bleibt unter uns, nicht wahr?« sagte er im Befehlston.

»Jawohl, Sir«, antwortete José.

José wurde in den Rang eines Stabsfeldwebels erhoben und nach South Carolina verlegt, wo er sich auf die Einschiffung nach Übersee vorbereiten mußte. Paula und die Kinder zogen wieder nach San Antonio. Kurz darauf erhielt José einen Telephonanruf von Paula. Sie sagte ihm, sie werde sich einer Operation unterziehen müssen. Da sie ihm nie etwas von einer Krankheit gesagt hatte, war er sehr überrascht.

»Warte noch ab«, sagte er, »ich komme heim.«

Er erhielt fünf Tage Urlaub. Auf seiner Reise sagte ihm ein Gefühl in seinem Inneren, daß diese Operation unnötig sei. Als er in San Antonio eintraf, erfuhr er, um welches Problem es sich handelte. Der Arzt aus San Antonio hatte sowohl seine Frau als auch seine Schwester untersucht und bei beiden leichte vaginale Blutungen festgestellt. Er riet beiden dringend zu einer Entfernung der Gebärmutter. Josés Schwester fügte sich und unterzog sich der Operation.

»Ich sollte mich lieber auch operieren lassen«, sagte Paula.

»Dann kannst du aber keine Kinder mehr bekommen«, gab José zu bedenken.

»Wir haben drei prächtige Kinder — José, Isabel und Ricardo«, erinnerte sie ihn.

»Laß uns nach Laredo fahren, wo deine Hausärztin die Entscheidung treffen soll.«

Paula war einverstanden. Nachdem Dr. Lowry Paula untersucht hatte, erklärte sie Paula für völlig gesund. Die leichten Blutungen wären nichts Ernstes und könnten mit der Einnahme eines Medikaments zum Verschwinden gebracht werden.

José fragte sie: »Ist es wahr, was der San-Antonio-Doktor gesagt hat — daß Paula sterben würde, wenn sie noch ein Kind bekäme?«

»Ihre Frau kann so viele Kinder haben, wie sie will.«

José schaute Paula und Paula schaute José an.

Dr. Lowry sollte recht behalten. Das Paar bekam noch sieben Kinder: Margarita, Antonio, Ana Maria, Hilda, Laura, Delia und Diana. Jedes Kind erinnerte José daran, daß Schulbildung keine Garantie für Intelligenz sein muß. Die Kinder weckten viele Gefühle und Ahnungen, die sich mit der Zeit als richtig erwiesen.

Der Krieg war zu Ende, ehe José nach Übersee verlegt werden konnte. Statt dessen wurde er nach Fort Bragg, North Carolina, gesandt, um dort abzurüsten. Paula und die Kinder zogen zurück in ihr Heim nach Laredo und trafen dort die Vorbereitungen für ein gemeinsames Weihnachtsfest. Doch die Abrüstung verzögerte sich, und José konnte zu Weihnachten nicht kommen. Als er in Laredo eintraf, waren die Straßen voller Feiernder, die Glocken läuteten und Feuerwerkskörper explodierten. Es war Mitternacht — das Jahr 1946 begann.

José brachte eine Ladung von Psychologiebüchern mit nach Hause. Er nahm sich zwei Dinge vor: diese Bücher zu lesen und sein Elektronikgeschäft wieder aufzubauen. Doch damit fühlte er sich nicht ausgelastet, er wollte noch mehr tun. Zufällig sah er eine Anzeige, in der ein Lehrer gesucht wurde, um heimkehrende Soldaten in Elektronik und Radioreparatur zu unterweisen. Dies sah nach einem guten Zusatzverdienst aus, währenddessen er sein Geschäft ausbauen konnte.

José legte bei der für die Kriegsveteranen zuständigen Militärbehörde eine Prüfung ab und hatte danach eine Unterredung mit einem Offizier der Fernmeldetruppe.

»Ihr Testergebnis ist so hoch, daß die Auswerter glauben, daß Sie gemogelt haben.«

José lachte. »Ich kenne mich aus. Ich brauche nicht zu schwindeln.« Er berichtete von seinen Leistungen auf dem Reparatursektor und erhielt die Stelle. Sein Gehalt entsprach dem eines Lehrers mit fünfjähriger Berufserfahrung.

Als einige Zeit später ein Junior College geplant wurde, wurde José eingeladen, dort eine Radio- und Elektronikschule einzurichten. Er willigte ein. Bald hatte er die entsprechenden Lehrmittel beisammen. An den Wänden montierte er vergrößerte Ansichten von Schaltkreisen, mit deren Hilfe die Schüler lernen konnten, wie man Fehler sucht. Auch demontierte Elektronikkomponenten befestigte er an den Wänden. Als der Unterricht begann, lehrte José von acht Uhr früh bis Mittag, nach dem Mittagessen widmete er sich seinem eigenen Elektronikgeschäft.

Es waren noch zwei Lehrer an der Elektronikschule tätig. Sie hatten beide ihr eigenes Elektronikgeschäft. Eines Tages kamen sie zu José.

Der erste sagte: »Mein Geschäft erleidet Einbußen. Wir ziehen uns unsere eigene Konkurrenz heran.«

Der zweite pflichtete ihm bei und schlug vor: »José, wir müssen den Lehrplan verändern. Warum sollen wir ihnen so viel beibringen. Warum sollen wir ihnen alles lernen, was wir wissen?«

José schüttelte verneinend den Kopf. »Ich bin da anderer Meinung«, sagte er. »Wenn wir mit unseren Kunden richtig umgehen, werden sie die anderen Geschäfte nicht beachten und zu uns zurückkommen.«

Der erste Lehrer wollte einen Einwand erheben.

José fuhr fort: »Außerdem plane ich, die besten Studenten selbst anzustellen, wenn mein Geschäft weiter zunimmt, so daß ich sie auch korrekt unterrichten muß.«

Die beiden Lehrer gingen frustriert weg.

In den beiden ersten Jahren der Elektronikschule fand es der Präsident des College kein einziges Mal der Mühe wert, ihr einen Besuch abzustatten. José wurde das Gefühl nicht los, daß mit dieser berufsbildenden Einrichtung kein sehr großes akademisches Prestige verbunden sei. Doch dann wurde die Schule inspiziert, benotet und ihr der erste Platz im Staate Texas zugesprochen. Von diesem Tag an ließ sich der Präsident fast täglich blicken und brüstete sich vor Besuchern des College mit seiner Errungenschaft.

Bis zum Jahr 1948 hatten die Silvas um drei Kinder mehr: die Zwillinge Margarita und Antonio, und Ana Maria. José machte Fortschritte in der Psychologie, sein Geschäft wuchs und er entwickelte sich zu einem begabten Erzieher. Obwohl unter diesen drei Dingen kein unmittelbarer Zusammenhang zu bestehen schien, sollten sie dennoch die Grundlage für ein Werk bilden, das einmal die Menschheit beeinflussen würde.

Vorerst fehlte jedoch noch etwas.

4

Die Wege verschmelzen

Das Jahr 1956 brachte San Antonio das Fernsehen. Laredo war zu weit entfernt, um etwas empfangen zu können, doch an den Wochenenden nahm José alle seine Radiomechaniker auf seine Kosten mit nach San Antonio, damit sie die ersten Schwarz-Weiß-Fernsehgeräte reparieren lernten.

Dann hatte José eine Idee. Er montierte eine Fernsehantenne auf einem hohen Turm. Es funktionierte. Es war ihm gelungen, die schwachen Signale aus San Antonio zu empfangen, und er war der Erste, der in Laredo das Fernsehen vorführte. Er stellte einen Fernsehapparat in seiner Auslage auf, und es dauerte nicht lange, da hatte sich eine derartige Menschenmenge davor versammelt, daß die Polizei den Verkehr umleiten mußte.

Etwas später im selben Jahr kaufte José ein Stück Land auf dem höchsten Hügel von Laredo, dem Billy Goat Hill, der zum Testgelände für den Fernsehempfang wurde. Bald hatte José eine Crew von Männern, die für ihn Fernsehantennen in ganz Laredo montierten, während er in seinem Lastwagen saß und Psychologiebücher studierte.

Was ganz besonders seine Aufmerksamkeit erregte, war die Hypnose, vor allem ihre Anfänge. Er lernte, wie im siebzehnten Jahrhundert ein Mann namens Athanasius Kirchner mit kataleptischen Trancezuständen bei Tieren experimentierte, und wie im achtzehnten Jahrhundert ein katholischer Priester namens John Joseph Gassner als erster Mediziner mit Hypnose arbeitete. Dann kam Franz Anton Mesmer. Der Terminus ›Mesmerismus‹ wurde geprägt, um den tranceähnlichen Zustand zu bezeichnen, in den Mesmer seine Patienten versetzte. Im 19. Jahrhundert wurde Mesmers Technik von Dr. James Braid angewandt, der das Wort ›Hypnotismus‹ benutzte, wenn er jemanden in Trance versetzte. Zur gleichen Zeit bedienten sich Phineas Parkhurst Quimby und Dr. John Elliotson ähnlicher Techniken, um Hellseher für die Diagnose schwieriger gesundheitlicher Probleme auszubilden.

José war von der Idee des Hypnotismus derart fasziniert, daß er an den zum Wochenende veranstalteten Seminaren eines Hypnotiseurs in San Antonio teilnahm, und 1949, fünf Jahre nach dem Beginn seiner auf eigene Faust durchgeführten Psychologiestudien, wandte er die Hypnose bei seinen Kindern an. Er arbeitete eine Methode aus, die seinen Kindern half, bessere schulische Leistungen zu erbringen, da sie ihre Hyperaktivität absenkte und gleichzeitig ihre Konzentrationsfähigkeit steigerte. Dies geschah, indem er die Kinder sich sowohl physisch als auch mental entspannen ließ.

Eines Tages geschah etwas, was ihm seine Erfahrungen und Forschungen in einem neuen Licht erscheinen ließ und bewirkte, daß er einen völlig neuen Weg einschlug. Er hatte es sich zur Gewohnheit gemacht, seinen Kindern regelmäßig eine Lektion vorzulesen, während sie sich in einem entspannten Zustand befanden, der einer hypnotischen Trance ähnlich war, doch auf einer Ebene, wo sie noch immer Fragen stellen und beantworten konnten. An diesem Tag las er seiner zehnjährigen Tochter Isabel Gedichte vor. Wie gewöhnlich wollte er ihr den Stoff dreimal vorlesen und sie zwischendurch immer wieder aus dem entspannten Zustand herausholen und dann wieder hineinversetzen.

Bei der zweiten Lesung veränderte er die Reihenfolge der Gedichte. Als er zu lesen begann, unterbrach ihn Isabel und fing an, ein anderes Gedicht aufzusagen. Und zwar das Gedicht, das er als nächstes hätte vorlesen wollen. Als sie damit fertig war, fing José mit dem nächsten Gedicht in der von ihm geplanten Reihenfolge an. Wieder wurde er von Isabel unterbrochen, die bereits das übernächste Gedicht aufzusagen begann. Und so ging es weiter, wobei Isabel ihrem Vater immer um ein Gedicht voraus war, als wüßte sie bereits, welches Gedicht er sie als nächstes zitieren lassen wollte.

José war wie vom Blitz getroffen. Ein Irrtum schien ausgeschlossen zu sein: Seine Tochter konnte seine Gedanken lesen. Er hatte zwar schon öfters Vorführungen besucht, in denen Gedankenlesen praktiziert wurde, doch war es ihm immer gelungen, den Trick, einen Code, der benutzt wurde, auszumachen. Und nun passierte es hier in seinem Wohnzimmer wirklich. Er hatte nicht daran geglaubt, daß es möglich sein könnte.

»Warum hast du dieses Gedicht aufgesagt, Liebes? Ich hatte dich noch gar nicht darum gebeten.«

»Ich erriet einfach, daß du mich als nächstes darum fragen würdest.«

Ihre Antwort rief ihm Christus ins Gedächtnis – er hatte etwas Ähnliches getan. Laut Heiliger Schrift, die vor nahezu zweitausend Jahren verfaßt worden war, hatte Christus zu seinen Jüngern gesagt: »Siehe, ich sende Euch Propheten und Weise.« José fragte sich im stillen, ob Jesus Hellseher damit gemeint haben könne.

Josés Übungen hatten ihren ursprünglichen Zweck erfüllt und seinen Kindern in der Schule zu besseren Noten verholfen. Nun galt sein Interesse nicht mehr dem Intelligenzquotienten allein, sondern auch dem Hellsehen. Er wollte feststellen, ob er die Fähigkeit seiner Kinder, zukünftige Ereignisse vorauszusagen, verbessern könnte.

Hatte sein Geist, als er Isabel vorlas, seine Absichten wie ein Sender ausgestrahlt? War der Geist seiner Tochter, wenn sie entspannt war, imstande, als eine Art Empfänger zu wirken? Stellte das Gehirn ein Äquivalent zu Elektronikbauteilen dar, die gleichzeitig senden und empfangen konnten?

Durch Übung wurde Isabel im ›Erraten‹ dessen, was José sagen wollte, immer genauer. Anfangs glaubte er, daß sie sich zu diesem Zweck im selben Raum wie er aufhalten müsse. Doch bald hatte er eine neue Idee und ließ sie versuchen, Krankheiten festzustellen, und obwohl sie dies zuerst in Anwesenheit der kranken Person tat, wurde es eines Tages offenkundig, daß sie es ebenso genau auf Entfernung konnte.

Eine Nachbarin klagte José, daß ihre Schwester, die in Chicago lebte, an einem Tumor erkrankt sei. José ließ Isabel in den hellseherischen Zustand eintreten — während sie physisch und mental völlig entspannt war — und forderte sie dann auf, den Tumor zu beschreiben.

»Er ist um das Herz herumgeschlungen«, sagte Isabel. »Ich sehe keine Möglichkeit, wie der Arzt ihn von dort entfernen könnte.«

Die Nachbarin brach in Tränen aus. »Genau dasselbe hat der Doktor auch gesagt«, schluchzte sie.

Dann befahl José Isabel, sich in dem Haus in Chicago umzusehen und zu beschreiben, was sie sah.

»Ein süßes rothaariges Baby ist da. Eine Frau wechselt seine Windeln. Neben dem Bett ist ein Nachtkästchen. Darauf steht ein komischer Aschenbecher. Ich habe noch nie einen Aschenbecher gesehen wie diesen. Es ist gedrehtes Metall, und die Enden sind aufgebogen. Es sieht wie eine Muschel aus.«

Einige Monate später kamen die Leute aus Chicago nach Laredo. Die Nachbarin brachte sie in das Haus der Silvas. Sie machten sich darüber lustig, als sie hörten, wozu Isabel imstande war. »Gewäsch!« sagten sie.

Aber dann beschrieb Isabel den Raum und den Aschenbecher. Nun staunten die Besucher aus Chicago über ihre Genauigkeit, doch sie konnten nicht glauben, daß Isabel dieser Raum nicht beschrieben worden war.

Für José spielte das keine Rolle. Er war überzeugt, daß er aus Isabel durch sein Training eine Hellseherin gemacht

hatte. Das war 1953. Er hatte von einem Institut für Parapsychologie an der Duke University gehört, das von einem
gewissen Dr. J. B. Rhine geleitet wurde. José schrieb an
Dr. Rhine und teilte ihm mit, er habe eine Hellseherin ›geschaffen‹. Dr. Rhine schrieb zurück, daß José aller Wahrscheinlichkeit nach mit einer natürlichen Hellseherin gear-
beitet habe – einer Person, die mit dieser Gabe geboren
worden war. »Bis dato ist uns aus keiner verläßlichen Infor-
mationsquelle etwas über die Entwicklung psychischer
Kräfte bekannt.«

Dr. Rhine war unbeirrbar in seiner Behauptung, daß Hellsehen, beziehungsweise der Psi-Faktor, nicht verbessert werden könne. In dieser Weise, schrieb Dr. Rhine, gliche der
Psi-Faktor dem Intelligenzquotienten: Bei manchen Leuten
wäre er höher, bei anderen niedriger.

Aber José wußte es besser. Den Intelligenzquotienten
hatte er bereits verbessert, und nun hatte er den Psi-Faktor
zur Entwicklung gebracht.

Was Dr. Rhine unterschwellig damit zum Ausdruck bringen wollte, war, daß José sich selbst etwas vormache. José
dachte nicht so. Schließlich war er der Vater der betreffenden Person, hatte sie ihr ganzes Leben lang gekannt und
hatte während seiner Forschungen zur Verbesserung ihrer
schulischen Leistungen sehr eng mit ihr zusammengearbei-
tet. Wenn sie, wie Dr. Rhine behauptete, irgendeine natürliche Begabung zum Hellsehen gehabt hätte, so wäre ihm
das sicherlich schon früher aufgefallen.

Um sich zu beweisen, daß sich seine Ahnung als richtig
herausstellen werde – daß Hellsehen sich durch Training
einstellen *konnte* –, beschloß er, mit anderen Personen zu
arbeiten. Im Laufe der nächsten zehn Jahre, 1953 bis 1963,
trainierte er neununddreißig Personen unabhängig voneinander und machte sie zu Hellsehern. Anhand sorgfältig do-
kumentierter Forschungsergebnisse, der Arbeit einer Deka-
de, konnte er nun beweisen, daß er eine Methode zur Ausbildung von Hellsehern hatte. Er lud Dr. Rhine wiederholt

ein, seine Arbeit nachzuprüfen, doch der Forscher nahm diese Einladung nie an.

Josés Trainingsmethode beruhte nicht auf Hypnose, sondern auf bewußter Entspannung. Dieses Konzept würde einmal als Grundlage für das dienen, was zum Silva-Bewußtseinstraining werden sollte. Wo die Hypnose autoritäre Vorschläge, die an Befehle grenzten, von dem Praktizierenden erforderte, begnügte sich José mit einfachen Anweisungen. Wo die Hypnose aus der Entspannung einen traum- oder tranceähnlichen Zustand machte, ließ José die Person in einen Zustand der Entspannung fallen, der es ihr ermöglichte, die Kontrolle zu behalten. Wo die Hypnose dem Hypnotiseur gestattete, sich über das kritische Urteilsvermögen des Hypnotisierten durch die erteilten Befehle hinwegzusetzen, ermöglichte Josés Methode, die Anweisungen anzunehmen oder abzulehnen.

Zu Beginn der fünfziger Jahre taten sich in Josés Leben mehrere Seitenwege auf, die verursachten, daß sich sowohl seine Forschung als auch die Entwicklung seines einzigartigen Trainings verzögerten. Eine der Ursachen war Josés Liebe zum Gesang. Er hatte schon in früheren Jahren einige Monate Gesangsunterricht genommen und seither sang er täglich, um sich auf diese Weise nach der Arbeit im Geschäft zu entspannen. Er betrachtete es als eines seiner beiden Hobbys, das andere war die Erforschung des menschlichen Geistes.

Die Gesangslehrer in Laredo und San Antonio waren sich zwar einig darüber, daß José eine gute Stimme hatte, doch gingen die Meinungen auseinander, ob er ein Bariton oder ein Tenor sei. Als José wieder einmal nach Mexiko reiste, brachte ihn sein Vetter Joaquin zu den besten Gesangslehrern des Landes, und sie entschieden einstimmig, daß José ein dramatischer Tenor sei.

Der letzte Lehrer, dem José vorsang, hieß Felipe, wurde aber überall nur ›Maestro‹ genannt, weil er der Beste seines Faches war.

»Ich hätte Sie gerne als Schüler«, sagte der Maestro zu José. »Woher kommen Sie?«

»Aus Laredo in Texas.«

»Oh, Sie sind ein *Gringo.*«

Der Maestro und der Gringo gingen einen Handel ein. José sollte zweimal im Jahr für zwei Wochen nach Mexiko kommen und während dieser Zeit täglich, vormittags und nachmittags, Unterricht nehmen. Wenn er dann wieder heimkehrte, würde er vom Maestro ein Übungsprogramm erhalten, das dieser für ihn vorbereitet hatte.

Im Jahr 1956, nachdem er zum zweiten Mal ein intensives vierzehntägiges Gesangstraining absolviert hatte, traf er am letzten Tag im Hause des Maestro etwa fünfzig Schüler wartend an. Doch kaum war er eingetreten, rief ihn der Maestro zu sich. »*Gringo,* du bist der Nächste.« José nahm an, daß sich die Schüler zu irgendeinem anderen Zweck versammelt hätten und daß der Maestro ihn aus dem Weg haben wolle.

Der Maestro hieß José einige Arien vortragen, aus Opern wie *Aida, Tosca* und *Paggliacci.* Die letzte Arie war ›Che-Gelida Manina‹ aus *La Bohéme.* Diese stellte eine Herausforderung für José dar, da sie für einen lyrischen Tenor geschrieben wurde. Als sie zu Ende war, drehte sich der Maestro um und sah José an.

»*Gringo,* wir können dir hier in Mexiko nichts mehr lernen. Um deine Ausbildung zu vollenden und für die Einstudierung kompletter Opern solltest du dich in das Land begeben, das hierfür am besten geeignet ist − Italien. Die mexikanische Regierung hat mich ermächtigt, dir ein Stipendium zu verleihen.«

»Aber, Maestro«, entgegnete José, »ich bin amerikanischer Staatsbürger − ein *Gringo.*«

»Dein Vater war Mexikaner, das genügt. Ich biete dir ein zweijähriges Stipendium an, um in Mailand deine Ausbildung zu beenden.«

»Ich bin zweiundvierzig Jahre, ist das nicht zu alt?«

»Du wirst immer noch fünfzehn oder zwanzig Jahre singen können.«

Nun erst erkannte José, was die Anwesenheit der anderen Schüler zu bedeuten hatte. Er erhielt die Auszeichnung, und alle applaudierten.

José fühlte sich geschmeichelt, so oft er an diesen Tag zurückdachte, doch sein anderes Steckenpferd, Bewußtseinstraining, zog ihn mehr an. Zwar lehnte er das Stipendium ab, aber das Singen sollte wie alles andere, was in seinem Leben geschah, noch eine große Rolle spielen. Heute hält José in der ganzen Welt Vorträge, manchmal spricht er acht Stunden täglich an zehn aufeinanderfolgenden Tagen, und dann ist er dankbar für sein Stimmtraining.

Das Singen war der eine Nebenweg, der schließlich wieder zurückführte zu seinem Interesse für den Geist, der andere war sein florierendes Geschäft. Bei seinen Geschäften hatte José immer das ›Glück‹ gehabt, zur rechten Zeit mit der richtigen Idee herauszukommen. Schon als kleiner Junge hatte er die Idee gehabt, Zitronensaft mit Zucker zu vermischen und trocknen zu lassen. Das Pulver füllte er ab, um es dann während der heißen Sommermonate von Tür zu Tür als ›Fertiglimonade‹ zu verkaufen, lange bevor ähnliche Produkte auf den Markt kamen.

Als im Jahr 1951 eine zweite Fernsehstation in der Nähe von Laredo ihren Betrieb aufnahm, erkannte José sofort die Notwendigkeit einer Spezialausrüstung. Die erste Station war in San Antonio errichtet worden, 240 Kilometer nördlich. Nun wurde eine zweite im Rio Grande Valley, ungefähr 240 Kilometer südöstlich, aufgestellt, die auf demselben Kanal 4 sendete. Das verursachte in Laredo Empfangsprobleme. Die Fernsehteilnehmer empfingen oft zwei Bilder, die einander überlagerten, oder manchmal von der einen Station das Bild und von der anderen den Ton.

Die Händler beklagten sich bei den Herstellern, weil die Kunden ihre Geräte zurückgaben. Drei große Herstellerfirmen sandten ihre Ingenieure, um das Problem zu überprüfen. Diese berichteten, Laredo liege außerhalb des eigentlichen Empfangsbereiches und dürfte daher gar keine Signale empfangen. Andererseits, da beide Stationen den gleichen Kanal benutzten, gäbe es auch keine Möglichkeit, die eine Frequenz auszuschalten, ohne damit auch die andere stillzulegen, was nichts anderes hieß, als daß weiterhin beide empfangen wurden.

Corpus Christi, das 216 Kilometer östlich von Laredo liegt, hatte mit den gleichen Problemen zu kämpfen. Eine Menge Fernsehgeräte waren davon betroffen. José beschloß einige Experimente durchzuführen.

Die Form einer Fernsehantenne bedingt ihre genaue Ausrichtung. Um den bestmöglichen Empfang zu haben, muß die Antenne richtig eingestellt werden. Trotzdem kommt es vor, daß unerwünschte Signale eingefangen werden, doch sind diese meistens zu schwach, um das Bild zu stören. Nicht so in Laredo. José konstruierte eine kleine Antenne, die auf demselben Mast wie die Hauptantenne befestigt wurde, aber in der Richtung, aus der das unerwünschte Signal kam. Das Signal aus dieser kleinen Antenne wurde in die Hauptantenne eingespeist, aber um 180 Grad phasenverdreht, so daß es das unerwünschte Signal in der Hauptantenne ausschaltete.

Ungefähr zur selben Zeit, in der José mit diesem Problem beschäftigt war, verkaufte die in Laredo stationierte Luftwaffe einige Baracken. José erwarb eine davon, teilte sie in Hälften und stellte die Hälften Seite an Seite auf seinem Grundstück auf, um mehr Platz für sein Elektronikgeschäft zu haben. Später wurde eines dieser Gebäude mit Ziegeln ummauert und nahm die Verwaltung für das Silva-Bewußtseinstraining auf.

Josés neue Antenne wurde über Nacht zum Erfolg. Die Kunde davon drang bis nach Corpus Christi, wo ein Großhändler sich erbötig machte, den Fernsehtechnikern aus dem Ort sämtliche Spesen zu vergüten, wenn José zu einer Vorführung bereit war. José war einverstanden.

José baute zwei Fernseheinrichtungen auf, eine mit der alten Standardantenne und eine mit seiner neuen Antenne. Außerdem stellte er zwei Fernsehgeräte für Demonstrationszwecke auf.

Als die geladenen Gäste eintrafen, waren beide Geräte an die alte Antenne geschaltet. Auf beiden Bildschirmen war das Bild daher gestört.

»Da ist doch überhaupt kein Unterschied!« »Sie vergeuden unsere Zeit!« »Um uns das zu zeigen, haben Sie uns herkommen lassen?«

José hatte erreicht, was er wollte: jedermanns Aufmerksamkeit.

»Jetzt«, sagte er, »beobachten Sie das Bild, während ich mein Gerät, das die Kanäle trennt, bei diesem Fernsehapparat einschalte.« Er betätigte den Schalter, und ein klares Bild erschien auf dem Schirm. Auf dem anderen Bildschirm ging es noch immer sehr turbulent zu.

Die Techniker waren erstaunt. Die Ingenieure aus den Herstellerfirmen hatten ihnen erklärt, daß es nicht möglich wäre.

»Jetzt werde ich von der San-Antonio-Fernsehstation auf die im Rio Grande Valley umschalten«, kündigte José an. Als er den Schalter drehte, veränderte sich das Bild, und die Rio-Grande-Valley-Station wurde klar und scharf empfangen.

Die Techniker wollten sehen, was in dem Kästchen war. José hatte zwar seine Patentrechte schon angemeldet, aber um auf Nummer Sicher zu gehen, hatte er das Kästchen mit der Apparatur zulöten lassen.

»Das Öffnen wäre gegen die Firmenpolitik«, erklärte José. Dann verkündete er, die Firma werde nicht das Kästchen selber verkaufen, sondern eine komplette Fernsehanlage: Fernsehgerät plus Antenne, abgestimmt, eingestellt und voll funktionsfähig.

José verkaufte viele solcher Anlagen und verdiente viel Geld mit seiner Idee. Solange bis Laredo eine eigene Fernsehstation erhielt, so daß die Ausrüstung für die Trennung der Kanäle nicht mehr gebraucht wurde.

Im Laufe der Zeit wurde José zum Eigentümer einer Reihe von Patenten auf dem Gebiet der Elektronik, die in Verwendung standen und ihm ein Zusatzeinkommen sicherten, über längere Zeiträume hinweg. Sobald jedoch eine Tätigkeit auf dem Elektroniksektor Josés Forschungen auf dem Sektor des menschlichen Geistes bedrohte, schien sie plötzlich von der Bildfläche zu verschwinden.

Das traf auch auf sein Geschäft mit Plattenspielern zu.

In den fünfziger Jahren wurden in Gaststuben, Bars und Tanzhallen Münzautomaten zum Plattenspielen auf Kommissionsbasis aufgestellt, wobei sich die Betreiberfirma mit dem Lokaleigentümer die Einnahmen teilte. Doch die Betreiberfirmen ließen es nicht zu, daß die Automaten repariert wurden, sondern verlangten, wenn einer kaputtging, daß ein neuer gekauft wurde.

José fand heraus, daß die Betreiberfirmen die kaputten Automaten bei den Großhändlern gegen neue Geräte eintauschten. Die Händler ihrerseits verkauften diese gebrauchten Maschinen weiter, zumeist nach Mexiko.

Mit finanzieller Unterstützung kaufte José die gebrauchten Eintauschgeräte von den Händlern, reparierte sie, tauschte alle abgenutzten Teile aus, strich ihre Gehäuse neu an und verkaufte sie an dieselben Restaurants, Bars und Tanzhallen für das Dreifache, was sie ihn gekostet hatten. Der Preis war noch immer niedriger, als der für ein neues Gerät, noch wichtiger aber war, daß José mit seinen Käufern einen Wartungsvertrag abschloß, der die Lebenszeit des Automaten beträchtlich verlängerte.

Bald hörte man aus den umgewandelten Baracken den Klang der alten Plattenspieler tönen, wenn sie dort anlangten repariert und auf Glanz gebracht wurden und diese dann wieder verließen. Das Geschäft ging so gut, daß José drei weitere Reparaturwerkstätten einrichten mußte. Nach 1½ Jahren hatte er mit den neu hergerichteten Plattenautomaten einen Umsatz von zwei Millionen Dollar erzielt, wobei sich seine Kosten nur auf ein Drittel dieses Betrages beliefen. José hatte das Gefühl, die Arbeit seines Lebens gefunden zu haben.

»Ach, wirklich?« fragte eine höhere Intelligenz. Sie hatte andere Pläne mit ihm.

5

Forschung geht vor

Josés Faszination für die Hypnose hielt an. Von ihrem Studium und ihrer praktischen Anwendung versprach er sich ein besseres Verständnis des menschlichen Geistes. In den fünfziger Jahren verbrachte er so manches Wochenende in einer nahegelegenen Stadt, wo er Kurse über Hypnose besuchte. Auch erwarb er so viele Bücher wie möglich über dieses Thema − von Mesmer, Braid, Russo, LeCron und Erickson − und studierte sie gründlich.

Eines Tages kam Paula aus ihrem Haus gleich nebenan zu ihm ins Büro gelaufen. »Komm schnell, José! Schau dir an, was Isabel macht!« rief sie erschrocken.

José rannte mit ihr ins Haus zurück. Dort sah er, wie der siebenjährige Ricardo langsam die Halle hinunterschritt. Er hatte dabei die Arme ausgestreckt wie ein Schlafwandler.

»Ein wenig nach rechts. Jetzt nach links!« Isabel kommandierte ihren Bruder Schritt für Schritt. Sie hatte ihn offensichtlich hypnotisiert, was im Schlafzimmer geschehen sein mußte, und jetzt lotste sie ihn zu einen Sessel im Wohnzimmer.

»Sag, daß sie aufhören sollen«, schrie Paula.

»Sch, sch«, bedeutete ihr José, »ich möchte mir das ansehen.«

Paula rang verzweifelt die Hände.

Als Ricardo Platz genommen hatte, gab ihm Isabel einen posthypnotischen Befehl. »Jedes Mal, wenn ich mit den Fingern schnalze, wirst du schreien, so laut du kannst ›Rah, rah, rah, Isabel‹, dreimal.« Dann holte Isabel Ricardo aus der Hypnose zurück. Er sah sich um und war überrascht, seine Eltern vorzufinden. Isabel schnalzte mit den Fingern. Ricardos gellende Stimme ließ die Fensterscheiben klirren.

»Rah, rah, rah, Isabel! Rah, rah, rah, Isabel! Rah, rah, rah, Isabel!«

Nun sagte Isabel zu Ricardo, daß er alles vergessen würde, was vorgefallen war.

Zu diesem Zeitpunkt war Paula vor Wut über José außer sich. »Warum hast du ihnen nicht Einhalt geboten?«

»Ich habe nicht gewußt, daß sie meine Bücher über Hypnose gelesen hat. Ich wollte nur wissen, wie gut sie ihre Sache gelernt hat.« Dann wandte er sich Isabel zu und sagte: »Liebling, du hättest Ricardo nicht Schritt für Schritt durch die Halle geleiten müssen. Du hättest ihm im Schlafzimmer einen posthypnotischen Befehl erteilen können, daß er, wenn er die Augen öffnet, in das Wohnzimmer gehen, in einem bestimmten Sessel Platz nehmen, die Augen schließen und wieder in Hypnose fallen würde.«

Isabel nickte wissend.

»Ermutige sie nicht auch noch, José«, warnte Paula. »Sie soll ihre Hypnosekenntnisse nicht an anderen Kindern ausprobieren.«

José tat die Kritik mit einem Achselzucken ab, doch bald erkannte er, daß seine Frau keinen Unsinn geredet hatte. Eines Tages traf er eine Gruppe seiner Arbeiter dabei an, wie sie aus dem Fenster blickten und lachten. Isabel war auch darunter. José ging hinaus, um nachzusehen, was es gab.

Vor dem Haus parkte ein Polizist, den José sehr gut kannte. Ricardo stand bei dem Auto und sagte zu dem Polizisten: »Ich habe gerade eine Bank ausgeraubt. Bring mich ins Gefängnis.«

»Du hast keine Bank ausgeraubt, Ricardo«, antwortete der Polizist. »Hör auf, Späße zu machen.«

Dies wiederholte sich mehrere Male. Für José war es kein Geheimnis, daß Ricardo hypnotisiert worden war. Er lächelte dem Polizisten zu und bedeutete ihm, zu warten. José ging hinein, erteilte Isabel seine Anweisungen, und sie ging hinaus zu dem Polizeiauto. Isabel entschuldigte sich bei dem Polizisten und brachte Ricardo zurück ins Haus. Dort sagte sie ihm unter Josés Anleitung, daß er keine Bank ausgeraubt habe, daß es nur ein Spiel sei und daß er sich an die ganze Sache erinnern würde. Dann weckte sie ihn aus der Hypnose.

»Du darfst dein hypnotisiertes Objekt sich nie so weit von dir entfernen lassen, Isabel«, mahnte José zur Vorsicht. »Was wäre, wenn bei einem vorbeifahrenden Wagen der Reifen geplatzt wäre? Ricardo hätte vor Schock erwachen und in ein anderes Auto hineinlaufen können.«

Dann wechselte José von der Lehrerrolle in die des Vaters. »Hypnose ist nichts zum Spielen. Du wirst sie nie wieder anwenden außer in meiner Gegenwart.« Er sah ein, daß Paula recht gehabt hatte.

Obwohl er Isabel tadeln mußte, wollte er sie nicht entmutigen und ihr Interesse an der Hypnose zerstören. Seine väterliche Ermahnung war daher bestenfalls mit einem verbalen Klaps zu vergleichen. Es sollte aber nicht lange dauern, da mußte José selbst einen viel stärkeren Tadel einstecken.

Im Laufe der Jahre hatte José nicht aufgehört, mit seinen Kindern Hypnoseforschungen anzustellen, wobei seine Anstrengungen besonders darauf hinausliefen, sie für eventuelle Notfälle zu präkonditionieren. Eines Abends hatten die Silvas Freunde zum Essen eingeladen, unter denen sich auch ein Arzt mit seiner Frau befand, der sich ebenfalls für Hypnose interessierte. José servierte seinen Gästen vor dem Abendessen einen Drink — er selbst nahm bis zu seinem sechzigsten Lebensjahr keine Alkohol zu sich — und ein überzähliger Drink wurde auf einem Nebentisch abgestellt. Margarita, die damals fünfzehn war, leerte das Glas und holte sich eine Alkoholvergiftung.

Paula steckte Margarita ins Bett, doch das Mädchen warf sich unruhig hin und her und hörte nicht auf, sich abzudekken. Der Doktor ordnete an, sie gut zuzudecken, um ein zu starkes Absinken ihrer Körpertemperatur zu verhindern, was durch den chemischen Schock hervorgerufen werden konnte. Immer wieder mußte ihre Temperatur gemessen werden.

»Das gefällt mir ganz und gar nicht, was hier vorgeht«, sagte der Doktor.

»Darf ich Ihnen etwas sagen«, warf José ein. »Alle meine Kinder, einschließlich Margarita, sind mit Hilfe von Hypnose für Notfälle präkonditioniert worden. Sie wissen, daß wenn sie einmal Hilfe benötigen sollten, ich nur meinen Daumen auf ihre Stirn zu drücken brauche und gleichzeitig von zehn bis eins zu zählen, wodurch sie in einen Zustand tiefer geistiger Entspannung eintreten werden, der es ermöglicht, Schmerz oder andere Unannehmlichkeiten leichter zu machen.«

»Versuchen Sie, was Sie wollen«, drängte der Doktor, »Margaritas Körpertemperatur sinkt sehr rasch, und ich mache mir Sorgen deswegen.«

José begab sich ans Bett. Er legte den Daumen seiner rechten Hand auf ihre Stirn, und mit seiner linken Hand hielt er ihren Kopf fest, damit sie ihn nicht bewegen konnte. Langsam begann er zu zählen: »Zehn, entspannen, neun, entspannen, acht, entspannen,…« und so weiter. Als er bei der Zahl Eins angelangt war, beruhigte sich Margarita und schien in einen tiefen Schlaf zu sinken.

Den Daumen auf ihrer Stirn belassend, sagte José zu ihr: »Du wirst jetzt zwei Stunden lang schlafen. Dann wirst du erfrischt aufwachen. Du wirst keine Schmerzen haben, kein Kopfweh und kein Ohrensausen. Du wirst dich gesund und munter fühlen. Du wirst Hunger haben und etwas zu essen wollen.« Er nahm seinen Daumen weg. Der Doktor prüfte die Temperatur.

»Sie hat sich stabilisiert.«

Einige Minuten später prüfte er sie nochmals. »Sie beginnt wieder zu steigen.« Er entfernte ein paar Decken. Nachdem er etwas später noch einmal die Temperatur gemessen hatte, verkündete der Doktor: »Margaritas Temperatur ist wieder normal. Man kann sämtliche Decken entfernen.«

Als der Doktor schließlich sein Abendessen einnahm, bekannte er, daß er noch nie erlebt habe, daß sich eine Körpertemperatur so schnell wieder normalisiere, wie die Margaritas. Nach dem Essen blieb er, wo er war. »Ich möchte sehen, was mit Margarita nach Ablauf der zwei Stunden passiert«, sagte er.

Als die zwei Stunden um waren, kam Margarita die Halle herunter geschritten. Sie streckte sich und sagte: »Was gibt es zu essen? Ich bin hungrig.«

Der Doktor schüttelte ungläubig den Kopf. »Jetzt habe ich alles gesehen.«

Alles noch nicht.

Er hatte José Silva noch nicht bei seinen Rückführungen gesehen.

Wenn jemand hypnotisiert wird, und man ihn dann anleitet, in der Zeit zurückzugehen, so wird er gehorchen und ist imstande, in der Kindheit Erlebtes und Gesehenes zu beschreiben. Geht man noch weiter in der Zeit zurück, so kann es geschehen, daß er in einer fremden Sprache oder in einem anderen Dialekt zu sprechen beginnt oder Erlebnisse aus einem anderen Leben zu beschreiben anfängt. Vor fünfundzwanzig Jahren ungefähr hat der Autor dieses Buches gemeinsam mit einem Hypnotiseur ein Buch mit dem Titel ›What Modern Hypnotism Can Do for You‹, New York, Hawthorn Publishing Company, 1965, verfaßt. Darin beschreibt der Hypnotiseur den Fall einer unbeabsichtigten Reinkarnation. Seine hypnotisierte Klientin, eine Lehrerin mit Gedächtnisschwierigkeiten, begann plötzlich auf Altenglisch zu sprechen und ihr unglückliches Leben als Obdachlose zu schildern, die geschlagen und vergewaltigt worden war und daher von zu Hause weglief. Der Hypnotiseur beendete die Sitzung und lud einen Historiker ein, der nächsten beizuwohnen. Alles wurde nachgeprüft und für richtig befunden. Ja, der Fluß Avon konnte in diesem Jahr in Folge einer Dürre zu Fuß durchquert werden. Ja, ein Dorf dieses Namens gab es dort. Ja, es gab einen solchen Kult in jenen Tagen.

Mitte der Fünfzigerjahre führte José Hunderte von Rückführungen durch, wovon eine jede die Glaubwürdigkeit der Reinkarnationstheorie erhärtete. Ein neunjähriges Mädchen namens Mary beschrieb besonders detailgetreu ihr früheres Leben. Als José Mary in die Zeit vor ihrer Geburt zurückführte, erzählte sie ihm, sie sei dreiundzwanzig Jahre alt und lebe in Paris. Sie verstand Französisch und kannte die Sehenswürdigkeiten von Paris. Da José nie in Paris gewesen war und nicht bestätigen konnte, was sie ihm erzählte, suchte er einen Bruder an der St. Joseph Akademie auf, der eine Zeitlang in Paris gelebt hatte. Als José seinen Besuch machte, war gerade ein Redakteur der *Laredo Times* anwesend. Der Bruder erklärte sich einverstanden, das Mädchen zu sehen, und der Redakteur, der von Josés Forschung wußte, wollte ebenfalls mitkommen.

José machte mit Mary wieder eine Rückführung und stellte sie dabei dem Bruder vor, der sie gründlich ausfragte. Mary erwähnte eine große Kirche.

»Weißt du den Namen der großen Kirche?« fragte sie der Bruder.

»Sie meinen von Notre Dame?«

Der Bruder bedeutete José und dem Redakteur, daß das Mädchen recht hatte.

»In welcher Richtung fließt der Fluß daran vorbei, von der Vorder- zur Rückseite der Kirche oder umgekehrt?«

Wieder war die Antwort richtig.

»Wenn du die Kirche durch das Haupttor betrittst, was befindet sich rechts von dir?«

Das Mädchen antwortete, als ob sie dort wäre.

»Wo liegt die Oper im Verhältnis zum Museum?«

Noch eine richtige Antwort.

José führte Mary dann zu jenem Zeitpunkt in ihrem früheren Leben, an dem sie heiratete. Sie beschrieb die Kirche, die Hochzeit, ihren wohlhabenden Bräutigam und den ausgezeichneten Koch, der das Hochzeitsmahl zubereitete.

»Ruf den Koch, ich möchte mit ihm sprechen«, sagte José.

José beobachtete, wie das kleine Mädchen, das in diesem Leben noch nie in Paris gewesen war, den Kopf abwandte, als würde sie zu jemanden sprechen.

»Er wird in einer Minute hier sein«, sagte sie.

Sie unterhielten sich weiter über allerlei, bis das kleine Mädchen sagte: »Der Koch ist hier. Was möchten Sie von ihm wissen?«

»Bitte deinen Koch um den Namen eines Rezeptes, das in Frankreich sehr bekannt ist«, sagte José.

Es trat eine kurze Pause ein, dann verkündete sie: »*Pato à la Deutsch.*«

»Würde er so freundlich sein, uns das Rezept zu geben, damit wir es zubereiten können?«

»Nehmen Sie Papier und Bleistift zur Hand«, befahl Mary.

José und der Bruder notierten sich die Zutaten und die Zubereitungsart, während der Redakteur der *Laredo Times* zusah.

Gelegentlich warf der Bruder eine Frage in Französisch ein, die sie auf Englisch richtig beantwortete.

Als die Sitzung vorbei war, machten sich die drei Männer auf die Suche nach einem französischen Küchenchef. Sie fanden ihn in einem Hotelrestaurant in Laredo.

Sie erzählten ihm, sie wären Feinschmecker und immer auf der Suche nach exotischen Rezepten zum Selbermachen.

»Ich bin auf ein Gericht gestoßen, das *Pato à la Deutsch* heißt. Kennen Sie ein solches Gericht?«

»Oui, monsieur. C'est formidable!«

Der Bruder übersetzte. »Er sagt, das gäbe es, und es sei gut.«

Der Küchenchef wurde gebeten, die Zutaten aufzuschreiben. Dann kehrten die drei in Josés Büro zurück und verglichen das Rezept des Küchenchefs mit der Version des kleinen Mädchens. Sie stimmten ganz genau überein, bis auf einen einzigen Unterschied — der Küchenchef aus der Rückführung bevorzugte Fruchtkugeln anstelle von würfelig geschnittenen Früchten, was aber eher als ein optisches Detail anzusehen ist.

Der Redakteur der *Laredo Times* war dermaßen beeindruckt von dem Erlebten, daß er einen Artikel veröffentlichte, in dem er die Sitzung beschrieb und seiner Meinung Ausdruck verlieh, daß das Experiment ein gutes Beispiel einer Reinkarnation darstelle.

Neunzig Prozent der Bevölkerung von Laredo ist katholisch. Seit dem Konzil von Nicea, das vor etwa fünfzehnhundert Jahren stattgefunden hat, bei welcher Gelegenheit alle Hinweise auf Reinkarnation aus sämtlichen Schriften entfernt wurden, ist das Thema ›Reinkarnation‹ für Katholiken tabu. Als daher dieser Artikel in der *Laredo Times* erschien, beklagten sich viele Leser beim Chefredakteur. Er war kein Katholik, sondern ein Anhänger von Christian Science, einer Sekte, die Hypnose als ein Werk des Teufels betrachtet.

Dieser Chefredakteur degradierte nach Erscheinen des Artikels den Redakteur zum Reporter und schwor José, daß seine Zeitung nie wieder irgend etwas über seine Forschungen veröffentlichen werde.

Der Chefredakteur hielt Wort. Mehr als zehn Jahre lang, bis zu seiner Pensionierung, ließ er nicht zu, daß Josés Arbeit in der Zeitung erwähnt wurde. Bis dahin hatte José seine Forschung vervollständigt, die Trainingsmethode bis ins letzte ausgearbeitet und das Silva-Bewußtseinstraining in breitem Rahmen publik gemacht. Der Widerhall in der

Presse des ganzen Landes war beachtlich, doch in seiner eigenen Heimatstadt blieb José ein Unbekannter.

Nachdem der alte Chefredakteur in Pension gegangen war, Anfang der siebziger Jahre, entschloß sich José, etwas gegen den lokalen Nachrichtenboykott zu unternehmen. Eines Tages machte er sich auf den Weg zur *Laredo Times,* um den neuen Chefredakteur aufzusuchen. Er hatte eine große Schachtel bei sich. Nach der Begrüßung öffnete José die Schachtel und entnahm ihr Dutzende von Artikeln, die in der Presse des ganzen Landes über ihn und seine Methode veröffentlicht worden waren. Dann begann er, diese auf dem Boden der Redaktion auszubreiten.

»Was um Himmels willen machen Sie da?« rief der erstaunte Chefredakteur.

José fing an, laut die Namen der Städte zu rufen, als er auf die Zeitungsausschnitte zeigte, die jetzt jeden Zollbreit Boden bedeckten. »Chicago, New York, Boston, Houston.« Dann blickte er dem Chefredakteur in die Augen. »Es ist ein Unsinn, daß jede Zeitung Artikel über unsere Arbeit verfaßt hat, außer der Zeitung unserer Stadt. Völliger Unsinn.« Zur Unterstreichung seiner Worte schlug er auf den Schreibtisch des Chefredakteurs.

»José Silva«, wehrte der Chefredakteur ab, »das wird sich von nun an ändern. Jetzt wird ein anderer Wind wehen.«

Vor Ablauf einer Woche erschien ein ganzseitiger Artikel in der *Laredo Times* über die Silva-Methode und ihre rasche Verbreitung und Anerkennung. Von diesem Tag an hatte José seinen Anteil an lokaler Publizität. Heute gibt es zwei Tageszeitungen in Laredo, die beide willig drucken, was sie nicht immer zu verstehen vorgeben – über den Mann, dessen Bewußtseinstraining die ganze Welt eroberte.

In den Jahren, in denen Josés Methode Gestalt annahm, blieb seine Rückführungsarbeit seine Hauptstütze. José verbrachte zehn Jahre – 1953 bis 1963 – mit Regressions- und Progressionsarbeit, meistens aber ersterer, und trainierte während dieser Periode neununddreißig Hellseher, alles Freiwillige aus seiner Familie und dem Freundeskreis. Um die außerordentlichen Fähigkeiten des menschlichen Geistes zu studieren, leitete er buchstäblich Hunderte von Rückführungssitzungen.

Hier muß interessanterweise festgehalten werden, daß das Training dieser neununddreißig Hellseher wenig Ähnlichkeit hatte mit dem Training der zehn Millionen Hellseher, das später einmal als die ›Silva-Methode‹ bekannt werden sollte.

Die neununddreißig wurden ausschließlich dadurch ausgebildet, daß sie sich einer Reihe von Rückführungen unterzogen. Sie wurden hypnotisiert und dann in der Zeit zurückgeführt. Rückführungen bildeten Josés Zugang zum menschlichen Geist.

Doch dies war erst der Anfang und keineswegs das Ende. Er sollte noch entdecken, als er an dieser Schwelle stand, daß der Geist noch viele Geheimnisse zu enthüllen hat, Geheimnisse, die von der Wissenschaft bis heute nicht zur Gänze aufgeklärt werden konnten.

José fand, daß Entspannung der erste Schritt war, nicht nur für die neununddreißig Hellseher, sondern später auch für die zehn Millionen Absolventen des Silva-Bewußtseinstrainings.

Die Wissenschaft sollte später bestätigen, daß Entspannung die Gehirnwellenfrequenz verlangsamt. Sie bezeichnete diesen entspannten mentalen Zustand als Alpha-Zustand. Das Elektroenzephalogramm mißt diese Gehirnwellenfrequenzen. José stellte fest, daß auf der Alpha-Ebene Informationen in den Geist gespeist und das Gedächtnis verbessert werden konnte. Wissenschaftler bestätigten später die computerähnlichen oder kybernetischen Aspekte des menschlichen Gehirns. José fand heraus, daß subjektives Denken während der Meditation ein wertvoller Behelf bei der Lösung von Problemen ist. Wissenschaftler bestätigten später, daß subjektives Denken mit dem Denken der rechten

Gehirnhälfte identisch ist und daß zwei Hemisphären besser sind als eine.

Aber wir eilen unserer Geschichte voraus.

Josés Sitzungen mit den neununddreißig Hellsehern gaben ihm Gelegenheit, verschiedene Rückführungstechniken auszuprobieren – zum Beispiel autoritäre, liberale, passive und dynamische Techniken.

Als diese Periode endete, und José beschloß, sich anderen Forschungsmethoden zuzuwenden, war er zu einer Schlußfolgerung gekommen – oder, wie er es nannte, zu einer ›Semikonklusion‹, womit er sich genügend Spielraum wahrte, diese zu verändern, sofern er auf widersprüchliches Beweismaterial stoßen sollte. Die Semikonklusion lautete wie folgt: Nach einer Reihe von Rückführungsstunden schienen die betroffenen Personen intuitiver zu sein als davor. Bei manchen tauchte diese intuitive Fähigkeit dann auf, wenn sie es am wenigsten erwarteten, und verschwand auch ebenso plötzlich wieder. José schien es, als ob die Person sich auf einer besonderen mentalen Ebene befinden müsse, um von ihrer Intuition in hohem Maße Gebrauch machen zu können.

Das veranlaßte José, ein Rückführungssystem zu entwickeln, das es den rückgeführten Personen ermöglichte, auf der Stufe unmittelbarer Erkenntnisfähigkeit zu bleiben. Rückführungen dieser Art erforderten *keine* Hypnose. Tatsächlich fand José während der zehnjährigen Dauer seiner Rückführungsstudien heraus, daß die Hypnose im Widerspruch zu seinen Zielen stand.

Zum einen funktioniert der Geist eines Hypnotisierten *induktiv,* und nicht deduktiv. Personen in Hypnose stellen keine Fragen, sie beantworten sie bloß. Deduktive Fähigkeiten und Wißbegierde sind aber, so erkannte José, unbedingt notwendig, um die mentalen Kräfte zu entwickeln.

Weiters, je tiefer die Hypnose ist, desto leichter vergißt der Hypnotisierte, was in ihr passiert ist. José wollte aber, daß sich die von ihm ausgebildeten Personen an mehr erinnerten, *egal auf welcher* mentalen Ebene sie sich befanden. Und schließlich funktioniert eine Person, die einen posthypnotischen Befehl ausführt, vorwiegend im Betawellenbereich (zwanzig Zyklen pro Sekunde), mit dem gemeinhin die objektiven, physikalischen Sinne und die Dominanz der linken Gehirnhälfte assoziiert werden. José erkannte, daß seine Leute im Alphawellenbereich (zehn Zyklen pro Sekunde) zu funktionieren hätten, dem Bereich, mit dem die subjektiven Sinne assoziiert werden und in dem, wie die Wissenschaft später entdeckte, die Funktionen der rechten und der linken Gehirnhälfte gleichwertig sind.

Josés Forschungsjahre zusammenfassend, ergibt sich folgendes Bild:

1944 – 1949
Studium der Psychologie und des Gehirns;

1949 – 1952
Anwendung verschiedener Techniken zum Bewußtseinstraining bei Kindern, um ihnen zu besseren schulischen Leistungen zu verhelfen

1953 – 1963
Ausbildung von neununddreißig Hellsehern, die José lehrte, den Alphawellenbereich zu nutzen, und somit auch, obwohl er dies damals nicht erkannte, die rechte Gehirnhälfte.

Während dieser beiden Dekaden vollzog sich ein Wandel in Josés Forschungstätigkeit. Hatte er zu Beginn bis spät in die Nacht seinen Wissensdurst in bezug auf das menschliche Gehirn zu stillen versucht, so setzte er in der Folge dieses Wissen zum Wohle seiner Kinder ein, um ihren Verstand zu schärfen und um dem menschlichen Geist seine Geheimnisse zu entlocken.

Letzteres wollen wir uns nun näher besehen. Es gab kein steriles weiß gekacheltes Labor und keine Leichen mit geöffnetem Schädel, auf deren graue Gehirnmasse leistungsstarke Mikroskope gerichtet waren. Es gab auch keine Chemikalien, keine Bunsenbrenner, noch irgendwelche Schalttafeln mit blinkenden Lämpchen.

Da war bloß ein Mann in einem Wohnzimmer, der einen Teil seiner Familie und seiner Freunde um sich versammelt hatte, ein Mann, der sich für den menschlichen Geist interessierte, besonders aber für dessen Fähigkeit, Zeit und Raum zu überwinden. Falls so etwas wie ein Forschungsprotokoll vorhanden war, dann kam es aus dem schöpferischen Bereich, von wo es seinen Weg in Josés Kopf nahm — in Form von Intuition, mit der einen Person das und mit der anderen etwas anderes zu versuchen.

So wie jede Forschungstätigkeit im Labor mit Versuchen und Irrtümern verknüpft ist, war auch Josés Wohnzimmerforschung viel öfter mit Fehlschlägen als mit Erfolgen verbunden. Allmählich aber begann sich aus den Erfolgen, die eintraten, ein Weg abzuzeichnen für die Nutzbarmachung dieser Geheimnisse des menschlichen Geistes, und dieser bildete die Grundlage für die Silva-Methode.

Nach der Arbeit mit den neununddreißig Hellsehern war Josés nächster Schritt die Bildung von weiteren Arbeitsgruppen, um eine größere Anzahl von ›Superminds‹ hervorzubringen. Gleichzeitig mußte José seine Vorgangsweise verbessern, um feststellen zu können, wie lange das Training für solche Gruppen dauerte, um sie zu Hellsehern zu machen.

José lud seine Nachbarn ein, ihren Kindern zu erlauben, von seiner Forschung zu profitieren. Bis dato hatten die Nachbarn mit scheelen Augen zugesehen, was hinter den Wänden der Silvas vorging. »Teufelswerk«, sagten sie. »Unheimlich.« »Verrückt.« »Gefährlich!« Diese Worte fielen nur aus Unwissenheit. José wollte, daß dies anders werde und öffnete die Türen zu seinem Heim.

Am Anfang kamen manche Nachbarn mit ihren Kindern nur vorbei, um José bei der Arbeit mit anderen Kindern zuzusehen.

»Rühr nicht meine Kinder an!« warnten sie ihn.

Doch Josés Schützlinge lernten nicht nur besser in der Schule, auch ihre Persönlichkeit verbesserte sich und damit wieder ihre familiären Beziehungen und ihre Launen. Bald wurden die zögernden Nachbarn von den Vorteilen überzeugt.

Ihr Lamento änderte sich in: »Wann wirst du mit meinem Kind arbeiten?« »Nimm mein Kind nicht als letztes dran!«

6

Ein Heiler wird geboren

In den späten fünfziger- und frühen sechziger Jahren konzentrierte sich Josés Forschung immer mehr darauf, den Geist zur Verbesserung der Gesundheit zu benutzen. Bei diesem Bemühen war er Schüler und Lehrer zugleich, indem er versuchte, Wege zur Heilung anderer zu entwickeln. In dieser Phase gab es keine Freiwilligen, wie es beim Training der Hellseher der Fall gewesen war. José bot sich als Heiler an, wann immer sich die Gelegenheit dafür ergab, selbst wenn er sich diese Zeit von seinem Elektronikgeschäft frei nehmen mußte. Der Schwerpunkt bei diesem Geschäft verlagerte sich in der Tat auf die elektronische Überwachung menschlicher Gehirnwellen und ihrer physiologischen Wirkungen, was mit dem Aufkommen der Biofeedbackgeräte zusammenhing.

Als angehender Heiler verfügte José bereits über ein beachtliches Rüstzeug aus seiner Arbeit mit der Hypnose. Er wußte um die Bedeutung von Erwartung, Glaube und Suggestion. Er wußte, daß diese Bedingungen den Placeboeffekt hervorrufen. Und vieles schien ihm dafür zu sprechen, daß die Vorstellungskraft seines eigenen Geistes die Heilkraft des Patienten unterstützen konnte. Dreißig Jahre vor den ersten außerklinischen Demonstrationen der erstaunlichen Kräfte des Geistes ging er bereits von dieser Voraussetzung aus.

José nützte jede Bitte um Hilfe zur Heilung als Mittel zur

Vervollkommnung seiner persönlichen Techniken. Er entwickelte mehrere Heilverfahren, von denen ein jedes unter seinen speziellen Bedingungen zu funktionieren schien. Schließlich verschmolz er sie zu einer Methode, die aus drei Zyklen bestand. Wenn der erste Zyklus nicht die Heilung bewirkte, ging er auf den zweiten Zyklus über und dann, falls erforderlich, auf den dritten.

Im ersten Zyklus legte sich José hin, entspannte sich und stellte sich das Gesicht der kranken Person vor, dann versuchte er sich an den Klang ihrer Stimme zu erinnern und, falls er ihr die Hand gegeben hatte, an das Gefühl daran. Als nächstes hielt er den Atem an und stellte sich vor, wie die kranke Person gesund wurde. Das Anhalten des Atems begründete er damit, daß der dadurch hervorgerufene Sauerstoffmangel in seinem Körper und Geist eine Art von Notzustand bewirken würde, und daß dies vermehrte mentale Energie und somit einen wirksameren Kontakt zur Folge haben würde. Er forderte den Patienten zur Mitarbeit auf, doch mußte dieser nicht anwesend sein, sondern es genügte, wenn er vor dem Zubettgehen ein Glas Wasser bis zur Hälfte leerte und den Rest dann beim Aufstehen austrank. José praktizierte diese Methode drei Abende lang vor dem Einschlafen, wobei er immer davon ausging, daß die Krankheitsursache eine psychologische sei, selbst wenn sie sich organisch manifestierte. Wenn sich nach den drei Nächten keine Besserung einstellte, ging José auf den zweiten Heilungszyklus über.

Der zweite Zyklus war mit dem ersten identisch, mit der Ausnahme, daß José dieses Mal davon ausging, daß die Krankheit oder physische Behinderung rein organischer Natur sei. Wenn das Problem nach drei Nächten wieder nicht behoben war, griff José auf den dritten Zyklus zurück. Nun behandelte er das Problem, als ob es weder psychologisch noch organisch bedingt sei, sondern von den Eltern oder auch von anderer Seite bei der Geburt auf den Patienten übertragen worden sei.

Bei einem seiner ersten Versuche, als José gebeten worden war, einem sechs Monate alten Baby zu helfen, das seit seiner Geburt an einer schweren Allergie litt, vollzog er alle drei Zyklen. Drei Tage nach Vollendung des dritten Zyklus verschwand die Allergie.

Die Methode der drei Zyklen entwickelte sich weiter in dem Maße, in dem José neue und verschiedene Wege kennenlernte, um den Geist als Werkzeug einzusetzen. Eines Tages, als er um einen Termin bei einem katholischen Priester anrief, der in der Nähe seines Hauses wohnte, wurde ihm mitgeteilt, daß der Priester ein Problem mit seinem Knie habe und das Bett hüten müsse. José beschloß, ihm zu helfen.

»Ich weiß, daß er sich seit fünfzehn Jahren mit diesem Problem herumplagt«, sagte José. »Das ist der Grund, warum ich ihn sehen will.«

Er bekam den Termin.

»Was kann ich für Sie tun?« fragte der Priester, als José eintrat. Er saß in einem Schaukelstuhl.

»Im Gegenteil«, antwortete José, »ich bin es, der Ihnen helfen will. Und ich glaube, daß ich Ihr Knieproblem beheben kann.«

»Sind Sie Arzt?«

»Nein, aber ich erforsche eine neue Wissenschaft. Ich bin überzeugt, daß ich in Ihrem Fall helfen kann.«

»Wie heißt diese neue Wissenschaft?«

»Sie hat noch keinen Namen, sondern fällt unter den Begriff der Parapsychologie.«

»Lassen Sie mich darüber nachdenken. Ich werde Ihnen Bescheid geben.«

Einen Monat später rief der Priester José an und bat ihn, bei ihm vorbeizukommen.

»Hören Sie sich diese merkwürdige Koinzidenz an«, sagte der Priester. »Zwei Tage nach Ihrem Besuch erhielt ich mit der Post eine Broschüre, die für ein neues Buch Reklame machte. Auch ein Kapitel über Parapsychologie war darin angeführt. Ich bestellte das Buch und las es. Sein Titel lautet ›Experimental Psychology‹ und der Autor heißt Siwek. Sie können anfangen, wann Sie wollen.«

José war erfreut, daß der Priester das Wort ›Koinzidenz‹ benutzt hatte. Er verstand darunter ein spontanes Ereignis, dessen Folgen konstruktiv sind, im Gegensatz zu den destruktiven Folgen, die mit dem Wort ›accident‹ (zu deutsch: Unfall oder Zufall. Anmerkung d. Übers.) assoziiert werden. Er erinnerte sich an einen anderen Vorfall vor nicht allzulanger Zeit, bei dem ebenfalls das Wort ›Koinzidenz‹ aufgetaucht war und der seine Aufmerksamkeit erregt hatte.

Vor ein paar Jahren hatte José sein Geschäft um neun Uhr abends geschlossen, wie er es immer zu tun pflegte. Er aß sein Nachtmahl, half Paula, die Kinder ins Bett zu bringen und ließ sich dann nieder, um wie gewöhnlich noch einige Stunden zu studieren. Er las gerade eine schwierige Stelle in einer Abhandlung über Psychologie, als ihn plötzlich ein Gefühl der Vergeblichkeit all seiner Bemühungen befiel. Sein Terminkalender für den nächsten Tag im Büro war vollgebucht, und er verschwendete Stunden wertvollen Schlafes mit dem Studium von etwas, das, um die Wahrheit zu sagen, nicht einmal einen Sinn zu ergeben schien. Er schlug das Buch zu, warf es auf den Boden und sah zu, wie es unter eine Couch glitt.

Paula hörte den Lärm und kam nachsehen, ob ihm das Buch beim Einschlafen aus der Hand gefallen sei, was ziemlich häufig vorkam. Aber sie bemerkte, daß er es absichtlich zu Boden geschleudert hatte. José legte sich gleich darauf schlafen, doch zwei Stunden später wachte er plötzlich auf. Ein helles Licht, gleich einer mitternächtlichen Sonne, erfüllte seinen Kopf. Und im Raum hängend sah er zwei Zahlenreihen: 3−4−3 und darunter 3−7−3. Dann kam ein Eindruck von Christus und das Traktat mit dem Titel *Ein einsames Leben,* das er bei seinem Eintritt in die Armee erhalten hatte.

»Warum Christus?« fragte er sich staunend selbst. »Warum ich? Warum die Zahlen?«

Er öffnete die Augen. Es war dunkel. Die Uhr auf dem Tisch zeigte 4:30.

Vielleicht war das eine Botschaft, dachte er. Er schloß die Augen. Das Licht in seinem Kopf war noch immer da, aber es verblaßte. Er versuchte sein Schwinden zu verhindern, indem er seine Lage veränderte und langsam atmete, doch das Licht wurde schwächer, und bald war es weg. José lag wach und trachtete zu analysieren, was geschehen war.

Eine von Paulas Lieblingswarnungen fiel ihm ein: »Sie sagen, daß Leute, die zu viel lesen, verrückt werden!« Von dem Licht in seinem Kopf würde er ihr ganz bestimmt nichts erzählen. Der Eindruck von Christus und dem Traktat *Ein einsames Leben* schien ihm zu bestätigen, daß das Erlebnis authentisch und positiv war.

In der Früh ging José als erstes daran, die Bedeutung der beiden Zahlenreihen herauszufinden. Eine vage Ahnung ließ ihn das gesamte Telephonbuch von Laredo durchsehen, doch fand er keinen solchen Anschluß. Sein nächster Impuls war, denjenigen aufzusuchen, in dessen Adresse diese Zahlen enthalten waren. Vielleicht hatte diese Person eine Botschaft für ihn. Aber solche Anschriften gab es auf dem Stadtplan nicht. Es war bereits nachmittags, als José die Nummerntafeln der vorbeifahrenden Autos und Lastwagen zu beobachten begann. Keine paßte.

Um 20:45 Uhr fing José an, sein Geschäft zu schließen, als Paula aus ihrem Haus nebenan herbeigeeilt kam. »Jose«, sagte sie, »wenn du heute abend wegen eines Service über den Fluß nach Nuevo Laredo fährst, so bring mir bitte eine Flasche Alkohol mit.«

Weil der mexikanische Alkohol rein war, konnte er für medizinische Zwecke verwendet werden. Mexikanische Händler geben Kampferwürfel in den Alkohol, wenn sie ihn an Amerikaner verkaufen. Wenn die Zollbeamten an der Grenze den Kampfer riechen, verlangen sie keinen Zoll.

»Es liegen keine Serviceanfragen von drüben vor, Liebling«, entgegnete José, »aber ich werde dir trotzdem eine Flasche Alkohol besorgen.«

Genau in diesem Moment kam ein alter Freund von José hereinspaziert.

»Gehen wir zusammen auf einen Kaffee?« fragte er José.

»Hilf mir, das Geschäft zu schließen, und dann können wir sofort gehen«, sagte José. Während sie die Fenster zumachten und das Licht ausschalteten, fragte José seinen Freund: »Hast du es eilig?«

»Nein, ich habe nichts vor und daher Zeit genug. Warum?«

»Ich möchte über den Fluß fahren und meiner Frau eine Flasche Alkohol besorgen.«

»Selbstverständlich. Ich komme gerne mit.«

Während sie zur Brücke fuhren, begann José zu erzählen, was ihm in der Nacht passiert war, da er das Gefühl hatte, sich seinem Freund anvertrauen zu können. Dieser hatte nämlich ebenfalls Psychologie studiert und würde ihn daher kaum als verrückt bezeichnen. José schilderte ihm den Vorfall in allen Einzelheiten. Als sie über die Brücke nach Mexiko fuhren, platzte sein Freund plötzlich heraus: »He, vielleicht gibt es eine solche Nummer in der mexikanischen Lotterie!«

Während José den mit Kampfer versehenen Alkohol kaufte, schlenderte sein Freund in einen anschließenden Raum der Likörstube. José hörte ihn rufen: »Welche Nummern suchst du?«

»3-4-3 und 3-7-3.«

»3-4-3 ist hier.«

José konnte es nicht glauben. »Du scherzt.«

»Komm und sieh selbst.«

Da hingen tatsächlich fünf Lose mit dieser Seriennummer. Es waren die fünf letzten von ursprünglich zwanzig Losen aus dieser Serie. José kaufte alle fünf Stück. Und die Nummer sollte in der Tat gewinnen! Nach Bezahlung der mexikanischen Einkommensteuer und Umtausch in US-Dollar erhielt José zehntausend Dollar ausbezahlt, was in jenen Tagen einige Male so viel wert war wie heute. Später erfuhr er noch, daß die andere Serie, 3-7-3, nur in Mexiko City zum Verkauf gelangt war, während seine Gewinnserie 3-4-3 ausschließlich in Nuevo Laredo feilgeboten worden war.

José ging im Geist nochmals sämtliche Ereignisse durch, die zum Kauf der Lose geführt hatten. Zwei Stunden nachdem er beschlossen hatte, das Studium der Psychologie abzubrechen und das Buch auf den Boden geworfen hatte, sah er das Licht, Christus und *Ein einsames Leben*. Dann kam die Bitte seiner Frau, seine Antwort — die auch ganz anders hätte ausfallen können — und die Ankunft seines Freundes. Welches Timing! Eine Kette von ein Dutzend ›Koinzidenzen‹. Unnötig zu erwähnen, daß José sich auf die Suche nach dem Buch machte, das in jener Nacht unter die Couch gerutscht war. Er zog es hervor, staubte es ab und nahm seine Studien wieder auf.

Jahre danach hatte eine ähnliche Reihe von Umständen José an das Bett des Priesters geführt, der selber wieder José in Folge einer ›Koinzidenz‹ gerufen hatte. José hielt das Eintreffen der Broschüre, die der Priester erhalten hatte, tatsächlich für eine Koinzidenz, denn sie mußte sich bereits auf dem Postweg befunden haben, als ihn José das erste Mal besuchte. Eine weitere Koinzidenz, die dem Priester einen leichten Zugang zu dem in der Broschüre angekündigten Buch verschaffte, war, daß der Autor des Buches Professor an einer katholischen Universität war. Das Buch wurde von drei katholischen Stellen offiziell empfohlen, was den Wert des Buches in den Augen des Priesters besonders unterstrich.

José rückte seinen Sessel näher ans Bett des Priesters.

»Ich werde sprechen. Sie hören zu. Wenn Sie eine Frage haben, heben Sie sie bitte für später auf.«

Der Priester nickte zustimmend.

José begann zu reden. Er redete über das Wetter, das Geschäftsklima in Laredo, internationale Angelegenheiten, seine Familie und sein Geschäft. Er sprach eine Stunde lang über alles, außer über das Knieleiden des Priesters. Seine Absicht war, im Geist des Priesters einen Zustand von Monotonie, dann Müdigkeit und dann Verwirrung zu erzeugen. Jedes Mal, wenn José diesen Zustand der Verwirrung entdeckte, benutzte er ihn, um selber mentale Bilder entstehen zu lassen, weil der verwirrte Geist für die programmierende Wirkung solcher Vorstellungen empfänglicher ist.

Während seiner einseitigen Unterhaltung entdeckte José dreimal diesen Zustand bei dem Priester und begann mit seiner Visualisierung. Zuerst stellte er sich vor, wie der Priester mit seinem kranken Knie vor ihm stand. Das zweite mentale Bild ließ er links von dem ersten entstehen: Der Priester trinkt vor dem Zubettgehen ein halbes Glas Wasser und die andere Hälfte am nächsten Morgen und das Knieproblem verschwindet. In einem dritten, wieder links von den beiden anderen plazierten Bild visualisierte José schließlich den Priester als völlig gesund beim Gehen und kniend im Gebet.

José erhob sich aus seinem Sessel. »Vater, es bleibt nur noch eines, was Sie tun müssen, um zu Ihrer Heilung beizutragen. Vor dem Schlafengehen nehmen Sie ein Glas und füllen es mit Wasser. Dann trinken Sie es zur Hälfte aus und die andere Hälfte trinken Sie gleich in der Früh sofort nach dem Aufstehen.«

»Wann werden Sie mit der Heilung beginnen?« fragte der Priester.

»Ich habe schon damit begonnen«, entgegnete José.

Der Priester konnte seine Enttäuschung nicht verbergen. »Ist das die Art, wie Sie heilen? Reden, reden und noch mehr reden?«

»Ja, Vater. In drei Tagen komme ich wieder, um mir Ihre Fortschritte anzusehen.«

Als José nach drei Tagen wiederkehrte, stand der Priester hoch aufgerichtet vor ihm. Sein Gesicht strahlte auf, als er José erblickte.

»Ich habe mich seit fünfzehn Jahren nicht mehr so wohl gefühlt. Es ist ein Wunder!«

»Nein, Vater, es ist eine Koinzidenz.« José war überzeugt, daß aus einer höheren Dimension der Intelligenz Hilfe gekommen war.

Sie setzten sich, um über die Heilung zu sprechen.

»Ich bin ein Sünder«, sagte José. »Sie sind ein Engel. Wie kann ein Sünder einem Engel helfen, der fünfzehn Jahre lang gelitten hat?«

»Wir müssen leiden, um uns den Himmel zu verdienen«, entgegnete der Priester.

»Aber nicht zu wissen, wie man ein Problem beheben kann, verlängert die Leidenszeit. Unwissenheit befreit uns daher nicht vom Leiden«, sagte José. »Wir leiden, weil wir es nicht besser verstehen.«

Die eigene Erfahrung bewirkte, daß der Priester José in seiner Arbeit kräftig unterstützte, einer Arbeit, die nach Josés Worten dem besseren Verstehen gewidmet war. Diese Art von Unterstützung hatte José auch wirklich nötig, als sein Ruf als Heiler zunahm. Er experimentierte mit verschiedenen Heilansätzen und entwickelte auf diese Weise Techniken, die den spezifischen Problemen angepaßt waren. Seine vielen interessanten Fälle stellten immer größere Herausforderungen dar und hatten eine Vielzahl von ›maßgeschneiderten‹ Heilungen zur Folge.

Zum Beispiel erlitt ein Rancher aus Laredo jedes Mal einen Migräneanfall, sobald er Milchprodukte aß. Die Kopfschmerzen machten ihn für zwei oder drei Tage arbeitsunfähig. José erklärte ihm seine Forschungsarbeit, und der Mann willigte ein, einen Tag mit ihm zu verbringen. José arbeitete mit dem Mann auf dieselbe Weise, wie er es mit dem Priester getan hatte. Zuerst brachte er ihn in Verwirrung. Dann stellte er sich mental drei Szenen vor: erstens, das Problem, zweitens, den Mann, wie er Butter aß und sich freute, und drittens, den Mann, wie er ohne Kopfschmerzen wieder Milchprodukte genießen konnte.

Mittags an diesem Tag gingen die beiden in ein Restaurant. José bestellte Brot und zwei Portionen Butter dazu.

»Nehmen Sie sich von dem Brot und Butter dazu«, lud José ihn ein.

»Ich liebe Butter, aber sie vergiftet mein Körpersystem.«

»Sie *pflegten* Ihr Körpersystem zu vergiften, aber jetzt nicht mehr«, entgegnete José und schob ihm seine eigene Portion hinüber.

»Sind Sie verrückt? Möchten Sie, daß ich zwei Tage krank bin?«

»Sie *pflegten* krank zu werden, aber jetzt nicht mehr. Essen Sie die Butter, mein Freund.«

»Ich dachte, Sie scherzen. Denken Sie daran, daß Sie es waren, der meine Woche ruiniert hat.«

»Es *hat* einmal Ihre Woche ruiniert, jetzt nicht mehr«, gab José zurück.

Der Rancher begann, die Butter auf eine Schnitte Brot zu streichen.

»Warten Sie«, sagte José, »nehmen Sie doppelt so viel Butter.«

»Sie wollen mich richtig fertig machen, oder?«

»Es *hat* Sie fertig gemacht, aber jetzt nicht mehr«, antwortete José.

Nachdem der Rancher zwei dick mit Butter bestrichene Scheiben Brot gegessen hatte, fragte ihn José: »Wie lange dauerte es gewöhnlich, bis die Wirkung eintrat?«

»Fünfzehn Minuten«, war die Antwort. Als diese Zeit vergangen war, und der Mann keine Anzeichen einer Krankheit verspürte, sagte er: »Manchmal dauert es zwanzig Minuten.«

»Nimmermehr«, erinnerte ihn José. Ein paar Minuten später fügte er hinzu: »Sie sind überfällig.«

»Manchmal braucht es länger.«

»Es *pflegte* länger zu brauchen, aber jetzt nicht mehr«, entgegnete José.

Der Rancher wartete vergeblich auf seine Kopfschmerzen und konnte danach wieder Milchprodukte in jeder Menge genießen.

In einem anderen dramatischen Beispiel wurde José von der Tochter einer Frau aufgesucht, die so viel Gewicht verloren hatte, daß ihre Familie befürchtete, sie werde sterben. Zwei Töchter der Frau trugen ihre Mutter zu José und erklärten, daß alles begonnen hätte, nachdem sie eines Abends Austern zum Nachtmahl gegessen hätte. Seit diesem Zeitpunkt wurde sie rund um die Uhr in Abständen von wenigen Minuten von epileptischen Anfällen ergriffen. Plötzlich tauchte noch eine dritte, ältere Tochter auf.

»Niemand wird mit meiner Mutter herumexperimentieren. Es gibt schon zu viele Betrüger.« Ehe sie noch weitersprechen konnte, bekam ihre Mutter einen Anfall. Die Töchter rieben ihren Hinterkopf mit Alkohol ein.

Als der Anfall vorbei war, fragte José die skeptische Tochter: »Wie kann ich auf betrügerische Weise handeln, wenn ich für meine Dienste nichts verlange?«

Sie beruhigte sich ein wenig, und José erklärte, alles, was ihre Mutter zu tun hätte, wäre ein halbes Glas Wasser vor dem Schlafengehen zu trinken und die andere Hälfte beim Aufstehen. Als keine Einwände mehr erhoben wurden, begann er mit seiner dreiteiligen Visualisierung.

Drei Tage später bekam die Frau keinen einzigen Anfall mehr und aß sogar Austern zum Nachtmahl.

Ein junger Mann, der soeben geheiratet hatte, konnte seine Ehe aufgrund von Impotenz nicht vollziehen. Er war verzweifelt und trug sich mit Selbstmordgedanken, als er zu José kam. In einem Monat zeigte sich eine leichte Besserung. José setzte seine mentale Arbeit fort. Am Ende eines weiteren Monats begann das Paar normale Beziehungen aufzunehmen. Am Ende des dritten Monats erfreuten sie sich eines glücklichen Ehelebens.

Ein Mann war so von Krebs befallen, daß er mit Hilfe von Medikamenten in Bewußtlosigkeit versetzt werden mußte. Sobald er aus der Bewußtlosigkeit erwachte, fing er vor Schmerzen zu schreien an. José mußte seine Arbeit verrichten, während der Patient in einem komatösen Zustand war. Die Ärzte überwachten jeden seiner Schritte, wurden aber zu anderen Kranken gerufen, als José mit seiner Konversation begann. Er erinnerte den anästhetisierten Mann an die vielen Gründe, die er hatte, um wieder gesund zu werden: Um zu heiraten, eine Familie zu gründen, ein guter Bürger zu sein, Gott zu helfen, die Probleme auf diesem Planeten zu lösen, und so weiter. Jeden Tag fuhr José ins Krankenhaus und arbeitete eine Stunde lang, bis er die drei Zyklen abgeschlossen hatte.

Am Ende des dritten Tages berichtete die Mutter, ihr Sohn würde für kurze Perioden wach bleiben, ohne Schmerzen zu haben. In den nächsten fünfundvierzig Tagen nahm er zehn Kilo zu und brauchte nur mehr eine Demerolinjektion pro Tag. Die Ärzte waren verwundert. Sie hatten ein schnelles Ende vorausgesagt. Der Mann wurde zu einer gründlichen Untersuchung nach Houston gebracht, und der abschließende Bericht erklärte den Patienten völlig frei von Krebs.

Einer von Josés früheren Partnern hörte von diesem speziellen Fall und fragte: »Wieviel hat man dir bezahlt?«

»Ich verlange keine Bezahlung«, antwortete José.

»Was ist mit der Brückenmaut, dem Benzingeld und der wertvollen Zeit, die dir in deinem Geschäft verlorengeht?« Dann rechnete er es aus. »Du hast fünfundvierzig Stunden investiert zuzüglich Barauslagen.«

»Mein Lohn war die Erfahrung, die ich gemacht habe«, antwortete José. Sein Freund war davon nicht beeindruckt.

Am selben Abend gingen José und Paula zu einer von der Kirche durchgeführten Bingoveranstaltung, und José gewann den Preis: fünfhundert Dollar. Am nächsten Morgen traf José seinen Freund in der Bank, als er gerade sein Geld einlegen wollte. Er zeigte dem Freund seinen Gewinn. »Siehst du?« sagte er. »Zehn Dollar pro Stunde für die fünf-undvierzig Stunden und fünfzig Dollar für die Brücken-maut.«

Eines Abends erklärte sich José bereit, mit einigen Ärzten im Krankenhaus über seine Methode zu sprechen. Sie waren so beeindruckt, daß sie eine größere Zusammenkunft organisierten. Bei dieser konzentrierte sich das Interesse auf die medizinischen Anwendungsmöglichkeiten der Hypnose. Frage über Frage wurde gestellt, und schließlich wurde eine Demonstration verlangt. Zu diesem Zeitpunkt war es bereits nach Mitternacht. José schlug vor, ein neues Treffen zu ver-einbaren, wo dann mehr Zeit zur Verfügung stehen würde.

Zwei Wochen später, an einem Sonntagnachmittag, be-gleitet von zwei seiner Söhne und zwei seiner Töchter, kam José zu dem Treffen. Mehr als fünfzig Ärzte waren bereits anwesend, von denen einige an die zweihundertfünfzig Kilo-meter zurückgelegt hatten.

Ein Doktor, der den Vorsitz führte, erklärte, daß José Silva liebenswürdigerweise ihrer Einladung Folge geleistet habe, um zu demonstrieren, welche Anwendungsmöglich-keiten die Hypnose im medizinischen Bereich finden könn-te. Als José das Podium betrat, empfing ihn höflicher Applaus.

»Ich werde einen aus Ihrer Mitte als Versuchsobjekt aus-wählen.« Er zeigte auf einen jungen Mann, einen ›Dr. R.‹, der zu ihm aufs Podium kam.

»Bitte nehmen Sie in diesem Sessel Platz, Dr. R.«

Unter Verwendung einer Standardtechnik hypnotisierte José Dr. R. Dann erklärte er dem Publikum, daß er die Aus-wirkungen einer Muskellähmung an Dr. R.s linkem Arm hervorrufen würde. José berührte sodann den linken Arm von Dr. R. mit dem Zeigefinger seiner rechten Hand, indem er einen Kreis um dessen Schulter zog.

»Ich löse nun Ihren linken Arm aus seiner Verbindung mit Ihrem restlichen Körper. Sie haben keine Kontrolle über

Ihren linken Arm. Je mehr Sie sich bemühen, ihn zu bewegen, desto weniger wird er gehorchen.« Dann holte José Dr. R. aus der Hypnose zurück und wiederholte dabei: »Sie werden nicht imstande sein, ihren linken Arm zu bewegen. Eins, zwei, drei, Augen auf.«

José ersuchte um Freiwillige unter den Ärzten im Publikum, die bereit wären, zu ihm auf das Podium zu kommen und Dr. R. so zu untersuchen, wie sie es mit jedem Patienten tun würden, der über eine Unbeweglichkeit des Armes klagt. Jeder der Ärzte ermutigte Dr. R., den linken Arm zu bewegen, doch er verwendete statt dessen immer nur den rechten Arm und sagte: »Ich kann ihn wirklich nicht bewegen.«

Nachdem sich die Ärzte von der Echtheit der Lähmung überzeugt hatten, versetzte José Dr. R. erneut in Hypnose und widerrief die Suggestion. »Ihr linker Arm ist jetzt normal.« Als Dr. R. dann wieder zurückkam, befolgte er ohne Schwierigkeiten die Anweisungen, seinen linken Arm zu bewegen.

»Sie sehen«, erklärte José, »das Problem war nicht physischen Ursprungs, somit würde es auch nicht auf konventionelle oder orthodoxe Heilmethoden reagieren.«

José wiederholte dann die Prozedur, doch dieses Mal erzeugte er eine spastische Lähmungsform. Er ließ Dr. R. mit den Fingern der linken Hand einen Bleistift umklammern. Dann gab er ihm folgenden hypnotischen Befehl: »Je mehr Sie versuchen, den Bleistift loszulassen, desto fester werden Ihre Finger ihn umklammern.« Wieder konnte keiner der Ärzte Dr. R. dazu bewegen, den Bleistift loszulassen. Als der Befehl aufgehoben wurde, fiel der Bleistift aus Dr. R.s Hand.

Einige der Ärzte im Publikum warfen Fragen der Anästhesie auf, die von José durch eine erneute Demonstration an Dr. R. beantwortet wurden. Er versetzte Dr. R. in Hypnose und zog mit seinem Zeigefinger eine Linie um dessen Handgelenk. »Ab dieser Linie wird Ihre Hand taub und völlig schmerzunempfindlich werden. Ihre Hand wird kälter und kälter. Sie fühlt sich an, als ob sie aus Holz sei. Sie ist unempfindlich gegen jede Berührung.«

Ärzte kamen auf das Podium und prüften die Hand. Einer legte sogar Dr. R. den Arm auf den Rücken, damit er nicht sehen konnte, was geschah. Dann führte er die Spitze einer Nadel unter einen Fingernagel ein. Dr. R. zuckte nicht einmal zusammen. Als er jedoch Dr. R. oberhalb der Linie ins Handgelenk stach, sagte dieser zusammenzuckend: »Sie haben mich gestochen.«

Das Publikum war erstaunt. José beendete seinen Vortrag mit einer kurzen Zusammenfassung über diese ›von Gott gesandte‹ Methode zur Schmerzkontrolle, in der er ihre Möglichkeiten erläuterte.

»Was sollen wir jetzt tun?« fragte einer der Ärzte. »Zurück auf die Schulbank und von vorne anfangen?«

»Nein«, sagte José, »Spezialisten anheuern, die in diesen Techniken Erfahrung haben.« Applaus, Drinks und ein Imbiß folgten. Die Atmosphäre war herzlich, sogar enthusiastisch, aber bis heute haben nur wenige in der Hypnose erfahrene Spezialisten Eingang in die medizinische Welt gefunden.

Später sollte José erfahren, daß die Frau von einem der Ärzte an Krebs erkrankt war. Er bot seine Hilfe an. »Danke«, sagte der Doktor, »ich werde Sie anrufen.«

Er ließ nie wieder von sich hören.

7

In der Nachfolge Jesu

Im Jahr 1963 begann José mit Trainingsgruppen von zwanzig Leuten zu experimentieren, die er nicht mehr einzeln, sondern gleichzeitig im Hellsehen ausbildete. Er arbeitete mit Gruppen beiderlei Geschlechts und beschleunigte die Ausbildung.

1965 konnte er mit Befriedigung feststellen, daß er imstande war, sowohl in Gruppen- als auch in Einzelsitzungen die Entwicklung der hellseherischen Fähigkeiten mit Erfolg zu betreiben.

Noch immer investierte er einen großen Teil seiner Zeit und seines Geldes in seine Bemühungen um das Training, und sein Lohn bestand nur in der daraus gewonnenen Erfahrung. So faßte er den Entschluß, dem Präsidenten Lyndon B. Johnson einen Brief zu schreiben, um seine Forschung in die Hände der Regierung zu legen, ohne selbst davon in irgendeiner Weise profitieren zu wollen. »Ich fühle, es ist meine Pflicht, Gott und der Menschheit, sowie meinem Land gegenüber, Ihnen oder den von Ihnen ernannten Vertrauenspersonen das gesamte von mir angehäufte Informationsmaterial über das Wissen, wie man die paranormalen Fähigkeiten des menschlichen Geistes entwickeln kann, zu übergeben.«

Ungefähr drei Wochen später erhielt er eine Antwort vom Vizedirektor für Forschung der National Science Foundation. Der Direktor bestätigte das Einlangen von Josés Brief an den Präsidenten, doch seine eigentliche Aussage war: »Danke, nein.«

Eine Weile danach wurde ein Geistlicher, der aufgrund des Trainings ein begabter Hellseher geworden war, vom Oberhaupt seiner Gemeinde vom Dienst suspendiert, ›weil er die Kräfte des Geistes erforschte‹. Es war nichts Neues für José, daß die Engstirnigkeit gewisser Kreise nicht nur auf nationaler Ebene anzutreffen war, sondern auch in den unteren Schichten gefunden werden konnte.

Ein anderer Trainingsteilnehmer erklärte in der Öffentlichkeit, er unterziehe sich nur deshalb dem Training, weil er es bloßstellen wolle, denn er habe gehört, José arbeite für den Teufel. Dieser Mann war Großritter im Columbusritterorden von Nuevo Laredo. Er wurde später Josés erster Trainer, der die Silva-Methode in Spanisch unterrichtete.

Als Josés Selbstvertrauen und Erfahrung wuchsen, nahmen gleichzeitig die lokalen Schwierigkeiten zu. Die Leute in der Stadt, ja selbst die Mitglieder seiner Pfarrgemeinde, bezichtigten José, mit dem Teufel im Bunde zu sein. Es wurde offensichtlich, daß Nachbarn und Freunde fernblieben in der Absicht, nichts mehr mit ihm, Paula und den Kindern zu tun zu haben. Manche gingen sogar so weit, auf die andere Straßenseite zu wechseln, um das Silva-Haus zu meiden. Während der Predigt in der Kirche empfahlen die Priester ihrer Gemeinde, nicht am Silva-Training teilzunehmen. »Seine Arbeit«, behaupteten sie, »hat etwas mit dem Teufel zu tun.«

José konnte sich nicht helfen, er mußte an die Führer einer etablierten Kirche denken, die vor zweitausend Jahren Jesus derselben Sache beschuldigt hatten.

Wie konnte es ein Werk des Teufels sein, zu lernen, sich der einem von Gott gegebenen Intelligenz zu bedienen? Die Anschuldigungen, die José entmutigen hätten sollen, bewirkten nur, daß er sich damit auseinandersetzte, wie die mentalen Kräfte, die er aufdeckte, zu der Lehre Jesu in Beziehung standen.

José hatte herausgefunden, daß die tierische oder biologische Intelligenz mit einer Gehirnfrequenz von fünf Schwingungen pro Sekunde funktioniert und daß die menschliche Intelligenz am besten mit einer Gehirnfrequenz von zehn Schwingungen pro Sekunde funktioniert. Die Wissenschaft hat bis zum heutigen Tag diesen Punkt noch nicht erreicht. Das größte Hindernis auf ihrem Weg stellt die wissenschaftliche Methode dar, die die Wiederholbarkeit eines jeden Experiments erfordert.

Dank verschiedener Faktoren ist eine solche Vorgangsweise im Bereich des Geistes nicht anwendbar. Einen solchen Faktor bildet der Geist des Wissenschaftlers selbst. In der Newtonschen Physik galt der Wissenschaftler als objektiver Beobachter, während die Physik Einsteins den Geist des Wissenschaftlers als zusätzliche Variable einführt: seine eigenen Erwartungen und Überzeugungen.

José brauchte seinen eigenen Geist nicht als veränderliche Größe in Rechnung zu stellen. Das Niveau seiner Erwartungen und Überzeugungen war bereits sehr hoch.

Ein weiterer Faktor, der unter den Wissenschaftlern noch immer Verwirrung stiftet, ist ihre Unfähigkeit, die beiden Gehirnhälften bei Experimenten im Labor zu trennen. Die Rückkopplung zwischen den beiden verwischt ihre unterschiedlichen Eigenschaften.

Da Josés Bemühungen auf praktische Ziele gerichtet waren, so ging es ihm darum, Probleme kreativ, intuitiv oder psychologisch zu lösen, das war die einzige Art von Feedback, die er suchte.

Während sich die Wissenschaftler in den vergangenen Jahrzehnten abmühten, sich aus der Patsche zu ziehen, in die sie sich selbst begeben hatten, kam José gut voran.

Im Zentrum des Alphawellenbereiches beträgt die Gehirnfrequenz zehn Schwingungen pro Sekunde, das ist, wie bereits erklärt wurde, die stärkste und stabilste Frequenz des menschlichen Gehirns. Da menschliche Intelligenz und menschlicher Geist subjektiv sind — das heißt nicht greifbar, unsichtbar und unphysikalisch −, ist auch ihre Domäne eine subjektive, nicht greifbare, unphysikalische Dimension.

Wenn Menschen lernen, ihre Gehirnaktivität zu verlangsamen, um eine Gehirnfrequenz von zehn Schwingungen pro Sekunde zu erreichen, dann lernen sie nicht nur, das Unterbewußtsein bewußt zu nutzen, sondern auch sich der rechten Gehirnhälfte bewußt zu bedienen.

Sie lernen, das Zentrum der menschlichen Intelligenz, das innere Bewußtsein, für die Lösung von Problemen zu nutzen. Für José war Problemlösen der Hauptzweck unseres Erdendaseins. Er war überzeugt, daß jede Gehirnhälfte über ihren eigenen Satz von Sensoren verfügt. Die linke Gehirnhälfte hat einen Satz von physischen Sensoren und die rechte Gehirnhälfte einen Satz von mentalen Sensoren. Jede von den physischen Sensoren aufgenommene Information prägt sich in die linke Gehirnhälfte ein und wird sodann transferiert und prägt sich in die rechte Gehirnhälfte ein. Die von den mentalen Sensoren aufgenommenen Informationen prägen sich in die rechte Gehirnhälfte ein, werden aber *nicht* in die linke Gehirnhälfte transferiert.

Physische Information prägt sich bei einer Gehirnfrequenz von zwanzig Schwingungen pro Sekunde in die linke Gehirnhälfte ein. Mentale oder subjektive Information prägt sich bei einer Gehirnfrequenz von zehn Schwingungen pro Sekunde in die rechte Gehirnhälfte ein.

Josés jahrelange Forschungsarbeit brachte ihn zur Überzeugung, daß, wenn das Bewußtsein einer Person mit einer Frequenz von zehn Schwingungen pro Sekunde arbeitet, diese Person sich nicht nur der in ihrer rechten Gehirnhälfte hinterlassenen Eindrücke bewußt ist, sondern auch der Informationen, die sich in die linke Gehirnhälfte geprägt haben. Wenn eine Person mit einer Frequenz von zwanzig Schwingungen pro Sekunde arbeitet, dann ist ihr nur die Information bewußt, die sich in die linke Gehirnhälfte geprägt hat, nicht aber die Information, die sich in die rechte Gehirnhälfte geprägt hat. Dies bedeutet, daß man mehr Probleme lösen kann, wenn man mit zehn Schwingungen pro Sekunde arbeitet und die rechte Gehirnhälfte bewußt nutzt.

José schloß daraus, daß die Weisheit des ›Ausschaltens‹ der äußeren Welt und die Wendung nach innen dem Hinweis Jesu auf das Himmelreich in uns entsprechen. Jesus fügte noch hinzu, daß, selbst wenn jene sagen, es sei hier oder dort, wir ihnen nicht glauben sollen, denn das Himmelreich ist in uns. Sucht dieses Reich und funktioniert innerlich mit Gottes Rechtschaffenheit, und alles übrige wird euch gegeben werden. Indem sie ihre rechte Gehirnhälfte nutzen lernen, werden die Menschen fähig, ihr Unterbewußtsein bewußt zu nutzen und das Himmelreich zu betreten.

Schließlich nahm Josés Lehre eine Form an, die in theologischen Kreisen als natürliche Theologie bezeichnet wird. Aber José versteht darunter einfach nur den gesunden Menschenverstand. Aus seiner Sicht bedeutet, das Himmelreich zu begreifen, nicht mehr, als das Gehirnpotential zu verwirklichen, dann bekommen die Worte Jesu nicht nur Sinn, sondern dienen auch einem praktischen Zweck: Sie helfen, Probleme zu lösen.

Als José damals die Lehre Jesu eingehender studierte, erkannte er, daß neben Jesus nur Matthäus unter all den Jüngern den Ausdruck *Himmelreich* verwendete, wenn er sich auf jene Dimension von Weisheit und Prophetie bezog, die zu betreten Jesus seine Jünger ermutigte. Alle anderen Jünger nannten dieselbe Dimension das *Reich Gottes*. José begriff, daß diese Unterscheidung nicht zufällig erfolgt war. Das Himmelreich, erkannte er, konnte erreicht werden, indem man in sich ging, während das Reich Gottes erst nach dem Tod erreicht werden konnte.

In Kapitel 4, Vers 17, zitiert Matthäus Jesus mit den Worten: »Tut Buße, denn das Himmelreich ist nahe.« Josés Interpretation von diesem Vers ist: »Merkt auf! Jeder kann jetzt die Dimension erreichen, in der viele Probleme gelöst werden können.«

José war sicher, als er sich darauf vorbereitete, mit seinem Training an die Öffentlichkeit zu gehen, daß Jesus direkt dafür verantwortlich war, daß er in der Erforschung des menschlichen Gehirns solche Fortschritte erzielte.

Wie hätte er die Erscheinung von *Ein einsames Leben* oder das trockene Bild von Jesus mitten in einem Gewitter in einem gefährlichen Moment ignorieren sollen? Wie hätte er das weiße Licht in seinem Kopf ignorieren sollen, das eine Vision von jenem Bild umgab, und all die ›Koinzidenzen‹, die zu dem Lotteriegewinn geführt hatten? Wie hätte er seine Armut ignorieren sollen, die Notwendigkeit, sich in seinen Vorschuljahren in der materiellen Welt zu behaupten, und die Tatsache, daß seine rechte Gehirnhälfte nie, wie bei den meisten Schülern, abgetötet wurde, weil er nie eine offizielle Schulbildung erhielt? Wenn José auf sein Leben zurückblickte, hegte er keine Zweifel, daß er genau das tat, wozu er von Geburt an bestimmt war, und daß seine Aufgabe wichtig genug war, um ihm Hilfe von göttlicher Seite zukommen zu lassen. Diese Gewißheit ließ ihn erkennen, daß er die Fähigkeit und den Willen hatte, als eine Brücke zwischen Wissenschaft und Spiritualität zu dienen.

Heutzutage, wo uns Einsteins Physik die Idee näherbringt, daß es für die materielle Welt eine energetische, intelligente Basis gibt, ist das Niemandsland zwischen Wissenschaft und Religion im Schrumpfen. Wogegen in den sechziger Jahren die Kluft, die sich zwischen den Reichen der Religion und der Wissenschaft auftat, erst überbrückt werden mußte. Das führte dazu, daß José, selbst wenn er zu religiösen Leuten über seine natürliche Theologie sprach — worunter er den gemeinsamen Sinn, der seine Ideen mit denen von Jesus verband, verstand —, Kontroversen auslöste.

Im Jahr 1972 hielt José einen Vortrag an der Universität von Puerto Rico. Dort verglich José seine Arbeit mit der Arbeit, die Jesus getan hatte. »Jesus war ein Meister auf seinem Gebiet«, sagte José. »Es war Christus, der gesagt hat:

›Ich sende euch Propheten und Weise.‹ Ferner sagte er: ›Es ist nichts so verborgen, daß es nicht aufgedeckt werden wird, und nichts so versteckt, daß es nicht bekanntgemacht werden wird.‹ Christus heilte mit der Kraft des Geistes. Christus konnte Schmerzen beseitigen. Christus konnte Blutungen in ihm und anderen zum Stillstand bringen.«

Eine gewisse Unruhe erfaßte das Publikum, während José fortsetze.

»Wir, die wir die Silva-Methode praktizieren, glauben, daß wir genau das tun — lernen, Schmerzen und Blutungen zu stillen, mit unserem Geist heilen, das Verborgene aufdekken und das Versteckte kennenlernen. Ferner finden wir — auf hellseherischem Weg — Lösungen für jetzige und künftige Probleme. Kurz, wir tun genau das, was er gesagt hat, daß wir tun könnten, sofern wir an ihn glauben würden. Und ich glaube an ihn.«

Plötzlich stand im Publikum ein Mann auf und hob seine Hand hoch über seinen Kopf, um zu zeigen, daß er eine Frage stellen wollte. Für gewöhnlich beantwortete José Fragen erst am Ende seines Vortrages, aber die Körpersprache dieses Mannes gab zu verstehen, daß er dringend sprechen wollte.

»Ja, Sir?« sagte José.

Der Mann wiederholte, was José über Christus gesagt hatte und fügte dann hinzu: »Ich habe eine Frage. Warum, frage ich Sie, blutete er dann und litt Qualen am Kreuz?«

Jeder im Publikum schien den Atem anzuhalten.

Schweigend dachte José über die Frage nach, als seine Gedanken von einer genauen Anweisung unterbrochen wurden, die ihre Wurzeln in der Bibel hatte: »Triff keine Vorbereitungen in bezug auf das, was du sagen willst, es wird da sein, wenn du es brauchst.« Also begann er einfach dem Mann zu antworten. »Ich danke Ihnen für diese Frage. Für mich offenbarte sich die Größe Christi darin, daß er sich entschloß zu leiden wie jedes andere sterbliche Wesen auch, obwohl er es wirklich nicht hätte tun müssen.«

Einen Augenblick lang herrschte Stille. Dann wurde sie von einem donnernden Applaus unterbrochen. Der Mann, der zuerst sehr groß gewirkt hatte, erschien nun klein. José fühlte sich ungut, ihn so offensichtlich erniedrigt zu haben. Er hatte nicht gewollt, daß er sich lächerlich fühlte.

Später erfuhr er, daß der Mann, der die Frage gestellt hatte, der Dekan des Priesterseminars von Puerto Rico gewesen war, der zu einem Absolventen des Silva-Trainings und Hellseher werden sollte.

Anfang 1966 war José zu dem Entschluß gekommen, daß er nicht noch mehr Geld und Zeit in seine Forschung stecken konnte. Wenn er zusammenrechnete, wieviel Geld er in der Zeit verloren hatte, in der er sich seiner Forschung anstatt seinem Geschäft widmete, und die Reisen und Kurse für ihn und seine Assistenten und die anderen Ausgaben, die er aus seiner Tasche bestritt, noch hinzufügte, so hatte er bereits eine halbe Million Dollar in die Entwicklung der Methode investiert. Er betrachtete dieses Geld nicht als seines, sondern als das seiner Familie. Nichtsdestoweniger hatte er das Gefühl, keine andere Wahl zu haben, als mit seiner Arbeit zur Entwicklung des menschlichen Geistes fortzufahren. Er wußte, daß er in Wirklichkeit erst am Anfang stand. Die Regierung hatte sein Angebot, das Training gratis durchzuführen, zurückgewiesen. (Ein Politiker sagte ihm später einmal: »Sie hätten dreißig Millionen Dollar dafür verlangen sollen – Sie hätten sie bestimmt bekommen.«) Zur Wiedereinbringung seiner Investitionen und um jedermann von seiner Methode profitieren zu lassen, beschloß José daher, sich direkt an die Öffentlichkeit zu wenden und das Training gegen Entrichtung einer Gebühr jedem Interessierten zugänglich zu machen.

Er hatte die Trainingszeit auf ungefähr achtunddreißig Stunden reduziert und fügte nun noch einen Sicherheitsfaktor von zehn Stunden hinzu, damit ja keiner es verfehlte, als ein Hellseher daraus hervorzugehen. Den sich auf diese

Weise ergebenden achtundvierzig Stunden dauernden Kurs nannte er ›Silva Mind Control‹ und teilte ihn auf vier Tage auf, die er wie folgt bezeichnete:

MC101CR –   Controlled Relaxation (Kontrollierte Entspannung)

MC202GSI –   General Self-Improvement (Allgemeine Selbstverbesserung)

MC303ESP –   Effective Sensory Projection (Effektive sensorische Projektion)

MC404AESP –   Applied Effective Sensory Projection (Angewandte effektive sensorische Projektion)

Diese Unterteilung ermöglichte es jedem, der das Training vorzeitig abbrechen mußte, es später wieder aufzunehmen und zu beenden.

Der nächste Schritt war die Vorbereitung von Material und das Aussuchen von Assistenten. Nun fehlte nur noch der Startschuß. Doch das war nur eine Frage der Zeit und der rechten Gelegenheit.

Eines Tages wurde José vom Staatsanwalt angerufen und gebeten, in sein Büro zu kommen. Die beiden kannten sich von Kindheit an und begrüßten und nannten einander beim Vornamen, nachdem José vom Sekretär des Staatsanwalts in dessen Büro geführt worden war.

»José, ich möchte gleich zur Sache kommen. Es liegt eine Beschwerde über dich vor.«

»Was habe ich denn getan?«

»Ein Arzt beklagte sich, daß du einen seiner Patienten geheilt hast. Er sagt, du würdest Medizin praktizieren ohne Befugnis. Was geht da vor?«

José erklärte ihm seine Art zu heilen. »Es ist mehr wie beten, als wie Medizin praktizieren«, sagte er.

Sein Freund, der Staatsanwalt, zog ihn ins Vertrauen.

»Schau, dieser Doktor kann eigentlich keine Klage gegen dich erheben. Wenn der Patient Beschwerden hätte, *dann* könnte dies zu einer Klage gegen dich führen. Aber der Patient denkt nicht daran zu klagen. Dieser Patient ist im Grunde genommen sehr dankbar, geheilt worden zu sein.«

Wie sich herausstellte, hatte José von diesem speziellen Fall gar keine Kenntnis gehabt. Der Patient, der sich in medizinischer Behandlung befand und in der Woche zwei Injektionen bekam, hatte einem der Treffen beigewohnt, die Freitag abends stattfanden. Nachdem er an den mentalen Entspannungsübungen teilgenommen hatte, verschwanden seine Beschwerden. Wenig später lief dieser Mann in der Stadt seinem Doktor in die Arme. »Warum kommen Sie nicht mehr um Ihre Injektionen?« fragte der Doktor seinen Patienten.

»Weil sie mich bei den Silvas geheilt haben«, war die Antwort. Die Beschwerde beim Staatsanwalt war der nächste Schritt.

Einige von des Staatsanwalts eigenen Verwandten waren selbst zu den Sitzungen Freitag abends gekommen und luden ihn ein, über die Möglichkeiten zu sprechen, wie die Heilungen weitergehen konnten, ohne mit der Ärzteschaft in gesetzlichen Konflikt zu kommen.

Nichtsdestotrotz blieb das Zentrum von Angriffen seitens der medizinischen Welt nicht verschont. Eines Abends speiste José mit seiner Familie in einem überfüllten Restaurant, als ein Doktor mit seiner Frau hereinkam. Er sichtete José an seinem Tisch, ließ seine Zigarre scherzhaft im Mund rotieren und rief ihm zu: »He, Silva! Übst du noch immer das Doktorgewerbe ohne Lizenz aus?« Dann stieß er ein lautes Lachen aus.

»Wäre meine Frau nicht dabei gewesen«, erinnerte sich José, »dann hätte der Zwischenfall wahrscheinlich anders geendet.«

Eines Tages erzielt José einen Anruf von einem Freund, der in der Nähe seines Hauses eine Tankstelle betrieb. Dieser

Mann, Mr. R., fragte José, ob er ihn sofort zu Hause aufsuchen könnte. Als José eintraf, konnte er sehen, daß die Frau von Mr. R. ziemlich krank war. Sie hatte Schmerzen in den Knochen, die ihr den Schlaf und den Appetit raubten. Sie hatte ihren Lehrberuf aufgegeben und eine Menge Gewicht verloren. Die besten Ärzte und Kliniken hatten ihr nicht helfen können. Ihr Hausarzt aus Laredo hatte ihr empfohlen, sich an José Silva zu wenden.

José erklärte dem Paar, was er tat.

»Was du auch immer tun magst«, unterbrach ihn Mr. R., »wirst du den Fall übernehmen?«

»Natürlich«, antwortete José. Er nahm eine Heilung vor und wiederholte sie zweimal in Abständen von drei Tagen. Die Gesundheit von Mrs. R. besserte sich sofort und wurde schließlich zur Gänze wieder hergestellt. Sie konnte sogar ihren Lehrberuf wieder aufnehmen. Das Problem trat nie wieder auf.

Doch der Fall war nicht erledigt.

Mrs. R. war eine gute Katholikin. Sie ging regelmäßig beichten. Während einer solchen Beichte bekannte sie, daß sie sich von jemand hatte helfen lassen, der für den Teufel arbeitet.

Wenige Tage später erhielt José von dem Priester einen Anruf.

»Silva, wann hören Sie endlich auf, die Leute zu betrügen und Dinge zu tun, die Gott nicht gern hat?«

»Welche Dinge, Monsignore?«

»Dem Aberglauben huldigen und sich mit dem Übernatürlichen einlassen.«

Es folgten noch weitere Anschuldigungen. Als der Monsignore fertig war, fragte José: »Monsignore, wieso wissen Sie so viel über mich? Waren Sie bei unseren Zusammenkünften?«

»Ich brauche nicht zu Ihren Zusammenkünften zu gehen, um zu wissen, worauf Sie hinaus wollen«, entgegnete der Priester.

José wurde klar, daß der Priester in einer Beichte von seinen Heilungen gehört haben mußte. »Pater«, entgegnete er, »verborgene Informationen aufzuspüren liegt auf *unserem* Forschungsgebiet. Welche Methode benutzen Sie? Haben Sie übersinnliche Fähigkeiten?«

»Ich habe Spione zu Ihren Zusammenkünften gesandt. Daher weiß ich Bescheid«, antwortete der Priester, der nicht zugeben durfte, daß er in der Beichte davon erfahren hatte, und überbrückte auf diese Weise das Beichtgeheimnis.

»Pater, Sie brauchen keine Spione zu unseren Zusammenkünften zu schicken. Wir haben keine Geheimnisse. Die Türen stehen immer offen für jeden, besonders für Priester.«

»Silva, Sie könnten exkommuniziert werden für das, was Sie tun. Wir haben einen Termin festgesetzt, um mit Ihnen Ihre Situation zu besprechen.« Er nannte José den Termin und legte auf. Exkommunikation bedeutete Ausschluß aus der Kirche.

José hatte viele Freunde, die Priester waren. Er erzählte einigen, was vorgefallen war, und sie drängten ihn, sich von ihnen bei dem Treffen begleiten zu lassen. »Vielen Dank, aber das ist etwas, was ich selber erledigen muß. Wenn ich Hilfe brauche, werde ich mich melden.«

José traf fünfzehn Minuten vor dem vereinbarten Termin ein. Drei Monsignori waren zugegen, um über seinen Fall zu beraten. Der erste leitete das Verfahren ein mit den Worten: »Mr. Silva, Sie haben sich des Betruges schuldig gemacht, Dinge getan, die Gott nicht wohlgefällig sind, die Sünde des Aberglaubens begangen und sich mit dem Übernatürlichen eingelassen. Wir haben Zeugnis von anderen Quellen, die mit dem übereinstimmen, was wir gesagt haben, und dieser Beweis genügt, um unsere Forderung zu rechtfertigen, daß Sie exkommuniziert werden müssen.«

Dann händigte der Monsignore José einen Brief aus und deutete gleichzeitig an, daß noch weitere Schreiben ähnlichen Inhalts vorlägen. Der Brief, der von einem bekannten

Rechtsanwalt aus Laredo stammte, warf unter anderem die Frage auf: »Wann werden wir endlich von diesen Betrügern befreit werden?«

José legte den Brief aus der Hand und sagte: »Monsignore, wenn das die Art von Zeugnis ist, die Sie haben, dann mache ich mir keine Sorgen. Das ist bloßes Hörensagen, denn dieser Mann ist bei keiner einzigen unserer Zusammenkünfte gewesen.« Dann wandte José seine Aufmerksamkeit den Anschuldigungen zu.

»Was Ihre Anschuldigungen betrifft«, fuhr er fort, »möchte ich zuerst einige Dinge klarstellen. Ehe ich mich den einzelnen Punkten zuwende, möchte ich sicher sein, zu verstehen, was Exkommunikation bedeutet. Heißt es, daß ich nicht mehr zu den Sakramenten zugelassen werde?«

»Das ist richtig«, sagte einer der Priester.

»Und heißt es weiters, daß ich, wenn ich einmal sterbe, nicht auf einem katholischen Friedhof begraben werden kann?«

Wieder lautete die Antwort: »Richtig.«

»Dann glaube ich zu verstehen, was mit Exkommunikation gemeint ist«, sagte er. »Nun lassen Sie mich bitte Ihnen etwas sagen, Monsignori.« José verspürte keine Furcht. Er gab seiner tiefen Überzeugung Ausdruck.

»Es gab eine Zeit in meinem Leben, wo ich mich fragte, warum ich ein Katholik sei. War es, weil meine Eltern Katholiken waren? Angenommen meine Eltern waren Katholiken aus reinem Versehen, dann würde ich ihren Irrtum fortsetzen. Aus diesem Beweggrund nahm ich es auf mich, die Ursprünge der Religionen zu studieren. Ich studierte, wie jede Religion ins Leben gerufen wurde – von wem, aus welchen Gründen und unter welchen Bedingungen. Was ich fand, war, daß alle Religionen gut sind«, sagte er zu den Monsignori. »Ich erkannte, daß der Hauptzweck jeder Religion darin besteht, den spirituellen Faktor im Menschen zu fördern, das Charakteristische, was uns von den anderen Tieren unterscheidet. Es ist durch den spirituellen Faktor, daß wir unsere Verbindung zu Gott, unserem Schöpfer, erkennen.«

Die Monsignori saßen da wie versteinert. Anscheinend hatte niemand je auf diese Weise mit ihnen gesprochen.

»Ich wußte genug, um auch den Unterschied zwischen menschlicher und biologischer Intelligenz zu erkennen«, fuhr José fort. »Ich verstand, daß menschliche Intelligenz und menschlicher Geist auf spirituelle Weise in einer spirituellen Dimension funktionieren. Und es geschieht durch die menschliche Intelligenz und den menschlichen Geist, die in einer spirituellen Dimension arbeiten, daß wir den spirituellen Faktor fördern können.«

Die Monsignori sahen einander an und schienen nicht zu begreifen, was José gerade gesagt hatte. Er fuhr fort. »Nun, alle Religionen sind gut, weil sie ihr Bestes tun, um den spirituellen Faktor im Menschen zu fördern. Das einzige, wovor *wir* uns hüten müssen, ist vor ihren Vertretern.«

Dann fragte José die Monsignori: »Ist Religion für den menschlichen Geist oder für den menschlichen Körper?«

Die Monsignori sahen wieder einander an, und einer antwortete: »Für den menschlichen Geist.«

»Gut«, sagte José, »da ich zu der Schlußfolgerung gekommen bin, daß alle Religionen Wege zu demselben Gott sind, ob wir es glauben oder nicht, und meine Religion so gut wie jede andere ist, habe ich kraft meiner menschlichen Intelligenz und meinem Geist beschlossen, ein Katholik zu bleiben und als ein Katholik zu sterben, ob es Ihnen, Monsignori, dem Bischof oder dem Papst nun gefällt oder nicht. Exkommunikation schreckt mich daher nicht. Tun Sie, was Sie glauben, daß sie tun müssen.«

Aber José ließ seinen Fall nicht darauf beruhen. Er hatte sich gerade erst aufgewärmt. »Nun, was den nächsten Punkt betrifft«, fuhr er fort, »so erwähnten Sie, ich hätte mich des Betruges schuldig gemacht. Wie kann ich irgend jemand betrügen, wenn ich jedem ohne Berechnung von Kosten gedient habe?« fragte er.

»Zweitens haben Sie bemerkt, Gott würde nicht gefallen, was ich mache. Meine Frage lautet: Auf welche Weise haben Sie, Monsignori, denn erfahren, daß Gott es nicht gefällt, was ich mache? Haben Sie einen direkten Draht zu Gott? Wenn dem so ist«, sagte José, »dann rufen Sie Gott jetzt gleich an, um zu hören, was er sagt. Ich warte solange hier.« Er verschränkte die Arme.

Die Monsignori sahen einander an. Dann fuhr José fort.

»Ich kann nicht begreifen, daß der Schöpfer nicht wollen soll, daß ich Probleme der Schöpfung korrigiere beziehungsweise das Leiden der Geschöpfe erleichtere.

Wenden wir uns dem dritten Punkt zu, den Sie erwähnten. Sie sagten, ich beginge die Sünde des Aberglaubens. Meinem Verständnis nach würde ich mich der Sünde des Aberglaubens schuldig machen, wenn ich an übernatürliche Kräfte glaube, sie erforschen oder sie mir zuschreiben wollte, obwohl ich sie gar nicht habe. Doch ich bin ein gewöhnlicher Mensch. Ich habe *nie* geglaubt, daß ich mich mit dem Übernatürlichen befasse.

Ich glaube, daß die, die sich der Sünde des Aberglaubens schuldig machen, diejenigen sind, die *sagen,* daß sie das Übernatürliche erforschen. *Sie* sind es, die mir Kräfte zuschreiben, die ich nicht habe.«

Die Monsignori saßen da wie verzückt. Es war lange her, daß ihnen jemand eine Predigt gehalten hatte.

»Lassen Sie uns den vierten Punkt, der hier erwähnt wurde, näher betrachten: die Erforschung des Übernatürlichen. Weiß einer von Ihnen, was Parapsychologie ist?«

Sie schüttelten verneinend die Köpfe.

»Nun«, sagte er, »die Parapsychologie könnte die Grenzlinie ziehen zwischen dem Überdurchschnittlichen und dem Übernatürlichen. Die herkömmliche Wissenschaft kann dies zur Zeit noch nicht. Jedenfalls sind Sie, Monsignori, da Sie mit der Parapsychologie völlig unvertraut sind, einfach nicht qualifiziert, um meine Tätigkeit auf diesem Gebiet zu beurteilen.«

Die Monsignori nickten zustimmend mit den Köpfen. Dann fügte José noch hinzu: »Bitte, bitte hören Sie auf, mich zu belästigen. Ich habe noch viel zu tun auf diesem Gebiet, also lassen Sie mich bitte in Frieden! Meine Arbeit auf diesem Gebiet ist sehr schwierig, und ich brauche sicher nicht diese zusätzlichen Probleme, um mich auch noch um diese zu kümmern.«

Ein Priester machte das Zeichen des Kreuzes und sagte: »Gott segne Sie. Wenn dies Gottes Wille ist, wird niemand Sie aufhalten können.«

»Das glaube ich auch, und es wird keinem je gelingen, mich aufzuhalten. Ich danke Ihnen«, antwortete José. »Auf Wiedersehen und möge Gott Sie gleichfalls segnen.«

Diese Monsignori störten José nie wieder, und er ist ein aktives Mitglied der katholischen Kirche geblieben. Von der Zeit an bezichtigte kein Priester mehr José, für den Teufel zu arbeiten. Tatsächlich begannen viele aktiven Anteil an seiner Arbeit zu nehmen. Heute haben Tausende Priester, Geistliche, Rabbiner, Nonnen und der Klerus aller Religionen das Silva-Bewußtseinstraining absolviert, und viele haben geholfen, andere darin auszubilden.

118

8

Der Weg in die Öffentlichkeit: Wahrsager, UFOs und Künstler

In der zweiten Hälfte der sechziger Jahre, als das Silva-Bewußtseinstraining seinen Weg in die Öffentlichkeit antreten sollte, konnte José auf keine wissenschaftliche Untermauerung in der Art, wie sie heute existiert, zurückgreifen.

■ Es waren keine Projekte im Laufen, die erforschten, auf welche Weise psychologische Praktiken zur Verlängerung des Lebens eingesetzt werden könnten.

■ Es gab keine Konferenzen über den Einfluß des Gehirns auf unsere Emotionen und Verhaltensweisen, um damit einen Schlüssel für den Weltfrieden zu finden.

■ Es wurden keine wissenschaftlichen Versuche zur Ergründung telepathischer Fähigkeiten angestellt, die zeigten, daß Menschen imstande sind, Stimuli der unterschiedlichsten Art auf große Entfernung wahrzunehmen.

■ Über die Gefahren von Streß und ihre Bewältigung war nur wenig bekannt. Biofeedback steckte noch in den Kinderschuhen. Das Verständnis für die heilsamen Kräfte von Glaube und Hoffnung beschränkte sich auf die Arbeit mit Placebowirkungen.

■ Die Zuhilfenahme der Vorstellungskraft zur Förderung der Heilung war kaum bekannt unter den Ärzten, geschweige denn eine gängige Therapieform. Und der Ausdruck ›Psychoneuroimmunologie‹ mußte erst noch geprägt werden.

■ Was schließlich die Techniken zur Selbstprogrammierung betraf, so beschränkten sie sich auf Hypnose und Selbsthypnose, beide waren jedoch umstritten und galten als unwissenschaftlich.

Um sein Wissen zu erweitern, mußte sich José Silva dorthin wenden, wo sich etwas tat auf diesem Gebiet. Und seine Nachforschungen führten ihn nicht immer an Orte, die unter hohem wissenschaftlichem Ansehen standen.

Fürs erste beschloß er, Leute ausfindig zu machen, die mit Kristallkugeln arbeiteten, um genau zu studieren, was sie taten, um verborgenes Wissen aufzudecken. Ferner studierte er Leute, die mit Karten, Teeblättern, Pendeln, Automatischem Schreiben, Astralprojektion, Auralesen und Alphabettafeln arbeiteten.

Er fand heraus, daß alle, ob sie nun in Kristallkugeln oder auf Teeblätter starrten oder aus den Karten eine glückliche Zukunft voraussagten, diese Dinge nur benutzten, um auf eine bestimmte Art zu schauen, die es ihnen ermöglichte, nichts Konkretes anzuvisieren und damit in eine andere Dimension des Denkens zu kommen. Diese Fähigkeit wird als mediale Veranlagung bezeichnet. Indem er das Automatische Schreiben und die Arbeit mit dem Pendel und der Alphabettafel studierte, stellte er fest, daß diese Art des Schauens dem Medium half, Energie zu den Nerven zu transferieren, die die Muskelbewegungen kontrollieren, um zu ermöglichen, daß sich die auf medialem Weg wahrgenommene Information physisch manifestieren kann.

José nahm auch an spiritistischen Sitzungen teil, um sich mit dem jeweiligen Medium über seine Tätigkeit zu unterhalten und die Vorgangsweise zu beobachten. Er bedauerte die Tatsache, daß viele Betrügereien vorkamen, konnte jedoch sein Wissen über mediale Vorgänge mit Hilfe ernsthafter Praktizierender vermehren.

Bei der Erforschung dieser Schattenbereiche hörte José oft, daß Hellseher sich in allgemeinen Redensarten ergingen, was durchaus nicht seine Zustimmung fand. Um diese frustrierenden Begegnungen zu vermeiden, entwickelte er eigene Projekte mit Hellsehern, in denen die Resultate bestätigt werden konnten. Bei einem solchen Projekt gab er einem Medium genaue Richtlinien für die Durchführung einer Séance. Dann gab er eine Kopie dieser Anweisungen einer erst kürzlich durch die Silva-Methode zum Hellseher gewordenen Person und betraute sie mit derselben Aufgabe. José selbst wohnte der Séance bei.

»Das spiritistische Medium, mit dem ich arbeitete«, erinnerte sich José, »war eine vierundvierzig Jahre alte Frau. Die Séance fand in der Nacht statt, und der Raum wurde durch eine kleine rote Glühbirne erhellt. Als sie mit der Arbeit begann, fing sie an zu zittern, zu stöhnen, zu schwitzen und die Augen zu verdrehen. Ihr Assistent bedeutete uns, still zu bleiben. Als das Medium aufhörte zu zittern und sich aufrichtete, sagte es mit einer völlig anderen Stimme: »Was kann ich für Sie tun, Sir?«

»Ich teilte ihr den Fall mit und bat sie um die Information, die ich brauchte. Die spiritistische Hellseherin war sehr gründlich und erklärte alles bis in die kleinsten Einzelheiten. Als sie ihre Aufgabe erledigt hatte, durchlief sie wieder ihr Ritual und kam dann aus der Trance.«

Am nächsten Tag verglich José den Bericht des Mediums mit dem des Silva-Hellsehers. Beide Berichte stimmten bis ins Detail überein. José zog daraus den Schluß, daß das mit Zittern und Stöhnen verbundene Ritual unnötig sei. Das Medium erklärte es damit, daß es sagte, dies stelle das Eindringen eines anderen Geistes, gewöhnlich von einem Verstorbenen, in den Körper dar. Obschon in der Silva-Methode unnötig, wird dieses Ritual als vorteilhaft erachtet. »Wenn das, was du tust, der Menschheit hilft und Probleme löst«, sagte José, »so tu es auf jede nur mögliche Weise.«

Als José sich mit dem Studium der sogenannten ›Astralprojektion‹ befaßte, kam er zu dem Schluß, daß diese Praxis eigentlich eine mentale sei. Wenn ein durch die Silva-Methode ausgebildeter Hellseher eine Fernheilung vollzieht, ist er imstande, die unmittelbare Umgebung des Patienten ebenso genau zu beschreiben, wie es ein Astralwanderer tun würde. Zum Beispiel wurde in dem bereits erwähnten Fall der Fernheilung eines einjährigen Kindes, das in einer zweitausendvierhundert Kilometer entfernten Stadt lebte, dessen rotes Haar beschrieben und weiters noch hinzugefügt: »Neben dem Bett steht ein kleiner Tisch. Auf dem Tisch befindet sich ein einzigartiger Aschenbecher aus gedrehtem Metall.« Diese Information wurde später von dem erwachsenen Besitzer des Gegenstandes bestätigt. Selbst in den frühesten Fällen von Fernheilung wurden Berichte über solche Details wie Risse in Ziegeln, zerbrochene Spiegel und anderes routinemäßig bestätigt. Dem entnahm José, daß das, was gemeinhin als Astralprojektion bezeichnet wird, tatsächlich die lebhafte Erfahrung einer mentalen Projektion ist.

José stellte fest, daß bei Tranceheilungen das Medium in vielen Fällen etwa folgende Sätze sprach: »Das ist alles, was Sie brauchen, um vollkommen gesund zu sein. Von jetzt an werden Sie völlig gesund sein.« War es möglich, daß der mit den tranceähnlichen Zuständen verbundene Verlust der Kontrolle unnötig war, und daß es die verbale Affirmation war, die kraft ihrer ›Programmierung‹ das heilende Werk verrichtete?

In der Silva-Methode bleiben Patient und Heiler bei vollem Bewußtsein, und eine ›Programmierung‹ durch Wort und Bild vollzieht die Heilung.

Während die Silva-Methode in akademischen und wissenschaftlichen Kreisen langsam und schrittweise eine begrenzte Aufnahme fand, erwuchs ihr eine der größten Herausforderungen aus Josés eigener Familie.

José erfuhr, daß sein Bruder Juan ein gesundheitliches Problem hatte. Er schwoll gelegentlich an, bis er wie ein Ballon aussah. Es war ein schmerzvoller Zustand, verbunden mit Fieber und dem Auftreten von blauen Flecken. Juan ist ein Meter fünfundachtzig groß, grobknochig und ein Schwergewicht. »Wenn er anschwoll, sah er wie ein Monster aus«, erinnerte sich José.

Juan glaubte nicht an das, was sein Bruder tat. »José studiert, um ein Zauberdoktor zu werden«, pflegte er zu scherzen und fügte noch hinzu: »Aber ein moderner Zauberdoktor – für seine Visiten wird er nicht auf einem Besen reiten, sondern einen Staubsauger benutzen.«

Als sich die Häufigkeit der Anfälle von einmal pro Monat auf einmal pro Woche steigerte, und die Militärspitäler ihm nicht helfen konnten, beschloß José, einen Besuch bei Juan zu wagen. Er wußte, daß er Juan aus der Ferne helfen konnte, daß aber, wenn er das tat, sein Bruder seine Heilung anderen Faktoren zuschreiben würde. José wollte seinen Bruder wissen lassen, was er auf seine Art zustande bringen konnte.

José besuchte Juan in dessen Exportfirma und wurde einem Kunden aus Mexiko vorgestellt, der gleichzeitig ein alter Freund von Juan war.

Sich an seinen Bruder wendend, fragte José: »Wie kommst du denn mit diesem Gesundheitsproblem zurecht?«

»Ich habe erst gestern wieder einen Anfall gehabt«, antwortete Juan, »und es sieht so aus, als ob ein neuerlicher Anfall bevorstünde. Vielleicht muß ich sogar früher nach Hause gehen.«

»Juan, jetzt leidest du schon einige Jahre an diesem Problem und hast mein Angebot, zu helfen, immer ausgeschlagen. Vielleicht willst du das staatliche Krankengeld nicht verlieren.«

»Was für eine Art von Hilfe?« wollte Juans Freund von José wissen.

Juan schlug sich aufs Knie. »Ich habe mich auf der ganzen Welt nach Spezialisten umgesehen, die mich heilen sollten. Es hängt mit meinem Militärdienst zusammen, und Mediziner im Rang eines Oberst und eines Generals haben ihr Bestes versucht und keinen Erfolg gehabt. Doch José, mit keiner wie auch immer gearteten medizinischen Ausbildung, glaubt, daß er mir helfen kann!«

»Einen Augenblick, Juan«, unterbrach ihn sein Freund. »Verlangt dein Bruder etwas für seine Behandlung?«

»Nein.«

»Was hast du dann zu verlieren? Erstens, wirst du herausfinden, ob er dir helfen kann. Zweitens, wirst du ihn los auf diese Weise!«

»Das erscheint mir sinnvoll.« Juan wandte sich an José. »Einverstanden, wann willst du deine Sache machen?«

»Sofort«, antwortete José.

»Du meinst hier und jetzt?«

»Nun, in deinem Büro wären wir wahrscheinlich ungestörter«, schlug José vor.

»Kann ich zusehen?« fragte der Freund. José bejahte. Sobald sie in Juans Büro waren, fragte der Freund: »Können Sie mir auch helfen? Ich habe seit meiner Kindheit schwere Migräneanfälle.«

»Einverstanden«, sagte José. »Dann gilt das, was ich sage, für beide.« Es war das erste Mal, daß er versuchte, zwei Personen in derselben Sitzung und zur gleichen Zeit zu heilen. »Keine Unterbrechungen und keine Fragen, erst später.«

Er benutzte die Verwirrungstechnik, um ihre kritischen Barrieren herabzusetzen, und redete eine Stunde lang Unsinn. Ihre Verwirrung nutzte er von Zeit zu Zeit dazu aus, um zuerst den einen und dann den anderen zu programmieren. Er schloß mit der Standardklausel: »Alles, was Sie tun müssen, ist, sich vor dem Schlafengehen ein Glas Wasser zu holen. Machen Sie das selbst. Trinken Sie die Hälfte des Glases leer und die andere Hälfte gleich nach dem Aufwachen in der Früh.« Zu seinem Bruder sagte er noch: »Wenn innerhalb der nächsten drei Tage etwas Ungewöhnliches eintritt, so laß es mich wissen.«

Weder am ersten, noch am zweiten Tag danach passierte etwas, aber am dritten Tag erhielt José um sieben Uhr früh einen Telefonanruf von Juan: »Komm schnell bitte.«

Als José eintraf, sagte Juan: »Setz dich bequem hin. Du wolltest Bescheid wissen, wenn mir etwas Ungewöhnliches widerfährt. Nun, heute früh hatte ich eine ungewöhnliche Erfahrung.«

Dann berichtete Juan, daß er um vier Uhr früh wach geworden und so stark geschwollen gewesen sei, wie noch nie. Er hatte hohes Fieber und konnte kaum die Augen öffnen. Seine Frau wollte einen Rettungswagen rufen.

»Warte«, sagte er zu ihr. »Mein Bruder, der Zauberdoktor, hat gesagt, daß etwas Ungewöhnliches eintreten wird. Das könnte es sein.« In wenigen Minuten begann die Schwellung nachzulassen und das Fieber zu sinken. Fünfzehn Minuten später war der Anfall vorbei.

»Ich war vollkommen rein — reiner als je zuvor. Keine blauen Flecken auf den Armen und hinter den Knien. José, ich fühle mich, als ob ich von diesem Problem für immer befreit sei.«

Und er hatte recht. Er hatte nie wieder einen Anfall. Natürlich glaubte er nun auch an die Arbeit seines Bruders. Juan Silva trat kurz danach eine Arbeit als Direktor in einer Fabrik in Mexiko City an, und dort unterrichtete er schließlich auch die Silva-Methode für Bewußtseinstraining. Zwölf Jahre später gab er seinen Posten in der Fabrik auf, um seine ganze Zeit dem Bewußtseinstraining zu widmen, und wurde schließlich zum Direktor für die Unternehmungen im Ausland. Zur Zeit dieser Niederschrift hatte er noch immer diese Position inne und ermöglichte die Ausbildung von Millionen von ›Supergehirnen‹ in neunundsiebzig Ländern.

Was wurde aus seinem Freund mit der Migräne? Dieser Mann vergaß sehr bald, was dieses Wort bedeutete.

Obwohl die Bekehrung seines Bruders für José eine große persönliche Befriedigung darstellte, waren damit die Tage, Monate und Jahre des Entlarvens und Entlarvtwerdens noch nicht zu Ende. Sie werden vielleicht nie zu Ende sein, da in einer Welt, in der die linke Gehirnhälfte regiert, alles, was mit der rechten Hemisphäre zu tun hat, als suspekt erscheint.

Indem er für die Möglichkeiten der Methode offen blieb, fand José Wege, um mit der Öffentlichkeit in Berührung zu kommen. Bei einem Vorfall in Amarillo, Texas, zum Beispiel, behauptete ein Mann, den ich Mr. A. O. nennen will, daß er von einem UFO mitgenommen worden sei. Von den Zeitschriften , Time, Life und Newsweek wurden Reporter, Photographen und Künstler an den Ort des Ereignisses entsandt, wobei die letzteren Zeichnungen von kleinen grünen Männern mit Schlitzaugen und von dem Fahrzeug anfertigten, mit dem Mr. A. O. unterwegs gewesen sein wollte.

José machte sich erbötig, Hypnose anzuwenden, um Mr. A. O.s Geschichte zu überprüfen. Er führte Mr. A. O. in die Zeit einen Tag vor dem Ereignis zurück und ließ ihn dann Minute um Minute zurückkommen, wobei er das Resultat mit dem ursprünglichen Bericht von Mr. A. O. verglich. José ging dabei mit großer Sorgfalt und Genauigkeit vor, sowohl was das Hypnotisieren selbst betraf, bei dem er Standardmethoden anwandte, als auch bei der Feststellung der Tiefe der Trance. Für letzteres benutzte er einen sehr bekannten Test, für den ein Fläschchen mit Gardenienparfum und ein Fläschchen mit Ammoniak erforderlich sind. Dem Hypnotisierten wird gesagt, das Ammoniak wäre Rosenparfum, und nachdem er an beiden Fläschchen kräftig gerochen hat, wird er gefragt, welches Parfum er bevorzuge. Nicht hypnotisierte Personen sind unfähig, die schädlichen Dämpfe von Ammoniak tief zu inhalieren, so daß, wenn der Hypnotisierte das Ammoniak genußvoll einatmet und feststellt: »Dieses Rosenparfum ist nicht schlecht, aber ich mag das Gardenien lieber«, die Tiefe der hypnotischen Trance erwiesen ist.

Mr. A. O.s unter Hypnose gelieferte Beschreibung des UFOs wies beträchtliche Abweichungen von seinem früheren Bericht auf. Zum Beispiel berichtete er, daß er einen Briefbeschwerer von einem Pult nahm, um ihn als Souvenir von dem Raumschiff zu behalten. Einer von der Mannschaft entdeckte, was er getan hatte, und gab ihm einen Schlag auf den Hinterkopf, so daß er hinfiel.

»Wie kommt es, daß Sie rückwärts fielen, wenn Sie einen Schlag auf den Hinterkopf erhielten?« fragte José.

»Ich weiß es nicht.«

»Und wenn Sie rückwärts gefallen wären, dann wären Ihre Füße in der Nähe des Ausgangs gewesen, und man hätte Sie wohl mit den Füßen voran hinausgetragen. Ist das der Fall gewesen?« Mr. A. O. hatte nämlich zuerst erzählt, er wäre mit dem Kopf voran hinausgetragen worden. Nun antwortete er: »Ich kann es Ihnen nicht sagen, weil ich nicht bei Bewußtsein war.« Das war der Schlüssel, um die betrügerischen Behauptungen von Mr. A. O. zu entlarven, da, wie José sehr gut wußte, Hypnotisierte sehr wohl in der Lage sind, auf Vorfälle Bezug zu nehmen, die sich ereigneten, während sie nicht bei Bewußtsein waren.

Zuerst wurde das Aufdecken des Schwindels durch José ignoriert, doch schließlich gab Mr. A. O. unter dem andauernden Druck der Journalisten zu, daß er gelogen hatte. José hörte die Neuigkeit im Autoradio, als er eines Abends von Lubbock, Texas, nach Amarillo fuhr. »Die Sowjetunion hat beschlossen, ihre UFO-Forschungen aufgrund des Amarillo-UFO-Schwindels einzustellen.« Obwohl sein Beitrag unerwähnt blieb, hatte José das Gefühl, daß seine Teilnahme an einem Ereignis mit internationalen Auswirkungen eine Bestätigung für die Bedeutung seiner Anstrengungen war.

Bei einem Vortrag am Wayland Baptist College stellte der Vorstand des Instituts für Sozialwissenschaften, Dr. N. E. West, fest: »José rief eine merkliche Zunahme des Interesses für parapsychologische Forschungen hervor, insbesondere in Verbindung mit der Anwendung von Hypnose.« Es war bei dieser Gelegenheit, daß Mr. Dord Fitz José einlud, nach Amarillo zu kommen, um dort Vorträge vor den Mitgliedern der lokalen Künstlervereinigung zu halten.

Für José markiert diese Einladung die offizielle Geburt des Silva-Bewußtseinstrainings. »Wenn ich über mein Leben nachdenke, scheint es mir, daß ich immer von irgendeiner Kraft geleitet und geführt wurde. Diese Kraft weiß, was ich zu tun habe, und ich bin immer empfänglich dafür gewesen. Damit meine ich, daß ich nie versucht habe, mich an Vergangenes anzuklammern. Wenn sich ein Geschäft dem Ende zuneigte, so wartete schon ein neues auf mich. Es gab viele Hindernisse, doch ich konnte sie alle überwinden.

Die Einladung der Künstlervereinigung war das Werk dieser Kraft. Die Vereinigung war der ideale Ort, um mit meiner Arbeit an die Öffentlichkeit zu gehen, und zwar in einer Weise, die einerseits kostendeckend war und andererseits ihre Verbreitung gewährleistete. Künstler nutzen mehr von der rechten Gehirnhälfte, da sie sich Dinge bildhaft vorstellen und Ideen kreieren. Daher war es eine natürliche Sache, daß Künstler den nächsten Schritt tun und die rechte Gehirnhälfte auf hellseherische Weise benutzen. Die Kraft ging den Weg des geringsten Widerstandes.«

Wer heute an einem Silva-Bewußtseinstraining teilnimmt, würde nie vermuten, daß es sich aus der Hypnose entwickelte. In der Hypnose überläßt der Hypnotisierte die Kontrolle dem Hypnotiseur. Bei der Silva-Methode behält die betreffende Person immer die Kontrolle. Sie kann alles, was der Vortragende sagt, entweder annehmen oder zurückweisen — sehr zum Unterschied von der Hypnose.

Nichtsdestoweniger waren in den frühen sechziger Jahren die führenden Wissenschaftler, die sich der Erforschung des menschlichen Geistes widmeten, weitestgehend auf das Feld der Hypnose angewiesen. Sie gewährleistete den einzigen direkten wissenschaftlichen Zugang zu den tieferen Schichten des menschlichen Geistes. Aus diesem Grund begann Josés Forschung mit Hypnose, und als er zu lehren anfing, handelte es sich um einen fortgeschrittenen Kurs für Hypnose. Das war vor der Silva-Methode.

Doch er war die ganze Zeit über bestrebt, aus den hypnotischen Techniken Wege zu entwickeln, die es einerseits gestatteten, die Kontrolle zu bewahren, und andererseits die medizinische Anwendung der Hypnose zu erzieherischen Zwecken zu adaptieren. In der Hypnose gibt es autoritäre und liberale Methoden. Indem José bei seiner Forschung den liberalen Methoden den Vorzug gab, gelang es ihm, eine Technik zu entwickeln, bei der sich der Schwerpunkt von autoritären Methoden auf liberale verlegte und bei der nicht die medizinische, sondern die erzieherische Anwendung im Vordergrund stand. Außerdem beruhte sie nicht auf Heterokontrolle, sondern auf Selbstkontrolle.

Bis zum Jahr 1963 hatte José neununddreißig Personen unter Anwendung liberaler Hypnosetechniken zu Hellsehern ausgebildet. Bis zum Jahr 1966, als er die Einladung erhielt, vor der Künstlervereinigung in Amarillo zu sprechen, war es ihm gelungen, die Silva-Methode zu entwickeln, indem er seine Technik von ihren hypnotischen Ansätzen befreit hatte, und es auf diese Weise dem Trainierenden ermöglichte, sämtliche Schichten des Bewußtseins zu kontrollieren. Den Schlüssel dazu bildete eine Serie von konditionierenden Zyklen, aus denen der Trainingsteilnehmer tiefe Entspannung schöpfen konnte und die ihm gleichzeitig den Vorteil einer mentalen Programmierung unter bewußter Kontrolle boten.

Diese Arbeit erstreckte sich hauptsächlich auf Laredo, Texas, und auf die andere Seite des Rio Grande, Nuevo Laredo, Mexiko.

Die Fahrt nach Amarillo erwies sich somit nicht nur als ein geographischer Durchbruch, sondern auch als ein Durchbruch auf dem Gebiet des Erziehungswesens, der verspricht, den ganzen Planeten zu erleuchten.

José lud einen Mitarbeiter ein, ihn auf der Reise zu der Künstlervereinigung zu begleiten. Es handelte sich um seinen Helfer Nummer eins bei den Sitzungen Freitag nachts in Laredo. Er bekam einen Anteil von den Spenden, nach

Abzug der Ausgaben, bei diesen Sitzungen. Er hatte José auf anderen Forschungs- und Trainingsfahrten begleitet, und José hatte immer seine Ausgaben bezahlt.

»Wieviel werden sie uns zahlen?« fragte er.

»Nichts«, antwortete José. »Sie zahlen nur für meine Ausgaben, aber ich werde dir deine Ausgaben bezahlen.« Der Mitarbeiter weigerte sich mitzukommen. Bald darauf brach er seine Beziehungen zu José ab und begann auf eigene Faust etwas zu unternehmen, doch dann hörte er völlig auf damit.

Als José den Versammlungsraum in Amarillo betrat, sah er sich neunzig Künstlern gegenüber, und es beschlich ihn eine Ahnung: Im Alter von zweiundfünfzig Jahren startete er eine völlig neue Karriere.

Am Ende seiner Rede — über das Anzapfen der Reserven aus der rechten Gehirnhälfte — hatte sich seine Ahnung bestätigt. Fast alle Künstler im Raum unterzeichneten eine Aufforderung, daß er wieder nach Amarillo komme, um sie zu Hellsehern auszubilden. Alle waren gewillt, für das Training zu zahlen. Das war das erste Mal in Josés zweiundzwanzigjähriger Forschungsarbeit, daß er für die Ausbildung von Hellsehern eine Vergütung erhalten sollte.

Wenige Tage später schrieb Dord Fitz, der Direktor des Zentrums, an José: »Es haben schon viele berühmte Leute am Dord Fitz Kunstzentrum Vorträge gehalten, doch wir hatten noch nie einen Sprecher, der sein Auditorium dermaßen fesselte... Für uns Künstler ist der kreative Akt ein halbbewußter Vorgang und dem Hellsehen verwandt. Musik fließt durch uns, große Gemälde, Poesie und so weiter durchströmen uns und werden zu physischen Manifestationen, die wir bewußt mit jenen teilen, die es wünschen.

Natürlich brauchen wir große Lehrer, um uns auszubilden und die technischen Fertigkeiten zu erwerben, die automatisch werden müssen, damit sie uns dienen, wenn uns der halbbewußte Zustand ergreift, den wir Inspiration nennen. Wir brauchen eine Ausbildung, damit wir unterscheiden können und imstande sind, Geschmack und Qualität auf unserem Gebiet zu erkennen.

Ich fühle, daß Ihre Entdeckung, daß der Mensch unter tiefer Konzentration zum Hellseher wird, eine der großen Entdeckungen auf dem Gebiet des menschlichen Geistes ist. Gewiß werden alle Künstler an dem Training teilnehmen wollen, denn wir wissen natürlich, daß Ärzte und andere Berufsgruppen bereits davon profitiert haben.«

José begann mit der Ausbildung für die Künstler an einem Freitagabend im Oktober und beendete sie im Januar 1967. Fast unmittelbar darauf kam ein weiterer Kurs zustande, der sich aus den Freunden und Verwandten der Absolventen des ersten Kurses zusammensetzte. Bald verbreitete sich die Nachricht davon nach Lubbock, und diese Stadt wurde zu einem regelmäßigen Trainingsort für José. Auch andere Städte folgten diesem Beispiel.

Bei dem ersten Treffen forderte eine Studentin José auf, andere Anwendungsmöglichkeiten für die hellseherischen Fähigkeiten, neben dem Heilen, zu nennen.

»Um alles, was wir auf konstruktivem und schöpferischem Gebiet tun, noch mehr zu vertiefen«, antwortete José.

»Um besser malen zu können?«

»Natürlich. Möchten Sie das?«

Als die Frau bejahte, half ihr José, in den entspannten Alphazustand zu kommen.

»Wem möchten Sie in Ihrer Malerei nacheifern?« fragte er.

»Van Gogh.«

»Schön. Stellen Sie sich jetzt vor, daß Sie eine Kopie eines Bildes von Van Gogh malen.«

Die Gruppe sah zu, wie die Frau ihre Hände bewegte, als ob sie malen würde. Als sie fertig war, sagte José zu ihr, während sie sich noch immer in dem entspannten Zustand befand, daß alles, was sie bei ihrer zukünftigen Arbeit tun müsse, um Van Goghs Rat einzuholen, sich darauf beschränke, drei Finger zusammenzutun und sich auf das Bild von Van Gogh zu konzentrieren.

Als die Sitzung beendet war, bat José sie, etwas zu malen und dabei von diesem Konzept auszugehen. Sie malte eine Vase mit Blumen darin. Als das Bild fast fertig war, kam Mr. Fitz herein, um dem Unterricht beizuwohnen. Er sah sich das Bild an und begann auf Ähnlichkeiten mit einem Van Gogh hinzuweisen. Es stellte sich heraus, daß diese Frau zu den Anfängern gehörte und erst wenige Malstunden hinter sich hatte!

Bei einer der nächsten Zusammenkünfte erklärten dieselben Künstler, daß sie nicht die Absicht hätten, irgend jemand zu kopieren, sondern daß sie auf eigene Art kreativ sein wollten.

»Natürlich«, sagte José, »das Kopieren der großen Meister ist bloß ein guter Anfang. Warum nicht dort ansetzen, wo sie aufgehört haben?« Dann erinnerte er sie daran, was Christus gesagt hatte: »Wer an mich glaubt und an die Werke, die ich vollbringe, der wird es mir gleichtun und noch Größeres vollbringen.«

Viele in der Klasse wurden zu besseren Künstlern. Zwei, Mrs. Sheets und Mrs. Blodgett, beide Hausfrauen, wurden Silva-Lehrerinnen. Erstere ist noch immer eine aktive Trainerin.

Ein professioneller Künstler, Mr. Fujita, der an dem Training in Amarillo teilnahm, überraschte José mit einem Geschenk: einem großen Diagramm der inneren und äußeren Bewußtseinsebenen. Während des Unterrichts hatte sich José damit begnügt, rohe Skizzen auf einer Tafel oder auf dem Skizzenblock eines Künstlers zu zeichnen, doch dieses Diagramm war wundervoll in Farben ausgeführt. Die ›Skala der Gehirnentwicklung‹ (siehe Abb. 1) wurde zu einem Bestandteil des Trainings. Mr. Fujita zog später nach Fort Worth und organisierte dort einen Kurs für das Silva-Bewußtseinstraining. Bald fanden regelmäßige Zusammenkünfte in Fort Worth statt. Auf die gleiche Weise veranstalteten auch andere Absolventen des Silva-Trainings Kurse in ihren Heimatorten, so daß José bald von einer Stadt zur anderen reisen mußte — nach Dallas, Austin, Fort Worth und San Antonio.

Manchmal passierte es jedoch, daß die Organisation nicht funktionierte. Dr. H., der in San Antonio Trainingsgruppen organisierte, teilte José mit, daß seine Verwandten in Houston mithelfen würden, dort eine Gruppe zu organisieren. José nannte ihm einen Termin für die dortige Veranstaltung. Dr. H. mietete einen Raum in einem Motel in Houston und sorgte auch für Schlafmöglichkeiten zu dem genannten Termin. Als José dann eintraf, stand zwar ein Raum für die Veranstaltung bereit, doch die Verwandten waren verreist, ohne vorher eine entsprechende Anzeige in der Zeitung aufgegeben zu haben. Niemand wußte etwas von der Veranstaltung, also kam auch niemand.

Zufällig gingen jedoch zwei Damen bei dem Veranstaltungsraum vorbei und sahen ein Schild an der Tür: »Vortrag über Bewußtseinstraining.« Sie gingen hinein.

»Was ist Bewußtseinstraining?« fragte die eine.

José hielt zwar nicht seinen Vortrag vor einem Publikum, das aus zwei Personen bestand, aber er nahm sich die Zeit, seine Methode zu erklären.

Die erste Dame, Mrs. D., wandte sich an ihre Begleiterin und sagte: »Wir müssen Mr. Silva bekanntmachen mit…«

»Ja«, unterbrach sie die andere, »mit Mr. I.«

»Richtig.« Sich an José wendend, sagte sie: »Da Sie hier übernachten, möchten wir Sie gerne morgen früh in die Unity Church mitnehmen, um dort den Pfarrer, Mr. I. zu treffen.«

José war einverstanden, und am nächsten Tag traf er Mr. I. und setzte einen Termin für einen Vortrag fest, der zwei Wochen später stattfinden sollte. In den nächsten vierzehn Tagen machte Mr. I. nach jedem Gottesdienst eine Ankündigung. Als José wiederkehrte, fand er ein volles Haus vor. Mrs. D. wurde zur Silva-Organisatorin für Houston, und ihre Freundin, eine Krankenschwester, wurde ihre Assistentin.

Das Interesse für das Training nahm täglich zu. Bei einem Vortrag, den José vor graduierten Psychologiestudenten in Austin an der Universität von Texas hielt, waren nur noch Stehplätze übrig. Der Organisator bemerkte, er hätte noch nie so viele Doktoren für eine solche Veranstaltung zusammenkommen sehen.

Als José seine Rede begann und dabei die ›Skala der Gehirnentwicklung‹ benutzte, erscholl eine Stimme: »Wir brauchen keine theoretischen Erklärungen. Wir wollen Tatsachen sehen!«

Ein anderer Doktor stimmte ein: »Laß die Karte und komm zur Sache!«

Nun wurden andere Kommentare laut. »Parapsychologie ist ein Haufen Unsinn.« »Bring uns Beweise.« »Vergiß die Theorie.«

José erkannte, daß er sich in den Rachen des Löwen begeben hatte und dabei war, aufgefressen zu werden. Da fiel ihm wieder die innerliche Botschaft ein, die er einmal erhalten hatte, daß er nur abzuwarten brauche, dann würde er automatisch die richtige Antwort finden. Er hob die ausgestreckten Arme hoch und kehrte die Handflächen beschwichtigend nach außen.

Als sich das Publikum wieder beruhigte, ließ der zart gebaute Mann aus Laredo plötzlich laut seine Stimme ertönen.

»Ich möchte Sie daran erinnern, daß ich Ihr Gast bin. Ist das die Art und Weise, wie hochgebildete Leute ihre Gäste behandeln?«

Er hielt inne. Es wurde still im Raum. Dann fragte er: »Wer von den hier Anwesenden hat Forschungen auf dem Gebiet der Parapsychologie betrieben? Heben Sie bitte Ihre Hand.«

Niemand hob die Hand.

»Ich habe dreiundzwanzig Jahre lang Forschungen in Parapsychologie angestellt. Ich bin unter den hier Anwesenden die einzige Autorität in Parapsychologie. Ich halte Ihnen keinen Vortrag über Psychologie. *Sie* sind die Autoritäten auf diesem Gebiet. Umgekehrt werden Sie mir nichts über *mein* Gebiet erzählen. Nun, zurück zu meiner Karte…«

Während ein und einer halben Stunde hatte José die volle Aufmerksamkeit. Die Fragen, die folgten, waren ernsthaft und intelligent. Zum Schluß wurde ihm applaudiert. »Nie zuvor habe ich diese Doktoren so lange ruhig in ihren Sitzen verweilen sehen«, war der Kommentar des Gastgebers.

Bei dem Essen, das der Klub für Parapsychologie an diesem Abend für ihn veranstaltete, erinnerte José die Anwesenden daran, daß er keine formelle Schulbildung genossen hatte. »Hätten Sie das früher gewußt, hätten Sie mir nie erlaubt, einen Schritt in die Universität zu setzen, geschweige denn dort einen Vortrag zu halten. Aber jetzt ist es zu spät.« Die meisten dachten, er mache einen Scherz.

Houston erwies sich als ein besonders aufnahmebereiter Boden für das neu lancierte Silva-Bewußtseinstraining. Frei zugängliche Vorträge, die von Mrs. D. und ihrer Assistentin organisiert wurden, zogen fast immer einen gut besuchten Kurs nach sich. Nach einem dieser Vorträge kam ein Mann zu José und sagte: »Mein Name ist Harry McKnight. Die Assistentin von Mrs. D. sagte mir, ich könnte mit Ihnen über ein Stipendium reden.«

»Wir erteilen Stipendien an Institutsvorstände für Psychologie«, antwortete José und brachte damit eine schon früher gefaßte Entscheidung zum Ausdruck.

»Ich arbeite an meiner Doktorarbeit und beziehe nur ein kleines Stipendium. Meine Frau erwartet ein Kind. Ihr Vortrag hat mich überzeugt, daß ich das Training machen muß, aber ich habe kein Geld.« McKnight hatte bereits eine Kurskarte ausgefüllt.

»Lassen Sie mich Ihre Karte sehen.«

José prüfte sie und schrieb dann darauf ›Stipendium‹. Er

händigte sie ihm wieder aus. »Geben Sie die Karte Mrs. D., ich habe meine Zustimmung für ein Stipendium erteilt.«

Harry dankte José und brachte die Karte Mrs. D. zurück. Er absolvierte das Training, schloß sich der Silva-Organisation an und wurde einer ihrer besten Mitarbeiter, der als erster selbst Trainingsgruppen leitete. Tatsächlich teilte José das Territorium, das sich damals auf Texas beschränkte, zwischen sich und Harry auf, indem er Harry die eine Hälfte des Staates überließ und selber die andere übernahm. Später verfaßte Harry ein Handbuch für Trainingsleiter, das noch immer in Gebrauch ist.

»Harry McKnight ein Stipendium zu erteilen, war eine der besten Entscheidungen meines Lebens«, sagte José. »Und ich brauchte gar nicht lange darüber nachzudenken, noch ihn einer ausführlichen Befragung zu unterziehen. Ich hatte einfach so eine Ahnung, daß es richtig wäre, das zu tun.«

Harry half José zuerst nur halbtags, da er sein Medizinalpraktikum im Heereskrankenhaus in Houston verrichtete. Doch bald wurde er von seinem Studienberater bezüglich seiner Beschäftigung mit Bewußtseinstraining zur Rede gestellt. »Ein Psychologe darf nicht in unethische Funktionen verwickelt sein«, ließ ihn der Studienberater wissen und bestand darauf, daß sich Harry für die eine oder die andere Disziplin entscheide. Harry wählte das Bewußtseinstraining.

Später half Harry José bei der Verbreitung des Trainings. Zuerst wollten die Trainingsteilnehmer niemand anderen an Josés Stelle akzeptieren. In Amarillo, zum Beispiel, kam es, als José ankündigte, daß Harry McKnight den Kurs für Trainingsleiter abhalten würde, sofort zu einem Aufschrei. »Nein, wir wollen Sie.«

»Überlegen Sie doch«, gab José zu bedenken, »auf diese Weise wird sich das Silva-Bewußtseinstraining nie verbreiten können. Ich kann nicht der einzige Trainer sein, ich bin jetzt schon ausgelastet. Wir brauchen mehr Lehrer, um so viele Leute wie möglich zu erreichen.«

Er verwies auf die gründliche Ausbildung Harrys und auf seine Fähigkeiten als Lehrer. »Warum lassen Sie mich ihn nicht einfach nach Amarillo senden? Sie fragen ihn aus, und wenn Sie glauben, daß er geeignet ist, dann wird er den Unterricht machen, oder nicht.«

Harry fuhr extra nach Amarillo, um zu sehen, ob man ihn für qualifiziert genug halten würde, um die Methode zu unterrichten. Nachdem sie ihn auf Herz und Nieren geprüft hatten, erteilten ihm die potentiellen, für das Training angemeldeten Lehrer ihre Zustimmung. Hunderte Trainer, die jetzt auf der ganzen Welt das Training leiten, haben daher in Harry McKnight ihren Initiator gehabt. Er schrieb eines der ersten Bücher über das Silva-Bewußtseinstraining mit dem Titel ›Silva Mind Control Through Psychorientology‹, er übernahm die Herausgabe von Kassetten und er leitete das Ausbildungsprogramm für Trainer.

Ich erhielt meine eigene Trainerausbildung im Jahr 1975 von Harry McKnight und Nelda Sheets, eine der Künstlerinnen aus dem ersten Kurs in Amarillo, und ich besuchte den Absolventenlehrgang unter der Leitung von José Silva und Harry McKnight. In meinen eigenen Kursen habe ich immer etwas benutzt, was ich von Harry gehört habe, und sollte ich irgend einmal vergessen haben, ihm die Anerkennung zu zollen, die ihm dafür gebührt, so möchte ich das jetzt nachholen.

Wenn die Teilnehmer am Training für Hellsehen und Geistheilung ihren jeweiligen Fall abgeschlossen haben — das heißt, wenn sie eine Person, die ihnen ein anderer Teilnehmer genannt hat, richtig beschrieben haben, ihre Krankheit identifiziert und auf der schöpferischen Ebene korrigiert haben, wobei bei allem eine Genauigkeit von achtzig Prozent erforderlich ist —, pflegte Harry zu sagen: »Wenn Sie Ihre Intelligenz auf jede beliebige Entfernung projizieren können, wozu Sie alle heute imstande waren, dann ist das die Eigenschaft des Unendlichen. Wenn Sie in der Zeit vor- und zurückgehen können, was einige von Ihnen heute tun mußten, dann ist das die Eigenschaft des Ewigen. Wenn Sie fähig sind, Dinge in Erfahrung zu bringen, die Sie offensichtlich nicht wissen können, und alle von Ihnen haben heute bewiesen, daß sie das können, so ist das allwissend. Und wenn Sie eine unerwünschte Lage verändern können – was wieder von allen vollbracht wurde –, so ist das allmächtig.

Unendlich, ewig, allwissend, allmächtig – wer sind Sie denn eigentlich?«

Immer wenn ich diese Frage in meinen Kursen stelle, gibt es ein paar Teilnehmer, die es wagen, die Antwort zu flüstern.

Einige Zeit später gelang es Harry und José, einen Fluglehrer aus Lubbock namens James Needham zu überzeugen, der dritte Lehrer des Silva-Bewußtseinstrainings zu werden. Und in einem Restaurant in Laredo ereignete sich während einer Trainingspause ein Vorfall, der dazu führte, daß sich das Netzwerk ganz unerwartet über das ganze Land ausbreitete.

Zwei Männer näherten sich José.

»Mr. Silva?«

»Ja.«

»Wir haben Sie überall gesucht. Wir kommen geradewegs aus Kalifornien. Mein Name ist Mr. K. Das ist mein Freund Mr. L. Wir haben schon so viel von Ihnen gehört, daß wir beschlossen haben, nachzusehen, ob es Sie wirklich gibt. Wir möchten sofort an einem Training teilnehmen.«

»Unmöglich«, antwortete José. »Ich bin gerade dabei, diese Trainingsgruppe zu beenden. Dann fahre ich nach Mexiko City, um unseren dortigen Trainern beim Start zu helfen.«

»Wir zahlen Ihnen das Dreifache der Kosten, aber wir wollen es jetzt.«

»Trotzdem unmöglich«, entgegnete José.

»Wie lange werden Sie in Mexiko bleiben?«

»Eine Woche. Dann habe ich eine Woche frei.«

138

»Wenn Sie noch eine Woche länger in Mexiko bleiben könnten, würde ich eine Gruppe von Leuten nach Mexiko City fliegen lassen, um an dem Training teilzunehmen.«

José dachte einen Augenblick nach. »Es müßten mindestens zwanzig Leute sein, um die Ausgaben zu decken.«

»Wenn ich für zwanzig Personen zahle«, fragte Mr. K., »könnte ich dann mehr bringen — sagen wir dreißig — zum selben Preis?«

»Zahlen Sie für zwanzig und bringen Sie so viele Sie wollen«, antwortete José.

Mehr als zwanzig nahmen teil. Sie waren aus einer Kosmetikfirma in Kalifornien mit zahlreichen Generalvertretungen. Als das Training vorbei war, prüften sie einander bezüglich ihrer hellseherischen Fähigkeiten. Dann bezahlten sie José. Später erfuhr er von Mr. K., daß sie beabsichtigt hatten, mit der Zahlung zurückzuhalten, falls sie keine Hellseher geworden wären. Doch die Gruppe war zufrieden, und einige Generalvertreter aus diesem Spezialkurs folgten José nach Lubbock, wo in der Woche darauf ein Bewußtseinstraining für Fortgeschrittene stattfand. Dieser Kurs war für all jene bestimmt, die sich selbst zum Trainer ausbilden lassen wollten.

Von den Generalvertretern der Kosmetikfirma wurden schließlich zehn zu Lehrern des Silva-Bewußtseinstrainings. Einer von ihnen wurde nach New York entsandt, einer nach Buffalo, einer nach Washington, einer nach Pennsylvania, zwei nach Chicago, zwei nach Wisconsin, einer nach Florida und einer nach Boston. Das Silva-Bewußtseinstraining war nun in der Lage, all jene im ganzen Land zu erreichen, die sich mit der Hoffnung trugen, ihre mentalen Kräfte zu erweitern und ihr spirituelles Leben zu vertiefen.

9

Reaktionen:
Kritiker, Nachahmer und Wunder

Auf Grund von Josés früheren Erfahrungen war niemand überrascht, daß die Silva-Methode hohe Wellen zu schlagen begann, als sie sich von Küste zu Küste ausbreitete.

Die Methode und ihre Auswirkungen erregte nicht nur unter Fachleuten Unwillen, sondern auch unter Nichtfachleuten, die sich für Geistesforschung interessierten. Diese Widersacher waren so tief verwurzelt in der sinnlich wahrnehmbaren physischen Welt, daß sie einfach unfähig waren, an die Existenz außersinnlicher Wahrnehmungen zu glauben. Also verursachten sie Wogen des Konflikts.

Einige Absolventen des Silva-Trainings wurden von dem neuen Wissen dazu verführt, aus Neid zu versuchen, den Ball an sich zu reißen und als ihren eigenen auszugeben, um sich damit davonzumachen. Diese ließen die Wogen des Gesetzes hochgehen.

Unter jenen aber, die von ihren ›Wundern‹ profitiert hatten, erweckte die Methode Staunen, ja sogar ehrfürchtige Scheu. *Sie* verursachten Wellen in den Medien.

Aus Platzgründen können hier nur jeweils einige Ereignisse jeder Art stellvertretend beschrieben werden. Doch für jedes dieser Beispiele könnten ähnliche angeführt werden, die sich im ganzen Land ereigneten und dazu beitrugen, daß die Silva-Methode von einem Meer von Energie umgeben wurde.

Zwischen 1966 und 1969, als José nur mit Gruppen in Texas arbeitete, erschien ein einziger Artikel über das Training in einer überregionalen Zeitschrift. Die Verfasserin war eine sechzig Jahre alte Witwe aus Dallas, und bei der Zeitschrift handelt es sich um die Ausgabe 1969 von ›Woman‹. Der Artikel vermittelte einen ziemlich günstigen Eindruck über die Arbeit von José Silva.

Die Verfasserin hatte das Training erst zur Hälfte absolviert, als sie den Artikel schrieb. Sie beendete ihn mit dem Satz: »Sie sagen mir, daß ich ein Genie sein werde, wenn ich das restliche Training vollendet haben werde.«

»Wurde sie ein Genie?« wurde José später von einer Reihe von Lesern gefragt.

José, der die Sache aus eigenem Interesse verfolgt hatte, pflegte zu antworten: »Sie heiratete einen Millionär.«

Als das Training auch die restliche Nation erfaßt hatte, begannen in den Medien des ganzen Landes Geschichten darüber zu erscheinen. Neun von zehn Artikeln waren damals negativ und behaupteten − wie ein Reporter es formulierte −: »Silva verkauft Schlangenöl.« Heute, in einer Zeit eines neuen und mehr entwickelten Bewußtseins, sind übrigens neun von zehn Geschichten positiv.

José ließ sich von seinen Kritikern nie aus der Fassung bringen, doch ihre Kritik ging ihm manchmal unter die Haut. Er wußte, daß keiner von ihnen das Training absolviert hatte, und sie daher über etwas schrieben, über das sie nichts wußten. Doch er war enttäuscht, sehen zu müssen, wie sie ihre Unwissenheit hinter ihrer Autorität verbargen und schrieben, als wüßten sie, wovon sie redeten, wobei sie anderen durch ihre Unwahrheiten Schaden zufügten.

Eines Tages kam ein katholischer Priester aus Edinburgh, Texas, einer kleinen Collegestadt in der Nähe von McAllen, nach Laredo einzig und allein der Absicht wegen, das, was er »Silvas betrügerische Machenschaften« nannte, anzuprangern. Er war kaum in Josés Haus eingetroffen, als er sich schon an die Arbeit machte.

»Sie als Katholik sollten sich schämen, Leute zum Narren zu halten und sie in dem Glauben zu wiegen, sie könnten hellseherische Fähigkeiten entwickeln«, sagte der Priester zu José und bezog sich dabei auf Leute aus seiner Pfarrgemeinde, die sich dem Training unterzogen hatten. Mit lauter Stimme verlangte er dann: »Wenn es wahr ist, daß man zum Hellseher werden kann, dann beweisen Sie mir das hier und jetzt!«

José entgegnete ihm: »Pater, zuerst möchte ich Sie daran erinnern, daß Sie sich in meinem Haus befinden. Zweitens, möchte ich Sie erinnern, daß weder Sie, noch irgend jemand anderer, ob Priester oder nicht, mit mir so laut sprechen sollte. Drittens, ich bin nicht verpflichtet, Ihnen irgend etwas zu beweisen. Sie müssen erst einmal fähig sein zu begreifen, daß *Sie* es sind, der unwissend ist, und daß die Dinge, die ich gelehrt habe, möglich sind. Daher ist es Ihr Problem und nicht meines.«

Erstaunlicherweise änderte der Priester seinen Ton und entschuldigte sich. Dann sagte er: »Daß ich mich so verhalten habe, kommt vielleicht daher, daß ich noch nie erlebt habe, wie jemand von seinen hellseherischen Fähigkeiten Gebrauch macht. Können Sie etwas tun, um mich zu überzeugen?«

Damals befand sich ein zwölfjähriges Mädchen in Josés Haus, das gerade eine intensive Ausbildung in Hellsehen erhielt. »Einverstanden, Pater! Das ist jetzt eine völlig andere Haltung. Unter diesen Umständen will ich Ihnen etwas zeigen, das Sie überzeugen wird.« Dann rief er das kleine Mädchen.

»Haben Sie das Mädchen schon einmal gesehen?« fragte er den Priester.

»Nein.«

»Dieses kleine Mädchen erhielt dieselbe Ausbildung wie Ihre Pfarrkinder. Würden Sie glauben, daß etwas an dem ist, was wir hier machen, wenn dieses Mädchen, das Sie nicht kennt, Ihnen etwas über Ihr Leben erzählt?«

»Ja, wenn sie das kann, so würde mich das überzeugen«, antwortete der Priester.

Das Mädchen saß in einem Sessel vor dem Priester und begab sich auf die mediale Ebene ihrer hellseherischen Fähigkeiten. Als sie fertig war, fragte sie José, was sie tun sollte. José sagte: »Mach ein ›Check-up‹!«

»Was ist ein ›Check-up‹?«, fragte der Priester.

»Eine allgemeine Überprüfung Ihrer Gesundheit.«

Der Priester zuckte die Achseln, und das Mädchen fing an.

Die junge Hellseherin begann ihre Hände in der Luft zu bewegen, als ob sie etwas halten würde. José fragte sie: »Was machst du?« und sie antwortete: »Ich beginne bei seinem Kopf und prüfe gerade sein Gehör. Sein Hörvermögen durch das linke Ohr ist schwächer als das rechte.« Der Priester schaute José an und zuckte die Achseln.

Das Mädchen arbeitete sich durch den Körper vor und bemerkte: »Er ist sehr gesund.« Als sie in der Leistengegend angelangt war, hielt sie an und sagte: »Mr. Silva?«

»Ja?«

Sie fuhr fort: »Erinnern Sie sich an den Fall, bei dem Sie uns erklärten, die Narbe des Mannes würde bedeuten, daß er eine Leistenbruchoperation gehabt hätte?«

»Ja, ich erinnere mich.«

Das kleine Mädchen sagte: »Der Priester hat zwei Narben, eine auf jeder Seite.«

Der Priester schaute José an und sagte: »Sieht sie mich an?«

»Ja, Pater.«

Der Priester raffte seine Soutane und klemmte sie zwischen die Beine.

»Es ist zu spät, Pater. Sie weiß schon alles.«

Das Mädchen fuhr fort, die Leistengegend zu prüfen. Dann sagte sie: »Ich bin jetzt dabei, das Ende der Wirbelsäule zu prüfen. Die letzten Wirbelknochen sollten fix miteinander verbunden sein, doch der letzte Knochen ist lose.«

José sah den Priester an und der zuckte wieder die Achseln, womit er ausdrücken wollte, daß er nicht wußte, daß sein Steißbein lose war.

Das Mädchen sagte: »Wir werden später herausfinden, wie und wann sich der letzte Wirbel gelockert hat.«

Als das Mädchen bei den Füßen des Priesters angekommen war, sagte sie: »Jetzt werde ich den Priester mental in die Zeit zurückführen, als er noch ein Baby war und mich dann vorarbeiten.«

Sie begann die Hände im Kreis zu bewegen, als ob sie die Zeiger einer Uhr drehen würde. Sie benutzte dabei eine Silva-Technik, die es ihr erlaubte, den Priester in der Zeit vor- und zurückzubewegen, um Aussagen über seine Kindheit machen zu können. Sie sagte ihm, wie alt sie war, als er sich das rechte Knie verletzt hatte. Sie sagte ihm, daß er über einige Stufen hinuntergefallen sei. Und sie sagte ihm, daß er sieben Jahre alt war, als seine Mutter starb.

Nach einer Weile hielt das Mädchen inne und sagte: »Jetzt bin ich dort, wo er sich das Steißbein gebrochen hat. Schauen wir uns genauer an, wie es passierte.« Sie ließ ihre rechte Hand vor- und zurückrotieren und sagte: »Nun sehe ich es. Er reitet auf einem Pferd. Das Pferd wirft ihn ab, und er landet auf einem Felsen. *So* ist es also passiert, und deswegen war er dann drei Tage im Krankenhaus.«

Als der Priester das hörte, sprang er auf, faßte sich an den Kopf und rief: »Oh, mein Gott, das ist einmalig!« Er begann eine Runde nach der anderen zu drehen, blickte gelegentlich zu José hin und wiederholte von Zeit zu Zeit: »Das ist wirklich einmalig!«

Sobald sich der Priester wieder beruhigt hatte, sagte José zu ihm: »Sehen Sie, Pater, wenn ich meine Zeit nur damit verbringen würde, jedem Ungläubigen zu beweisen, daß es sich hier um eine einmalige Sache handelt, hätte ich keine Zeit mehr für andere Dinge. Sie sehen, wie lange es gedauert hat, um Sie zu bekehren. Was habe ich damit gewonnen? Ich habe meine Zeit verloren und nichts gewonnen.« Der

Priester verabschiedete sich und versprach zu helfen, so gut er konnte.

Einige Monate später hielt José einen frei zugänglichen Einführungsvortrag in einem Motel in McAllen, als der Priester aus Edinburgh plötzlich in der Tür stand.

»Kommen Sie herein«, sagte José.

Der Priester fragte: »Kann ich ein paar Worte sagen?«

José nickte.

Der Priester wandte sich dem Publikum zu und begann sein Erlebnis in Laredo zu beschreiben. »Das war wirklich einmalig«, fügte er hinzu.

Da der Priester in der Gegend gut bekannt war, unterschrieben alle, um sich für das Training anzumelden. Somit hatte der Priester tatsächlich auf seine Weise geholfen, wie er es versprochen hatte.

Eine Frau aus Boston schrieb für den ›Boston Globe‹ einen vernichtenden Artikel, dessen Tenor lautete: »Silva ist des Teufels« und »Betrug!«

José schnappte sich das nächste Flugzeug nach Boston. Er sagte zum Herausgeber: »Sie nennt uns Betrüger. Warum griff sie nicht zum Telefonhörer, um das Better Business Bureau oder den Bürgermeister von Laredo anzurufen? Und mit dem Teufel hat sie wahrscheinlich auch nicht gesprochen.«

Der Herausgeber erklärte sich bereit, einen anderen Reporter zu ernennen, der sich auf Zeitungskosten dem Training unterziehen und darüber berichten sollte. ›Abstieg ins Alpha‹ war das Ergebnis. Und bis zum heutigen Tag ist dies einer der ausführlichsten und überzeugendsten Artikel geblieben, die je über das Silva-Bewußtseinstraining geschrieben wurden.

Harry McKnight und seine Frau zogen von Houston nach Laredo, als er sich der Silva-Organisation anschloß und ein internes Mitteilungsblatt herausgab. Die erste Ausgabe, die den Titel ›Mind-Control-Communique‹ trug, erschien im

Juli 1969. Sie berichtete, daß in dem einen und einem halben Jahr, die seit dem ersten Vortrag von José Silva in Dallas vergangen waren, acht Klassen das Training absolviert hatten, aus denen fast dreihundert Hellseher hervorgegangen waren.

Als etwas mehr als ein Jahr später die zweite Ausgabe des nunmehr ›Mind Control Newsletter‹ betitelten Blattes erschien, stand als Überschrift auf der ersten Seite: »Im Fort Worth Mind Control Center graduieren 221.« José Silva war zugegen an jenem Abend des 30. Dezember 1970, um vor der bis dato größten Klasse eine Rede zu halten und um Hap Arnold, dem Direktor des Mind Control Center, und den Lehrern Ron Bynum und Mark Loving zu gratulieren. Ein Jahr zuvor hatte in Mexiko eine Klasse von 122 Schülern den Rekord gehalten.

Die größte Bedrohung für das Silva-Bewußtseinstraining und seine Verbreitung ging von Kalifornien aus. José hatte seine älteste Tochter Isabel nach Los Angeles mitgenommen, um dort die erste Klasse zu bilden. Ein Termin für einen Vortrag in einem Motel wurde vereinbart und in den entsprechenden Medien bekanntgegeben. Isabel hatte die Aufgabe, bei dem Vortrag zu zeigen, wozu eine Hellseherin imstande war, damit die Zuhörer wußten, was sie erwarten konnten, wenn sie sich für die Absolvierung des Trainings entschlossen.

Als Isabel ihren Alphazustand erreicht hatte, fragte José: »Was möchten Sie, das sie jetzt tun soll?«

Eine Dame hob die Hand und sagte: »Ich bin Malerin. Ich habe drei Gemälde und vier potentielle Käufer. Kann sie mir sagen, welches Bild das beste ist und wem ich es anbieten soll?«

José befand die Aufgabe für gut, und die Malerin begann die erste ihrer Arbeiten zu beschreiben., »Sagen Sie mir nichts«, unterbrach sie Isabel. »Ich werde sie Ihnen beschreiben. Wenn meine Beschreibung richtig ist, so werden

146

Sie auf diese Weise feststellen können, ob auch die Wahl des Kunden zutrifft.«

Sie beschrieb dann die drei Bilder in allen Einzelheiten. Die Malerin war verblüfft. »Wie macht sie das bloß?« wiederholte sie immer wieder.

Schließlich sagte Isabel zu der Malerin: »Ihr bestes Gemälde ist das Bild von der Frau mit dem Kind im Arm. Bieten Sie es dem Börsenmakler an.«

Als die Malerin fortfuhr, ihrem Staunen Ausdruck zu verleihen, sagte José zu der Gruppe: »Was Sie eben bei Isabel gesehen haben, werden *Sie* auch tun können, wenn Sie das Training absolvieren — dies und noch viel mehr.«

Zweiunddreißig Leute unterschrieben.

Als José nach Texas zurückkam, übergab er seine kalifornische Gruppe Mr. G., der in Fort Worth unterrichtete, aber nach Kalifornien ziehen wollte. Mr. G. bildete diese erste kalifornische Gruppe aus. Dabei traf er Mr. N., und die beiden beschlossen, ein gemeinsames Unternehmen aufzuziehen. Sie änderten das Silva-Training leicht ab, um das Copyright zu umgehen, und gaben ihm einen anderen Namen.

José, der von diesem Vorgehen hörte, flog nach Kalifornien, um sich mit ihnen zu treffen. Mr. G. zog sich auf eine Seite des Zimmers zurück und überließ Mr. N. das Reden.

»Ich bin froh, Sie zu treffen, Mr. Silva«, begann Mr. N. »Ich wollte ohnehin mit Ihnen sprechen. Ich hoffe, ich kann Sie dazu überreden, mir das Silva-Bewußtseinstraining zu übertragen. Die Methode ist ein ausgezeichneter Weg, um der Menschheit zu helfen, und ich bin in einer besseren Lage als Sie, für diese Hilfe zu sorgen.«

»Inwiefern besser?« fragte José.

»Ich bin bereits in vierzehn Ländern mit meinen kosmetischen Produkten vertreten und kann daher die Lehrtätigkeit schnellstens auf jene Länder ausdehnen, in denen ich Verkaufsniederlassungen habe.« Nun folgte eine Aufzählung der in- und ausländischen Gebiete, in denen seine Organisation Fuß gefaßt hatte.

José war beeindruckt. »Sie sind tatsächlich in einer besseren Position. Daher werde ich Ihnen ein Angebot machen.« Beide spitzten die Ohren. »Sie zahlen mir eine Tantieme von fünfzehn Prozent der Bruttoeinnahmen, das entspricht dem, was die meisten Verleger ihren Autoren zahlen.«

Mr. N. sagte schnell: »Zu viel. Nehmen wir an, ich zahle Ihnen so viel ich kann und wann immer ich kann?«

»Das klingt nicht sehr geschäftsmäßig.«

»Ich bin nicht bereit, einen Vertrag zu unterschreiben«, fuhr Mr. N. fort. »Sie wissen sehr gut, daß Ihre Methode durch das Copyright nicht zu schützen ist.«

»Mein Anwalt ist da anderer Meinung«, entgegnete José.

»Glauben Sie, Sie können mich zum Narren halten? Ich werde die Methode weiterhin verwenden. Lassen Sie Ihre Anwälte ruhig versuchen, mich aufzuhalten!«

José stand auf. »Mr. N., ich werde mich nicht mit Ihnen streiten. Das sollen unsere Anwälte besorgen. Der im Recht ist, wird gewinnen.« Bei der Tür drehte er sich um: »Guten Tag, meine Herren. Wir sehen uns vor Gericht.«

Während José Pläne machte, um Mr. N. und Mr. G. zu verklagen, erwuchsen neue Probleme vor der Haustür. Mr. F., der für José in Austin, Texas, als Organisator und Trainingskoordinator arbeitete, begann ebenfalls von ›Übernahme‹ zu sprechen.

Er stellte José ein Ultimatum. »Wenn Sie wollen, daß ich in meiner Stellung weiterarbeite, müssen Sie mich an Ihrer Stelle zum Präsidenten der Gesellschaft ernennen, mir fünfzig Prozent des Gesellschaftskapitals überschreiben, und für den Anfang erst einmal mein Jahreseinkommen um zehntausend Dollar erhöhen.«

Eine solche Gehaltserhöhung hätte Mr. F. mehr Einkommen gebracht, als José selber verdiente. Außerdem gehörte die Gesellschaft seiner Familie, die zweiundzwanzig Jahre lang seine Forschungen unterstützt hatte.

Josés Antwort war ein kräftiges »Nein!«.

»Sie zwingen mich zu gehen und meine eigene Organisation aufzubauen, um das Training zu verbreiten«, warnte Mr. F.

»Das Training ist durch das Copyright geschützt«, erinnerte ihn José.

»Wenn eine kalifornische Gesellschaft sich darüber hinwegsetzen kann, kann ich es auch.« Mr. F. hatte seine Hausaufgaben schnell gelernt. »Und denken Sie daran, wenn ich gehe, nehme ich die Lehrer mit.«

»Ich kann Ihre Bedingungen nicht akzeptieren«, war Josés Entgegnung.

Es gab damals dreiundzwanzig Trainer. Mr. F. nahm bei seinem Austritt siebzehn Lehrer mit. Er übernahm sofort die Städte, in denen diese Trainer unterrichteten, wandelte das Training geringfügig ab, änderte den Namen und ließ die Öffentlichkeit in dem Glauben, die Organisation wäre unverändert.

Während José daranging, mehr Trainer auszubilden und die Städte zurückzugewinnen, die er verloren hatte, faßte er den Entschluß, aus praktischen Gründen lieber gegen Mr. F. in Texas Klage zu erheben, als den kalifornischen Fall weiterzuverfolgen.

José gewann. Das Gericht untersagte Mr. F. und seinen Trainern, die plagiierte Silva-Methode zu lehren. Am Ende des Prozesses waren ohnehin nur mehr zwei von den ursprünglich siebzehn Trainern für Mr. F. tätig. José hatte in der Zwischenzeit aus den sechs verbliebenen Trainern sein Lehrpersonal wieder auf mehr als fünfzig Trainer aufgestockt.

Während José gegen Mr. F. prozessierte, kam Mr. N. bei einem Flugzeugunfall ums Leben. Damit waren seine sämtlichen Unternehmungen auf dem Gebiet des Bewußtseinstrainings und der Kosmetik mit einem Schlag zu Ende. Ein anderer ›Richter‹ hatte diesen Fall entschieden.

Doch José blieb vor weiteren Plagiaten nicht verschont. Mr. G. machte von dem Ableger wieder einen Ableger und fuhr fort zu unterrichten. Ein Mr. O. begann eine andere

Version des Silva-Bewußtseinstrainings im Kreis der Unity Church zu lehren. Und ein Mr. P. schuf wieder eine andere Version.

Es begann eine solche Verwirrung zu herrschen, daß selbst ein so gewitzter Autor wie Jess Stearn José eingestehen mußte, daß er den falschen Leuten vertraut hatte. Ein Vergleich zwischen der in einem Stern-Buch und der in der Silva-Methode verwendeten Terminologie läßt dies erkennen:

Silva	Ableger
To Awake Control	Mental Alarm Clock
Awake Control	Staying Awake Technique
Headache Control	Tension Headache Technique
Dream Control	Dream Technique
Mental Screen	Screen of the Mind
Memory Pegs	Memory Control
Three-Fingers Technique	Finger-and-Thumb Technique
Glass-of-Water Technique	Glass-of-Water Technique
Habit Control	Prompt Action
Projection into Metals	Workshop
Laboratory	Workshop
Counselors	Assistants

José sollte jedoch bald erfahren, daß, während die Ableger kommen und gehen, die Silva-Methode und ihre ›Wunder‹ fortdauern.

Der Beweis für die Silva-Methode liegt in den erzielten Resultaten, und von solchen Resultaten wird immer wieder berichtet und zahlreiche erfolgreiche Kursteilnehmer können sie belegen.

10

Zusammenstoß mit den Anhängern der Wissenschaft

Für die Silva-Methode steht ausdrücklich fest, daß Hellsehen eine Tätigkeit ist, die auf Entfernung wirkt — Ursache und Wirkung sind räumlich völlig getrennt voneinander. Ein derartiger Vorgang ist der Wissenschaft ein Greuel. Daher war es Wissenschaftlern von vornherein unmöglich, sich ohne Befangenheit mit dem Silva-Bewußtseinstraining auseinanderzusetzen.

Das Wort ›Befangenheit‹ ist eigentlich zu schwach, um die Reaktion der Wissenschaftler wiederzugeben. Selbst in einem vorurteilslosen Richterspruch steckt noch ein Quentchen von ›Befangenheit‹. Doch die wissenschaftliche Haltung gegen Ende der sechziger und zu Anfang der siebziger Jahre ließ ein faires Urteil gar nicht zu, sondern machte es praktisch unmöglich, die Silva-Methode unvoreingenommen zu betrachten.

Wenn an der Methode tatsächlich etwas Wahres war, so stellte dies eine Herausforderung für die Regeln und Paradigmen dar, die einer wissenschaftlichen Prüfung standgehalten hatten.

Die Wissenschaftler konnten einfach nicht zugeben, daß es ihre Arbeit und nicht die Silva-Methode war, die nicht im Einklang mit der Entwicklung stand.

Es war Isabel, Josés erste Schülerin, die in gewisser Weise schuld an einer seiner ersten Auseinandersetzungen mit der

Wissenschaft war. Isabel wurde eine diplomierte Krankenschwester und arbeitete als Oberschwester in einem Landes-
krankenhaus. Sie war auch verheiratet und hatte drei Kinder. Ihr Mann war José de las Fuentas, genannt ›Pepe‹, der
in der U.S.-Marine den Rang eines Korvettenkapitäns einnahm. Als sie erst kurz verheiratet waren, war Pepe in
Kingsville, Texas, stationiert, und José pflegte die Familie
dort ziemlich oft zu besuchen.

Pepe war ein Ungläubiger. Er klammerte sich an die wissenschaftliche Methode, und diese hinderte ihn zu akzeptieren, daß seine Frau hellsehen konnte. Wenn sie es dennoch
tat, hatte Pepe eine andere Erklärung für das, was geschehen war. Es verging kaum ein Besuch, bei dem sich José
nicht in eine Diskussion mit Pepe über die Möglichkeit des
Hellsehens verwickelt fand.

Es war bei einem dieser Besuche, während eines Wochen-
endes, als Pepe zum Mittagessen von der Arbeit nach Hause
kam. Er bedeutete José, ihm in einen Raum zu folgen, wo sie
ungestört miteinander reden konnten.

»Ich habe einen guten Fall für Isabel. Wenn sie ihn erfolgreich löst, so werde ich das als Beweis ansehen, daß es Hellsehen gibt und daß meine Frau über diese Fähigkeit verfügt.«

»Was ist das für ein Fall?« fragte José.

»Das tut nichts zur Sache, ich kümmere mich darum. Du
holst sie.«

Isabel und Josés Frau, Paula, waren in der Küche bei der
Zubereitung des Mittagessens. José schaute in die Küche
hinein.

»Pepe hat für dich einen Fall, an dem du arbeiten kannst,
Isabel.«

Sie wischte sich die Hände ab. »Nun geht es wieder los,
Dad. Jedesmal, wenn er mich prüft, nennt er es eine Koinzidenz.«

»Nein, Liebes, diesmal ist es ein Test, sagt er, der allen
Prüfungen ein Ende setzt.« Er führte Isabel in das Zimmer,

in dem Pepe wartete. Pepe hatte zwei Stühle Rücken an Rücken gestellt.

»Ich habe schon alles vorbereitet für diesen Test«, sagte er zu Isabel. »Du sitzst dort. Ich sitze hier. Begib dich auf deine sogenannte ›geistige Ebene‹ und sag mir, wann du fertig bist.«

Einen Augenblick später sagte Isabel: »Ich bin fertig.«

Pepe fuhr fort. »Isabel, heute früh habe ich mir einen Finger an einer Hand verletzt. Kannst du mir sagen, welcher Finger es ist?« Pepe ergriff seinen linken Daumen und hielt ihn, während seine Frau ihre mediale Prüfung vornahm. Isabel berührte die Finger und Daumen ihrer beiden Hände zweimal, während Pepe weiterhin seinen linken Daumen festhielt.

»Es ist der kleine Finger deiner rechten Hand«, sagte Isabel schließlich.

»Das ist richtig«, gestand Pepe. »Ich konnte dich nicht täuschen. Ich habe ihn mir in einer Kette heute morgen eingeklemmt und ihn mir beinahe gebrochen.« Dann sagte er zu José: »*Suegro*«, was ›Schwiegervater‹ bedeutet, »ich gebe zu, daß Isabel eine Hellseherin ist. Aber ich bin sicher, daß sie es von ihrer Geburt an war, und daß man es nicht lernen kann.«

»Pepe«, entgegnete José geduldig, »jeder hat die Gabe des Hellsehens, aber nur bei zehn Prozent der Menschen ist es natürlich entwickelt. Von den restlichen neunzig Prozent kann jeder es entwickeln, wenn er es wirklich will.«

»Wirst du mich ausbilden?« fragte Pepe.

»Ja, wenn du an den Wochenenden nach Laredo kommst.«

Pepe war einverstanden und unterzog sich dem Training. Zum Zeichen, daß er es bestanden hatte, mußte er drei Fälle lösen. José hatte die Fälle vorbereitet und genaue Angaben darüber in einem Notizbuch festgehalten, das er in der rechten oberen Lade seines Schreibtisches aufbewahrte. Darin waren sämtliche Aspekte der Krankheiten angeführt.

Nachdem Pepe seine drei Fälle erfolgreich beendet und Leute beschrieben hatte, die er nicht kannte, und ihre Krankheiten mit großer Genauigkeit identifiziert hatte, sagte José: »Ich möchte dir gratulieren, Pepe. Du wirst wirklich ausgezeichnet.«

»Ach komm, *Suegro*, das sagst du einfach so. Kann ich deinen Worten denn auch vertrauen? Ist das die Art, wie du vorgehst?«

»Nein, Pepe, ich kann es beweisen. Öffne die rechte obere Schublade meines Schreibtisches, nimm das schwarze Notizbuch heraus, öffne es und lies!«

Pepe traute seinen Augen nicht. »Das ist unglaublich.«

»Was sagst du nun über die Hellseherei und das Training?« fragte José.

»Es funktioniert tatsächlich«, gab Pepe zu.

»Du sollst wissen, daß, wenn du nicht mein Schwiegersohn wärest, ich mir nicht solche Mühe gemacht hätte, um dich zu überzeugen.«

Es mag ihm sicherlich viel Mühe gemacht haben, doch sollte José, in den Jahren, die noch vor ihm lagen, erkennen, daß es eine seiner leichtesten ›wissenschaftlich orientierten‹ Bekehrungen war.

José wurde eingeladen, vor den Medizinstudenten der ›New Health Center Medical School‹ an der Universität von Texas in San Antonio einen Vortrag zu halten. Er nahm seinen jüngsten Sohn, Antonio, mit. Dr. S., der Vorstand des Instituts für Psychiatrie, stellte José vor.

»José Silva ist der Leiter des Silva-Bewußtseinstrainings, das lehrt, wie man seine Gehirnwellen kontrollieren kann. Hier ist Mr. Silva, der uns mehr über dieses Thema sagen wird.«

José hatte mit Verwunderung feststellen müssen, daß man für seinen Vortrag nicht einen der großen Vortragssäle der Universität vorgesehen hatte, sondern ein Labor, in dem sich Elektroencephalographen (EEG), Kassettenrekorder

und andere elektronische Geräte befanden, die bereits eingeschaltet waren. In seiner Rede nahm sich José die wissenschaftliche Behauptung vor, daß Alphawellen vom menschlichen Gehirn nur in einem Zustand der Träumerei produ-
ziert würden. Wenn eine Person, deren Gehirn meßbare Alphawellen erzeugte, eine mathematische Aufgabe lösen oder
eine andere Person aus ihrer Vorstellung beschreiben
müßte, so würden nach der Überzeugung der konventionellen Wissenschaft die Alphawellen blockiert und Betawellen
träten an ihre Stelle. Dann fuhr er fort zu erklären, daß Absolventen des Silva-Trainings diesem allgemein akzeptierten
Muster widersprachen. Als José seinen Vortrag nach Ablauf
von einer und einer halben Stunde beendete, applaudierten
ihm die Studenten.

Dr. S. stand auf und bemerkte: »Ihre Theorie ist interessant, Mr. Silva, aber es ist nur eine Theorie. Die Theorie zu
beweisen, ist wieder etwas anderes. Können Sie uns mit
Hilfe des EEG eine Demonstration geben?«

»Ich habe mein eigenes EEG im Auto. Ich vertraue ihm.
Sie können mich an beide Geräte anschließen.«

Dr. S. stimmte zu, und während Antonio und einige Studenten das Gerät aus Josés Auto holen gingen, schlossen
Dr. S. und seine Studenten José an ihr Gerät an. Sie benutzten Elektroden, die subkutan befestigt werden. Nachdem sie
die Nadeln mit Alkohol gereinigt hatten, führten sie sie in
Josés Kopfhaut ein.

José saß da und Blut sickerte in kleinen Bächlein hervor
und lief ihm über das Gesicht, während die Drähte nach
allen Richtungen abstanden.

»Sitzen Sie bequem, Mr. José?« fragten sie. Welche Frage
an eine Person, die gewohnt ist, die eigene Ausrüstung zu
verwenden, mit Elektroden, die durch bloßen Hautkontakt
funktionieren!

An beide EEGs angeschlossen, erklärte José, daß er Alphawellen erzeugen würde und gleichzeitig Dr. S. beschreiben und dann ein mathematisches Problem lösen würde. Er

sagte voraus, daß die Alphawellen nicht blockiert werden, sondern sich ununterbrochen fortsetzen würden.

José versetzte sich in den Alphazustand und die EEGs zeigten dies hörbar durch einen Ton und sichtbar auf einem Streifen an. Er begann Dr. S. zu beschreiben und löste dann eine Rechenaufgabe, ohne daß die Alphawellen unterbrochen wurden.

Die Ausdrucke wurden geprüft. Es gab keinen Zweifel, daß José es geschafft hatte.

»Sie sind ohne Zweifel ein ungewöhnlicher Mensch, Mr. Silva«, war der Kommentar von Dr. S. »Sie sind wie diese Yogis, die ihr ganzes Leben lang gewisse Übungen praktizieren. Aber das heißt nicht, daß Sie in der Lage sind, jedem beizubringen, den Alpharhythmus zu kontrollieren und beizubehalten.«

»Jeder, der unser Training absolviert, kann dies«, gab José zurück. Zu seinem Sohn gewendet, fügte er dann hinzu: »Mein Sohn, Tony, hat sich dem Training unterzogen. Möchten Sie ihn testen?«

Dr. S. begrüßte den Vorschlag, doch Tony, der einen Blick auf die Nadeln warf, nicht. Schließlich stimmte er trotzdem zu, angeschlossen und geprüft zu werden, und er machte seine Sache noch besser als José.

»Sie sehen, man *kann* trainiert werden. Tony war besser, weil er jünger ist, als ich es bin. Mein Gehirn läßt schon etwas nach.«

Dr. S. bestätigte das Resultat. »Sie haben bewiesen, daß Ihre Theorie richtig ist, Mr. Silva. Wir hatten uns ein anderes Ergebnis erwartet.«

Ein weiteres Projekt wurde geplant: zu sehen, ob Leute, die das Training machten, sich selbst von chronischen Kopfschmerzen oder Migräneanfällen befreien konnten. »Unsere Namen und der Name der Schule dürfen jedoch auf keinem Schriftstück erwähnt werden, und Ihr Name, Mr. Silva, sollte keineswegs mit uns in irgendeinen Zusammenhang gebracht werden.«

José war einverstanden, doch bald danach hörte das Rektorat der Universität von Texas von dem Projekt und untersagte es.

Ein günstigeres Resultat war einem Projekt beschieden, das ein Dr. T. von der Trinity Universität, die gleichfalls in San Antonio ist, leitete und bei dem Studenten von diesem Campus mitwirkten. Die erfolgreiche Kontrolle der Gehirnwellen durch Studenten, die sich dem Training unterzogen, lieferte das Material für einen Bericht, der in einem wissenschaftlichen Journal in England publiziert wurde.

Im Jahr 1972 nahm eine Mädchenschule in San Antonio am Silva-Training teil. Die Kunde von dem Erfolg drang bis nach Philadelphia, und eine private Mädchenschule, die John H. Hallahan Catholic Girls School, entsandte einen Priester, der mit den Lehrern sprach. Dann nahm er selber an dem Training teil und entschied, daß es auch den Schülerinnen an seiner Schule gut tun würde. Er bat José um ein Stipendium für seine Schülerinnen.

»Wie viele?« fragte José.

»Zweitausend«, antwortete der Priester.

José dachte einen Augenblick lang nach. Das Stipendium entsprach einer Viertel Million Dollar. »Einverstanden«, sagte er.

Die Schule wurde für eine Woche geschlossen, um das Training der zweitausend Mädchen im Teenageralter zu ermöglichen. José zog einen Psychologen mit einem Doktor in Pädagogik hinzu, der die Vorarbeit leistete und die abschließenden Standardtests durchführte. Für das eigentliche Training wurden Silva-Trainer aus dem ganzen Gebiet herangezogen.

Mitten im Training beorderte der Bischof den Priester in seine Kanzlei. José begleitete ihn und durfte der Unterredung beiwohnen. Eine Menge anderer Priester war gleichfalls zugegen.

»Sie hatten kein Recht, dieses Training zu erlauben«, sagte der Bischof streng.

»Ich bin der Direktor der Schule«, entgegnete der Priester.

»Wissen Sie nicht, daß diese Art von Training gefährlich ist? Sie hätten erst die Erlaubnis sämtlicher Eltern einholen sollen«, verwarnte ihn der Bischof.

»Ich habe selbst an dem Training teilgenommen. Ich habe mich auch andererseits von seinen Vorteilen überzeugt. Ich konnte feststellen, daß es nicht gefährlich ist, sondern im Gegenteil von großem Nutzen. Und ich habe die Erlaubnis von allen Eltern bekommen, bis auf ein Elternpaar, dessen Tochter nicht in der Gruppe ist.«

José wurde gestattet, eine Erklärung abzugeben. Er sagte: »Wir Christen bemühen uns, der Menschheit zu helfen, so gut wir können. Ihr Priester hindert uns daran. Das wäre einer Überlegung wert.«

Der Priester und José verabschiedeten sich und überließen es der Versammlung zu entscheiden, ob das Projekt weitergeführt werden sollte oder nicht. »Wenn sie es uns verbieten, werde ich mein Amt als Priester zurücklegen«, sagte der Schuldirektor.

»In diesem Fall können Sie als Trainer bei uns einsteigen«, bot ihm José an.

»Das erleichtert mich«, seufzte der Priester.

Aber das Projekt wurde nicht gestoppt. Die nach dem Training durchgeführten Tests erbrachten eine deutliche Verbesserung hinsichtlich der Persönlichkeit der Schülerinnen und hinsichtlich ihrer Lernfähigkeit, und das Silva-Training wurde somit zur schmückenden Feder für den Hut des Priesters. Nichtsdestotrotz wurde dem Priester nicht erlaubt, einige Monate später einen geplanten Folgetest durchzuführen. Das erfolgreiche Experiment an der Hallahan-Schule wurde zum Modell für spätere ähnliche Projekte auf dem Erziehungssektor.

Zu Anfang der siebziger Jahre hatten an die fünfundzwanzig Ärzte, die meisten aus Texas, das Silva-Training absolviert. Im Jahr 1969 lud José sie zu einem Treffen ein. Ein

Großteil erschien. Der Zweck des Treffens war festzustellen, ob sie bereit wären, vor der American Medical Association (A.M.A.) die Anwendung von Hellsehen bei der Diagnose und Heilung zu demonstrieren.

Die Entscheidung lautete: »Nein.« Die Ärzte hatten Grund zur Annahme, daß die A.M.A. den Medizinern die Teilnahme an dem Training generell untersagen würde. Die Gruppe empfahl José zu warten, bis einige Tausend Doktoren der Medizin das Training absolviert hatten. Dann konnten sie mit dem nötigen Rückhalt vor die Ärztekammer treten. Diese Entscheidung sollte sich als sehr weise herausstellen, denn es kam immer wieder vor, daß einzelne Ärzte, die in ihrer Praxis die Silva-Methode anwandten, schlechte Erfahrungen mit Krankenhäusern und der lokalen Ärzteschaft machten.

Ein Doktor aus Pennsylvania erzielte aufgrund seiner hellseherischen Fähigkeiten dermaßen gute Heilungserfolge, daß eine Versicherungsgesellschaft sich für ihn zu interessieren begann. Er überredete seinen Versicherungsagenten, ihn zu unterstützen, da er an die Direktion seines Krankenhauses herantreten wollte, um für das gesamte Personal ein Silva-Training zu veranstalten.

Das Ergebnis dieser Unterredung war, daß dem Arzt jedes weitere Praktizieren in dem Krankenhaus verboten wurde, und daß bald danach auch ein anderes Krankenhaus sich diesem Verbot anschloß. Schließlich erhielt er einen Brief von der Ärztekammer, worin er aufgefordert wurde, schriftlich zu versprechen, die Anwendung des Hellsehens zu unterlassen, andernfalls die Kammer sich gezwungen sähe, seinen Vertrag zur Ausübung seiner medizinischen Praxis nicht mehr zu erneuern.

Ein weiterer Vorfall ereignete sich in einem Krankenhaus in Milwaukee. José wurde von einem der Direktoren des Krankenhauses eingeladen. Ein Chirurg hieß ihn willkommen und teilte ihm mit, daß er den Initiator der Einladung sei. Vor den Versammelten sagte der Chirurg: »Um zu beginnen, möchte ich Ihnen von einem Erlebnis berichten, das ich mit einer Patientin hatte. Diese Frau hatte sich einer größeren Operation zu unterziehen. Wir legten einen Termin für den nächsten Monat fest, und in der Zwischenzeit nahm sie an dem Silva-Training teil. Als die Zeit für die Operation gekommen war, erzählte sie mir von dem Training und versicherte mir, daß alles glatt verlaufen würde, daß sie keine Schmerzen haben und schneller als normal heilen würde.

Weiters teilte sie mir noch mit, daß sie das Bluten kontrollieren könne.

Ich sagte mir selbst: ›Diese Frau hat Halluzinationen. Wie soll sie denn, wenn sie in einem anästhetisierten Zustand ist, das Bluten kontrollieren können?‹ Tatsächlich verlor sie während der Operation nicht ihre blühende Gesichtsfarbe. Sie heilte sehr schnell und verlangte nie nach schmerzstillenden Mitteln. Und sie hatte ihren Blutverlust von Anfang an unter Kontrolle. Sie blutete nicht mehr als das erforderliche Minimum.

Ich als Chirurg habe nie vorher einen Patienten gesehen, der auf diese Weise reagiert hat, so daß ich persönlich sehr begierig bin zu erfahren, was es mit diesem Bewußtseinstraining auf sich hat. Es könnte von größtem Wert auf dem Gebiet der Medizin sein.«

Das Auditorium schien beeindruckt zu sein, und der gute Doktor hätte sich verabschieden sollen, solange es noch gut um ihn stand. Doch dann fügte er hinzu: »Können Sie sich vorstellen, wie es sein würde, wenn ein jeder in diesem Krankenhaus an einem solchen Training teilnehmen würde? Für mich wäre es interessant zu sehen, ob es möglich ist, jeden hier, einschließlich meiner Wenigkeit, auszubilden, denn ich möchte lernen, das, was die Patientin für sich getan hat, für mich selbst tun zu können. Wäre es nicht großartig, wenn wir das gesamte Krankenhauspersonal ausbilden könnten?«

José rutschte unruhig in seinem Sessel hin und her. Die Ärzte und das Pflegepersonal sahen einander an. Die Leitung des Krankenhauses saß mit steinerner Miene da. José dachte bei sich: »Da geht wieder einer.« Das Treffen war beendet. ›Einer‹ mußte tatsächlich ›gehen‹. José hörte nie wieder etwas von diesem Chirurgen.

José brauchte nicht lange zu raten, was ihm widerfahren war. Ob Forscher oder Praktizierender, jeder, der die von der Wissenschaft festgelegten Grenzen überschreitet, wird kaum je wieder von der Bruderschaft mit offenen Armen aufgenommen. Er oder sie wird gewöhnlich zurückgewiesen und noch weiter als zuvor zurückgestoßen.

Eines Tages faßte José den Entschluß, sich direkt an die wissenschaftliche Bruderschaft zu wenden. Er wählte sechzig der auf dem Gebiet der Gehirn- und Geistesforschung führenden Wissenschaftler aus und lud sie ein nach Houston, auf seine Kosten, für ein dreitägiges Wochenende, inklusive Flug, Hotel und Verpflegung.

Vierzig nahmen die Einladung an. Zwanzig lehnten sie ab. Jene, die ablehnten, begründeten dies entweder mit bereits getroffenen anderweitigen Vereinbarungen oder stützten sich auf Vorurteile. Letztere behaupteten, daß sie mit Silva nichts zu tun haben wollten (»Bitte streichen Sie meinen Namen aus Ihrer Adressenkartei«). Die meisten davon waren aus dem Osten, und viele von ihnen standen in Verbindung mit Dr. J. B. Rhine von der Duke Universität, der Josés Arbeit ablehnte.

Die vierzig, die kamen, waren anerkannte Wissenschaftler, die an medizinischen Kliniken, Krankenhäusern, Universitäten und Stiftungen arbeiteten. Einige unter ihnen waren Erzieher und Forscher, die bereits mit der Silva-Organisation in Verbindung standen.

Die Eröffnung fand in Form eines Abendessens am Freitag statt. Der ganze Samstag war einem Überblick über das Werk von José Silva gewidmet, wobei insbesondere auf die Möglichkeiten eingegangen wurde, die sich für die wissenschaftliche Forschung und für das allgemeine Wohlergehen der Menschheit daraus ergeben. Am Sonntag bot sich den

Wissenschaftlern die Gelegenheit, die Einrichtungen der NASA zu besichtigen.

Als José ein Resümee aus diesem Wochenende zog, war er zufrieden, neue Freunde gewonnen zu haben — obgleich niemand sagen konnte wie viele und für wie lange. Er hatte getan, was zu tun war, um Unwissenheit durch Wissen zu ersetzen. Doch sein Bemühen war dem sprichwörtlichen Tropfen auf den heißen Stein gleichzusetzen. Die Kritiker fuhren mit ihrer Kritik fort. Die Skeptiker hörten nicht auf, von Betrug zu reden. Die Fachleute zeigten weiterhin die kalte Schulter.

Und dennoch hörte das Silva-Bewußtseinstraining nicht auf, sich weiter zu verbreiten.

11

José Silva heute

Das Leben von José Silva ist mehr als die Geschichte eines armen amerikanischen Jungen mexikanischer Abstammung, der vom Schuhputzer zum Millionär wurde; es ist mehr als die Geschichte eines Laien, der ohne Schulbildung oder akademische Titel zu einem erfolgreichen Forscher wurde; und es ist mehr als eine Geschichte seiner Triumphe, wenn durch seine Hilfe Millionen Menschen den Genius im eigenen Inneren erwecken konnten.

Dies ist die Geschichte eines Familienvaters. Nicht eines Mannes, der nur am Sonntag ein wenig mit seinen Kindern spielt, sondern eines Familienmenschen, der sich eins fühlt mit seinen Blutsverwandten, und der das Wort *Familie* auch für seine Geschäftspartner, die Millionen Absolventen des Silva-Bewußtseinstrainings und die Menschheit selbst anwendet.

Silva Mind Control International, Inc., ist und bleibt ein familieneigenes, von der Familie betriebenes Unternehmen. Es ist nicht ein Beispiel für Vetternwirtschaft, sondern für Hingabe.

Wenn José in ferne Städte reist, um dort Absolventen des Silva-Trainings in Techniken für Fortgeschrittene zu unterrichten, beläuft sich die Anzahl der Teilnehmer oft auf eine fünfstellige Ziffer. Doch er steckt seinen Anteil nicht in die eigene Tasche. Achtzig Prozent davon gehen auf das Konto des Unternehmens und kommen somit der weit verzweigten Familie zugute.

Bei näherer Betrachtung von Josés persönlichem Leben wird man von der Tatsache eingenommen, daß dieser Mann das lebt, was er lehrt. Zum Beispiel lehrt José, daß, wenn man nur mit einer Gehirnhälfte denkt, es sich um ein einseitiges Denken handelt, während, wenn beide Gehirnhälften verwendet werden, das Denken zentriert ist. Eine Person, die in der Silva-Technik ausgebildet ist, kann auch im Alltag beide Gehirnhälften nutzen. Wie sich dies auswirkt, soll ein kleines Beispiel erläutern. Die linke Gehirnhälfte hat die Tendenz, sich um Details zu kümmern, um die kleinen Dinge des Lebens, während die rechte Hemisphäre das Gesamtbild erfaßt.

Josés Leben spiegelt das Gleichgewicht zwischen beiden Hälften wider. Er kann zum Beispiel in einem Atemzug Paula fragen, ob sie etwas vom Markt braucht, und im nächsten Atemzug mit seinem Bruder Juan die meditativen Aspekte von Kursen in Indien erörtern.

Über den offensichtlichen Dualismus in den beiden Perspektiven und dessen Überwindung, bemerkt José: »Oft erhalten kleine Details nicht die Aufmerksamkeit, die sie verdienen. Große Dinge sind nicht anderes als eine Anhäufung kleiner Dinge. Es leuchtet daher ein, daß kleine Details große Dinge geschehen lassen. Jemand, der die kleinen Dinge gut macht, ungeachtet ihrer scheinbaren Unwichtigkeit, wird auch die großen Dinge gut machen. Wenn wir es uns zur Gewohnheit machen, die kleinen Sachen tagaus, tagein, ob sie uns wichtig erscheinen oder nicht, gut auszuführen, so wird das schließlich dazu führen, daß wir auch in großen Dingen gut sind.«

Eine andere Eigenschaft des Denkens mit der rechten Gehirnhälfte ist Einheit. Dies steht im Gegensatz zu der Vorliebe der linken Gehirnhälfte für Dichotomie. In vielen Büchern liest man den Rat, Angestellte sollten ihre Arbeit im Büro lassen und zu Hause nicht mehr an ihre Geschäfte denken, um auf diese Weise die Entstehung von Streß zu vermeiden. Aber José ist nie getrennt von seiner Arbeit, und seiner Familie machen die plötzlichen Telefonanrufe oder unerwarteten Gedankenblitze nichts aus.

»Den Ausflug und das Picknick heute sollten wir lieber absagen.«

»Warum?«

»Ich habe so eine Ahnung.«

Und es regnet.

Als sein Sohn Antonio im September 1966 nach Vietnam einrücken mußte, war dies nicht nur eine Familienangelegenheit, sondern auch eine Sache für das Silva-Bewußtseinstraining. José und Antonio trafen die Entscheidung, daß es notwendig war, ein Programm zu finden, das letzterem half, sich auf die Gefahren des Krieges vorzubereiten. Sie setzten einen Termin für den Beginn der Arbeit fest, und als der Tag kam, schloß sich eine Gruppe junger Männer Antonio für das Training an – Männer, die so wie er sich freiwillig zum Kriegsdienst gemeldet hatten.

Die Gruppe lernte automatisch aufzuwachen, wenn Gefahr im Anzug war; sie lernte, Schmerzen bei sich und anderen Einhalt zu gebieten, sowie Blutungen bei sich und anderen zu stoppen. Die Drei-Finger-Technik, bei der die Spitzen des Daumens, des Zeigefingers und des Mittelfingers zusammengefügt werden, um bereits gespeicherte Programme zur Vertiefung der Aufmerksamkeit abzurufen, wurde speziell für Kampfhandlungen abgeändert, um es den Soldaten zu ermöglichen, die Hände frei zu haben, um eine Faust zu formen, ein Gewehr abzufeuern oder sonstige Waffen zu handhaben, die den Gebrauch beider Hände erforderten. José adaptierte die Technik dermaßen, daß Antonio und seine Kameraden nur den kleinen Finger beider Hände abbiegen mußten, um damit die Handfläche zu berühren. Auf diese Weise konnten sie den Alphazustand auslösen und bestimmte Programme abrufen, während sie gleichzeitig auf einer Ebene maximaler Wachsamkeit blieben.

Jeder einzelne dieser speziell ausgebildeten jungen Männer kehrte sicher aus den Kämpfen wieder zurück... und hatte eine Menge Geschichten zu erzählen. Tatsächlich hatten auch andere Soldaten gemerkt, daß es mit Antonios Gruppe in Vietnam eine besondere Bewandtnis hatte, so daß sie bei seinen Männern Rat suchten und ihnen aus Sicherheitsgründen folgten.

Einmal geriet Antonios Patrouille in einen Hinterhalt. Er fuhr in einem gepanzerten Mannschaftstransportwagen und schoß mit einem Maschinengewehr, als eine Rakete das Fahrzeug von der Seite traf. Anstatt beim Aufprall zu explodieren, durchschlug die Rakete beide Seiten und endete in einiger Entfernung als Blindgänger. Aber der Ruck rammte den Griff des Maschinengewehres in Antonios Brust und verursachte eine vorübergehende Lähmung seines linkes Armes.

Der Fahrer übernahm die Handhabung des Maschinengewehres, während Antonio das Fahrzeug mit einer Hand sicher zurück zum Stützpunkt lenkte. Bis er endlich im Krankenhaus war, konnte er seinen Arm bereits wieder normal bewegen.

So oft José einem der jungen Männer begegnet, die er für den Vietnamkrieg ausbildete, heben diese den Arm hoch, berühren mit dem kleinen Finger die Handfläche und sagen: »Hallo, Mr. Silva.«

José bedauert, daß er seine Methode vor dem Zweiten Weltkrieg noch nicht perfektioniert hatte, um seine Brüder und Schwestern aus der zweiten Ehe seiner Mutter zu trainieren. Vielleicht hätte sein Bruder Richard nicht sein Leben in Iwo Jima verloren, hätte er ein derart wertvolles Werkzeug zur Verfügung gehabt.

Ein erst in jüngster Zeit gemachtes Familienfoto zeigt José und Paula mit ihren acht Kindern. Ein anderes Foto, das in etwa aus der gleichen Zeit stammt, zeigt José und Paula nicht nur mit den zehn Kindern, sondern auch mit den Schwiegersöhnen und -töchtern und den Enkelkindern. Siebenunddreißig Personen sind auf diesem Bild zu sehen — wahrhaftig eine sehr ›umfangreiche‹ Familie!

Im Jahr 1975 schloß sich José mit einem New Yorker Pädagogen — Philip Miele — zusammen, um sein erstes Buch mit dem Titel ›The Silva Mind Control Method‹ (New York: Pocket Books, 1976) zu schreiben. Dieses Buch wurde ein Erfolg und wurde in den letzten fünfzehn Jahren immer wieder neu aufgelegt. Es war ungefähr zu jener Zeit, als ich José begegnete. Bald schrieb ich drei Bücher in ebenso vielen Jahren mit José.*

Das Reisen nimmt einen großen Platz in Josés Privatleben ein. Er wird dabei weniger von der Möglichkeit motiviert, Neues zu sehen, unbekannte Speisen zu kosten und fremde Kulturen kennenzulernen, als von der Gelegenheit, die Verbreitung der Silva-Methode zu beschleunigen.

Weil die Nachfrage nach José aus allen Teilen der Welt so groß ist, schätzt er die Tage mit Paula besonders, die es vorzieht in Laredo zu bleiben. Da er jetzt schon sechsundsiebzig ist, bemüht sich seine Familie, immer jemanden zu seiner Begleitung abzustellen. Doch das ist ihre Idee, nicht seine, und neulich, als einer seiner Söhne in letzter Minute seine Pläne, ihn nach Kalifornien zu begleiten, umstoßen mußte und sich so schnell kein Ersatz fand, fuhr José ohne zu zögern und unerschrocken ganz allein. Er hielt nicht nur ein Seminar ab auf dieser Reise, sondern gab auch Autogramme und Interviews während eines langen, ermüdenden Tages.

Auf die Gefahr hin, ›aus der alten Schule zu plaudern‹, kann ich berichten, daß ich José einmal herumchauffierte, um ihm die Sehenswürdigkeiten von Honolulu zu zeigen — das Kapitol mit seinem Vulkanmotiv und den einzigen königlichen Palast in den Vereinigten Staaten — als ich ein leises Schnarchen hörte und bemerkte, daß ihm der Kopf auf die Brust gesunken war. Ich beschloß, nach Waikiki zurück-

---

* The Silva Mind Control Method for Business Managers (New York: Pocket Books, 1987); The Silva Mind Control Method for Getting Help From Your Other Side (New York: Pocket Books, 1989); You the Healer (Tiburon, California: HJ Kramer, 1989).

zufahren. Auf dem Rückweg fiel mir eine schlanke Blonde im Bikini auf, die in hohen Absätzen auf dem Gehweg stolzierte. In diesem Moment hörte das Schnarchen plötzlich auf, und Josés Haupt hob sich. »Schau dir das an«, sagte er und war eine Sekunde später wieder eingeschlafen.

Obwohl schon Ende Siebzig, ist José nach wie vor körperlich agil und aktiv und sein Geist scharf und wach. Weißhaarig und bebrillt, strafen seine Zähne, Muskeln und Energie seine Jahre Lügen, und seine Stimme hat immer noch einen jugendlichen Klang. Er hat immer noch Freude am Unterrichten und am Experimentieren mit der Silva-Biofeedbackausrüstung – den Geräten zur Messung des Hautwiderstandes, den Stimulatoren und den EEGs. Außerdem pflegt er noch immer bis in die Nacht hinein zu lesen: die neuesten Biographien, wissenschaftliche Bücher und technische Artikel über Gehirn und Geist und wie sie funktionieren. Belletristik betrachtet er als Zeitverschwendung. Er freut sich, wenn er Leute dazu ermutigen kann, mehr von ihrem Kopf Gebrauch zu machen, um Probleme zu lösen und die Welt zu verbessern.

José hat viele Auszeichnungen erhalten: Er ist Träger mehrerer ihm ehrenhalber verliehener akademischer Grade, er wurde vom Gouverneur von Guam ehrenhalber zum Sonderbotschafter ernannt, und es wurden ihm einige Patente zuerkannt. Er steht einer Reihe von Gesellschaften vor und ist Ehrenbürger der Stadt Laredo. Ungeachtet all dieser Erfolge ist José bescheiden geblieben.

Trotz der vielen Ungerechtigkeiten seitens der Presse hinsichtlich seiner Arbeit schlägt José nie eine Einladung für ein Interview aus, gleichgültig ob diese von einer Zeitung, dem Radio oder dem Fernsehen stammt. Er hegt immer die Hoffnung, daß es seiner erleuchteten rechten Gehirnhälfte gelingt, die von Vorurteilen behaftete linke Gehirnhälfte seiner Interviewer zu durchdringen.

Bei einer dieser Gelegenheiten wurde José eingeladen, an einer Fernsehdiskussion in New York teilzunehmen zusammen mit einem Mann, der ihn in der Vergangenheit mit fanatischem Eifer kritisiert hatte. José sagte zu, doch nur unter der Bedingung, daß er nicht beleidigt werden würde, denn in diesem Fall würde er sich zur Wehr setzen. Man erklärte sich einverstanden.

Die Fernsehshow verlief ohne Zwischenfälle, als der Kritiker plötzlich einwarf: »Wenn ich richtig verstanden habe, so lehren Sie Leute das Hellsehen und können selber gesundheitliche Probleme bei anderen Leuten, selbst auf Entfernung, aufspüren.«

»Ja, das ist richtig«, antwortete José.

»Nun, das trifft sich gut, denn ich habe zufällig ein Blatt Papier in meiner Tasche, auf dem ein Krankheitsfall beschrieben ist. Ich möchte, daß Sie mir sagen, was bei dieser Person nicht in Ordnung ist.«

»Sie waren unser ärgster Kritiker«, entgegnete José. »Sie haben uns unwissenschaftlich genannt, und jetzt wollen Sie, daß ich mich entspanne und im Fernsehen einen Fall löse. Ist dies eine wissenschaftliche Vorgangsweise? Diese Dinge werden auf wissenschaftliche Art in einem Labor gemacht. Und ich habe Sie für einen Wissenschaftler gehalten!« Da es sich um Farbfernsehen handelte, war nicht zu übersehen, wie der Kritiker die Farbe wechselte. In den restlichen Minuten des Programms gelang es ihm nicht, seine Fassung wiederzuerlangen.

José und Paula leben in einem bescheidenen Ranchhaus, ein paar Schritte entfernt vom Silva-Hauptquartier, das sich noch in demselben Gebäude befindet, in dem José 1962 seine anfänglichen Tätigkeiten aufnahm. In einem ebenfalls ganz in der Nähe gelegenen Gebäude befindet sich eine kleine Druckerei, in der die Handbücher, Anleitungen, Broschüren und Mitteilungsblätter gedruckt werden. Außerdem werden hier auch die Biofeedback-Ausrüstungen montiert. José ist ständig zwischen den drei Gebäuden unterwegs, so daß die Telefonistinnen ihre liebe Not haben, ihn zu finden.

Einmal trifft man ihn zum Beispiel im Montageraum an, wo er gerade einen Silva-Stimulator ausprobiert. Durch zwei Metallgriffe sendet das Gerät Stromstöße in der Dauer einer Mikrosekunde durch die Arme des Benutzers.

»Dies dient zur Muskelbildung«, erklärt José. »Es stimuliert den Kreislauf und das Nervensystem. Ich benutze es jeden Tag.«

Wenige Minuten später befindet er sich in einer Besprechung mit seinem Bruder Juan über ein Problem im Ausland, oder er sieht sich zusammen mit Alejandro Gonzáles, Jr., seinem Vizepräsidenten, die Inlandsstatistiken an. Es könnte aber auch sein, daß er mit seinem Nachrichtenspezialisten Ed Bernd Jr. die nächste Ausgabe des ›Silva Method Newsletter‹ nochmals durchgeht. Dann fährt er vielleicht mit seinem Rolls Royce, dem Geschenk eines dankbaren Schülers, zum Flughafen, um seine Tochter Laura abzuholen, die von einem Seminar zurückkommt. Dann könnte es Zeit für das Mittagessen mit Paula mit anschließendem Schläfchen sein, und am Nachmittag gilt es dann noch mehr Arbeit im Hauptquartier zu erledigen, immer wieder unterbrochen von Ferngesprächen aus der ganzen Welt oder von einer Unterredung mit einem zu Besuch weilenden Mitarbeiter.

So sieht ein gewöhnlicher Tag im Leben eines außergewöhnlichen Mannes aus, im Zentrum eines weltweiten Netzes von ›Supergehirnen‹!

12

Die spirituellen Ansichten
von José Silva

Josés Beziehung zu Jesus haben wir bereits umrissen und aufgezeigt, wie eine Reihe von ›Zufällen‹ ihn zur Überzeugung gebracht hat, daß er eine Arbeit verrichtet, die Jesus jeden von uns gerne tun sähe.

Um aber den Kern von Josés spirituellen Ansichten herauszuschälen, brauchen wir noch einige Antworten auf gewisse Fragen.

Nehmen wir einmal an, wir gehen einfach hin und fragen ihn.

STONE: Was ist der Sinn des Lebens?

SILVA: Ich erkenne, daß uns der Schöpfer diesen Planeten zugeteilt hat, um die Schöpfung zu vervollkommnen, um für die bestehenden Probleme Lösungen zu finden.

STONE: Sie sagen, Sie ›erkennen‹ es. Wie haben Sie das erkannt?

SILVA: Wenn Sie die linke Gehirnhälfte benutzen, um über eine solche Frage nachzudenken, greifen Sie auf vergangene Erfahrungen zurück, die bei einem solchen Problem nicht viel helfen. Wenn Sie zusätzlich von Ihrer rechten Gehirnhälfte Gebrauch machen, findet eine tiefschürfendere Analyse statt. Sie verstehen die Dinge aus einer größeren, man könnte auch sagen ›universalen‹ Sicht.

STONE: Lösungen für Probleme zu finden — das klingt ziemlich ernst. Ist es uns nicht erlaubt, ein wenig Spaß zu haben?

SILVA: Das hängt davon ab, was Sie unter ›Spaß‹ verstehen. Ich kann nicht billigen, daß eine ganze Stadt einen Feiertag einlegt, um einen Baseballspieler zu ehren, der mit seinen Läufen einen Siegeswimpel einheimste. Die Geschäfte sind geschlossen, eine Parade findet statt, Musikkapellen spielen. Veranstalten wir solche Umzüge auch für einen Wissenschaftler, der eine wichtige Entdeckung gemacht hat?

STONE: Haben Sie etwas gegen Sport?

SILVA: Sport ist gut als Mittel zur körperlichen Übung, um fit zu bleiben. Doch die Zehntausende, die bloß zusehen, welche Art von Bewegung machen denn die? Ich selber habe Boxen gelernt, nicht nur um in guter körperlicher Verfassung zu bleiben, sondern auch um mich, wenn nötig, verteidigen zu können.

STONE: Was halten Sie vom professionellen Boxsport?

SILVA: Es bereitet mir großen Kummer zu sehen, wie ein prachtvolles Exemplar eines menschlichen Körpers, der wunderbarste Ausdruck unseres Schöpfers, zu einer unförmigen Masse zusammengeschlagen wird und manchmal fürs ganze Leben ein Krüppel oder gelähmt bleibt.

STONE: Und Football?

SILVA: Auch hier sehe ich keinen Sinn in dem Risiko der Zerstörung von Gottes vollkommenen Geschöpfen, um sich einen ›Sport‹ daraus zu machen. Ein Beobachter, der sich zum ersten Mal ein Football-Spiel ansieht, müßte eigentlich denken, daß der Ball ursprünglich rund war und seine elliptische Form erst dadurch bekommen hat, daß so viele dieser starken Männer über ihn herfallen und sich aufeinander türmen. Die Tatsache, daß Männer, die um einen kleinen Ball kämpfen und dabei hin- und herrennen, mehr bezahlt bekommen, als Wissenschaftler, die versuchen, die Probleme der Schöpfung zu lösen, und dem Schöpfer dienen und ihre

Zeit nicht vergeuden, ergibt für mich keinen Sinn. Daß diese Spieler weit mehr verdienen, als sie für ihren Lebensunterhalt brauchen und sich unsterblich machen, heißt das etwa, daß sie ihren Verpflichtungen gegenüber dem Schöpfer nachkommen, die Probleme dieser Welt zu lösen und aus diesem Planeten einen besseren Platz zum Leben zu machen?

STONE: Und die guten Seiten des Sports — körperliche Ertüchtigung, sich ein Ziel zu setzen und dieses zu erreichen?

SILVA: Das ist gut für die Beteiligten, besonders in Form von Trainingsprogrammen innerhalb des Schulsystems. Doch es ist mir leid um die Milliarden von Stunden, die auf der ganzen Welt von Menschen vergeudet werden, die Sport nur als eine Art von Unterhaltung ansehen. Stellen Sie sich einmal vor, was mit dieser Zeit und diesem Geld getan werden könnte, bestünde eine Möglichkeit, sie zur Beseitigung jener Probleme zu verwenden, die das Leben auf diesem Planeten bedrohen.

STONE: Wieso haben wir den falschen Weg eingeschlagen?

SILVA: Weil wir Rabbi Jesus und die christliche Aufgabe nicht begriffen haben. Wir haben seine Botschaft nicht verstanden — daß er kam, um uns vor dem Leid zu retten, an dem unsere Unwissenheit schuld ist, weil wir das nicht verwenden, was uns Gott gegeben hat — die rechte Seite unseres Gehirns.

STONE: Und warum hat all dies Jahrhunderte überdauert?

SILVA: Eltern lehren ihre Kinder, linksseitig zu denken, weil sie selber nicht rechtsseitig denken können. Somit wurde dieses begrenzte Ausbildungsprogramm von Generation zu Generation weitergegeben.

STONE: Was können wir dagegen tun?

SILVA: Wir müssen uns Christi Botschaft in Erinnerung rufen und in die Praxis umsetzen.

STONE: Wie würden Sie Christi Botschaft zusammenfassen?

SILVA: Geh hinein ins innere Königreich. Finde die Mitte und entdecke deine hellseherischen Fähigkeiten. Auf diese Weise wirst du zum Propheten und Weisen. Du wirst weniger Fehler machen und das Leiden wird verschwinden. Christus lehrte, daß dies der Weg ist, um die Unwissenheit zu beseitigen und die Menschheit vom Leiden zu erlösen.

STONE: Von den meisten Kanzeln wird seine Botschaft nicht auf diese Weise ausgedrückt.

SILVA: Ich glaube, daß ein immer größer werdender Teil des Klerus die Botschaft versteht. Ihre Zeit ist gekommen. Es geht eine Bewegung vor sich.

STONE: Ist die Silva-Methode ein Teil dieser Bewegung?

SILVA: Sobald eine Person die rechte Gehirnhälfte aktiviert und prophetisch und weise wird, muß sie den anderen beistehen, zum Hellseher zu werden. Das ist es, was ich getan habe, und was durch die Silva-Methode Hunderte andere getan haben — Menschen auszubilden, in ihrem Denken zentriert und weise zu werden, um das Versäumnis zu beheben, zu dessen Beseitigung Christus auf die Welt gekommen ist.

STONE: Wird die Menschheit je wieder auf den rechten Weg zurückfinden?

SILVA: Hoffentlich werden unsere Millionen von Absolventen dafür sorgen, daß weitere Millionen nach Jesu Botschaft handeln. Ich danke Rabbi Jesus. Ich bitte ihn, uns zu vergeben, daß es zweitausend Jahre gedauert hat, bis wir die Botschaft Christi verstanden haben.

Es ist offensichtlich, daß José Silva es als seine Aufgabe in diesem Leben ansieht, Jesu Mission zu unterstützen. Das bedeutet nicht, daß er sich in irgendeiner Weise als ein zweiter Jesus vorkommt. Es bedeutet vielmehr, daß er die Inspiration und die Erleuchtung respektiert, die ihm widerfahren ist, und den Wunsch hat, sie mit anderen zu teilen. Er hat genügend spirituelle ›Zeichen‹ der Bestätigung erhalten, so daß er überzeugt ist, auf dem rechten Weg zu sein.

José und der Autor wollen damit nicht andeuten, daß göttliche Intervention schuld am Erfolg der Silva-Methode sei. Doch José glaubt, daß eine Person, die irgendeine Art von Problem löst, dem Schöpfer bei seiner Schöpfung hilft, da ein Problem als etwas definiert werden kann, was die Schöpfung verletzt, einschließlich seiner Geschöpfe. Je mehr Probleme wir daher lösen, desto näher kommen wir dem Schöpfer — das heißt, desto mehr sind wir auf seiner Seite, und desto mehr, logischerweise, ist der Schöpfer dann auf unserer Seite.

Josés Leben, privat wie beruflich, ist dem Lösen von Problemen gewidmet. Seine Kollegen halten ihn für ausgesprochen stur in dieser Hinsicht. Einer formulierte es folgendermaßen:

»Er glaubt an sich selbst. Wenn er auf Widerstand oder Kritik stößt, kämpft er nur um so stärker. Er gibt niemals auf.«

Je mehr Probleme wir verursachen, desto weiter entfernen wir uns vom Schöpfer. José und sein Bruder Juan nehmen es sehr genau mit ihrer Großzügigkeit und Liebe, auch was ihre geschäftlichen Beziehungen anlangt.

Ein Koordinator, der bei der Abrechnung mit einem Gasttrainer nicht fair ist, erhält noch einmal eine Chance und dann noch einmal und noch einmal.

Ein Trainer, der den vom Präsidenten gestifteten Pokal für die Rekordzahl seiner Absolventen gewann, hörte eines Tages auf, nach Laredo Berichte zu senden und Geld zu überweisen. Jedes andere Unternehmen hätte den Trainer wahrscheinlich ein paar Monate lang mit Mahnungen bombardiert und ihm dann die Erlaubnis zu lehren entzogen. In diesem Fall wurde der Trainer jedoch als vorübergehend in finanziellen Schwierigkeiten erachtet, und anstatt ihm Probleme zu machen, übte die Silva-Organisation sich in Geduld. Nach zwei Jahren war diese Geduld schließlich erschöpft, und man kam zu dem Schluß, daß der Trainer Laredos Geduld als Nachlässigkeit mißverstanden hatte.

»Wie wäre es mit noch einer Frage, José?«

»Schieß los, Bob.«

»Was ist deine Ansicht über Gott?«

»Ich glaube an eine Hierarchie von Intelligenz im Universum — daß es eine bestimmte Intelligenzstufe gibt, die beauftragt ist, die Galaxie, die wir Milchstraße nennen, zu regieren, eine höhere Stufe, um eine Gruppe von Galaxien zu regieren, und die höchste Intelligenz, Gott, deren Domäne das gesamte Universum ist.«

Je mehr Probleme wir lösen, glaubt José, desto höher entwickeln wir uns im Rahmen dieser Intelligenzen. Schließlich können wir gottähnlich werden. Je zentrierter wir in unserem Denken werden, desto weniger destruktiv und um so mehr kreativ werden wir. Das Bild wird schärfer, als es ursprünglich gedacht war.

Deshalb kommt es einer spirituellen Handlung gleich, wenn wir uns in den Alphazustand begeben, das Problem identifizieren, es in unserer Vorstellung fixieren und dann an seiner Stelle mental die Lösung sehen.

Ein Vergleich mit Beten macht offensichtlich, daß eine solche dynamische Meditation kreativer ist, als jedes Flehen um Erhörung. Tatsächlich wäre letzteres gleichsam ein Versuch, dem Schöpfer, der uns nach seinem Bild geschaffen hat, um die Schöpfung hier auf Erden zu vervollkommnen, diesen Job wieder abzutreten.

Somit könnte es angemessener erscheinen, wenn Gott zu uns beten würde. Vielleicht hat er dies schon zweitausend Jahre lang getan.

Als ich nach Indien eingeladen wurde, um Vorträge über die Silva-Methode zu halten und dynamische Meditation zu lehren, wurde ich von einem indischen Meditierenden zur Rede gestellt.

»Dr. Stone, versuchen Sie nicht dem Himmel die Tür einzurennen?«

Meine Antwort war vielleicht etwas ärgerlich. »Laßt sie uns einrennen. Wir haben uns lange genug draußen herumgedrückt!«

Ich glaube, José hätte mir zugestimmt — zumindest in dem Sinn, daß wir nicht erschaffen worden sind, um uns im Licht unseres Schöpfers zu sonnen, sondern um sein Werk zusammen mit ihm zu tun. Dann, und nur dann, sagt José, werden wir uns verändern und aufhören, einander zu verletzen und zu töten. Statt dessen werden wir einander beistehen, diesen Planeten in ein Paradies zu verwandeln.

Wenn sich José auch über die wenig flexible Haltung der Wissenschaftler ärgert, so ist er noch mehr verstimmt über religiöse Führer, deren Dogma eine Barriere für jede Veränderung bildet. »Es ist ihre heilige Verpflichtung, einen Schritt vorwärts zu tun und uns zu helfen, die Arbeit zu erledigen«, sagt José, »und je schneller, desto besser.«

Wenn religiöse Führer es als ihre Aufgabe sähen — und eigentlich ist es ja ihre Aufgabe — und ihre Anhänger lehren würden, ihre rechte Gehirnhälfte zu entwickeln, die unsere Verbindung zum spirituellen Selbst ist, wären die Pädagogen mehr geneigt sich anzuschließen, und eine von Hellsehen durchdrungene Erziehung könnte nach Josés Meinung Studenten hervorbringen, die bereits im Alter von fünfzehn Jahren nach der Doktorwürde greifen.

Es handelt sich um keine schwere Aufgabe. Im letzten Abschnitt dieses Buches beschreibe ich, wie ein jeder der vier Tage abläuft, die für gewöhnlich ein Silva-Bewußtseinstraining dauert. Die Kapitel ersetzen natürlich nicht das Training, aber sie vermitteln mehr als der auf der ganzen Welt normalerweise gratis abgehaltene Einführungsvortrag, und ermöglichen es, sich über die Natur und die Vorteile des Trainings klar zu werden, um eine Entscheidung treffen zu können.

Wenn Sie diese Kapitel gelesen haben und sich von dem Training angezogen fühlen, stehen Ihnen zwei Möglichkeiten offen:

1. Sie können an das Silva-Hauptquartier in Laredo* schreiben oder telefonieren, um herauszufinden, wo das nächstgelegene Training stattfindet.
2. Sie können sich selbst ausbilden, indem Sie dem vierzigtägigen Programm folgen, das in dem Buch ›You the Healer‹ von José Silva und mir beschrieben ist, das bisher allerdings nur im amerikanischen Original erhältlich ist.

Die Philosophie des New Age betont, daß wir die Urheber der äußeren Umstände sind und nicht umgekehrt. Was bedeutet das? Es bedeutet, daß wir uns einfach entspannen und in uns hineingehen müssen. Dieser Zustand gleicht einem Tagtraum. Sie stellen sich die unerwünschten Umstände vor, um das Problem zu identifizieren. Dann stellen Sie sich die erwünschten Bedingungen vor, um die Lösung zu bilden.

Natürlich ist das eine grobe Vereinfachung, doch sehen wir uns an, was tatsächlich passiert. Diese Welt ist ›linkshirnig‹. Ihrer Definition nach ist sie materiell. Als materiell ist sie die Domäne der linken Gehirnhälfte. Daher funktionieren wir während der Stunden, in denen wir wach sind — egal ob während oder außerhalb unserer beruflichen Tätigkeit — zum größten Teil nur mit der linken Seite unseres Gehirns.

Dies ist so, als würden wir mit einem auf den Rücken gebundenen Arm durchs Leben gehen. Ihr rechtes Gehirn ist mehr wert, als Sie (mit Ihrem linken Gehirn) glauben. Und zwar aus dem Grund, weil die Domäne der rechten Gehirnhälfte nicht die physische Welt ist, in der wir überleben müssen, sondern ihr Bereich ist die Ursache dieser physischen Welt. Die Ursache der physischen Welt liegt im schöpferischen Bereich.

---

* Silva Mind Control International, Inc., P.O. Box 2249, Laredo, TX 78044–2249. Telefon: (512) 722–6391. FAX: (512) 722–7532.

Wenn Sie sich daher entspannen und mentale Bilder produzieren, setzt Ihre Entspannung Ihre rechte Gehirnhälfte in Gang, und was Sie sich mental vorstellen, regt den schöpferischen Bereich an, dies zu produzieren.

Das klingt nicht nach Silva-Methode, oder? Es klingt nach schöpferischer Methode, nach etwas wozu wir eigentlich geboren worden sind.

Irgendwann im Laufe ihrer Entwicklung schlug die Menschheit den falschen Weg ein. Vielleicht war es im Garten Eden, als Adam und Eva die Frucht vom Baum der Erkenntnis von Gut und Böse verzehrten — solch polares Denken entstammt ausschließlich der linken Gehirnhälfte.

Wieso brauchen wir denn eine Methode, um wieder auf die richtige Bahn zu kommen? Es bedarf einer Umprogrammierung, um das Verhalten zu ändern. Wir müssen wissen, wie wir uns umprogrammieren sollen, und möglicherweise brauchen wir sogar jemand — wie zum Beispiel einen geprüften Lehrer des Silva-Bewußtseinstrainings —, der uns dabei hilft.

José fühlt, daß es Jesu Mission war, uns zurück auf die richtige Bahn zu bringen — die Brücke zwischen der materiellen Welt und dem schöpferischen Bereich wieder herzustellen — doch wir achteten nicht darauf.

Wir merken noch immer nicht auf. Zehn Millionen Superhirne sind nur ein Tropfen in einem Eimer mit fünf Milliarden. Die Gefängnisse und die Krankenhäuser sind noch immer voll. Der Waffenlärm läßt nicht nach. Die natürliche Umwelt, die das Leben auf der Erde unterstützt, wird immer stärker gefährdet.

»Wie können wir um Hilfe ersuchen, um ein Problem zu lösen, José?«

»Es muß von einer spirituellen Geistesebene aus geschehen, die als Dimension des Heiligen Geistes bezeichnet wird und in jedem von uns zu finden ist. Sobald Sie gelernt haben, in diese Dimension einzutreten, und wenn Sie überzeugt sind, daß es höhere Stufen von Intelligenz gibt im Universum, werden Sie selbst programmieren, um automatisch nachts aufzuwachen, da in dieser Zeit die Bedingungen optimal sind, um mit einer höheren Stufe von Intelligenz Verbindung aufzunehmen. Wenn das, worum Sie bitten, möglich ist und kein Problem für irgend jemand irgendwo schafft, wird die höhere Intelligenz Ihnen helfen, Ihr Problem zu lösen und zwar normalerweise innerhalb von drei Tagen.«

»Gibt es jedoch dabei nicht irgendwelche Wenn und Aber, José?«

»Sie müssen ein Problem haben, das Sie selber oder andere betrifft. Sie müssen alle Ihnen zur Verfügung stehenden Mittel erschöpft haben, um es zu lösen.«

José ist ob der Tatsache bekümmert, daß für manche Prediger Jesu Kreuzigung und Blut einen höheren Stellenwert haben als seine Botschaft. Sie sprechen über das Himmelreich, als ob es im Jenseits wäre. Jesus hat nicht für das Jenseits die Werbetrommel gerührt. Er kam hierher um zu helfen, die Probleme auf der Erde zu lösen.

Wo ist das Himmelreich? Um die Antwort zu finden, verweist uns José auf die ›New American Standard Bible‹, Kapitel 9, Vers 33: »Suchet vielmehr zuerst das Reich (Gott), das in euch ist, und seine Gerechtigkeit und alles andere wird euch dreingegeben werden.«

José versäumt nicht, schnell darauf hinzuweisen, daß er keinen Doktor in Theologie hat, noch berechtigt ist, in irgendeiner religiösen Organisation zu predigen. Doch genauso schnell weist er darauf hin, daß die Gelehrten die Wahrheit nicht für sich allein gepachtet haben, und daß es die Gelehrten waren, die damals Jesus bezichtigten, mit dem Teufel in Bund zu sein, und ihn kritisierten und verdammten.

Der Autor hat eigentlich kein Recht, dieses Kapitel niederzuschreiben. Es hätte von José selbst geschrieben werden sollen. Um dies wenigstens teilweise wiedergutzumachen, werde ich dieses Kapitel mit Josés eigenen Worten schließen, die aus seinen nicht veröffentlichten Arbeiten stammen:

»Waren die sieben Tage der Schöpfung dieselbe Art von Tagen, die wir kennen? Natürlich nicht. Für den Schöpfer waren es Tage — für uns ist jeder Tag eine Ewigkeit und umfaßt vielleicht Hunderte oder Tausende von Jahren.

Jesus war der Auffassung, daß der siebente Tag, der letzte Schöpfungstag, jener Tag war, an dem Gott dem Menschen erlaubte, die Aufgabe zu übernehmen, die Arbeit am Paradies zu beenden.

Schließlich und endlich ist Gott bereits vollkommen, Menschen aber nicht. Daher haben es Menschen nötig, das Problemelösen zu üben, um zu lernen, Probleme besser zu bewältigen, kreativer und mehr wie der Schöpfer zu sein.«

13

Die wissenschaftlichen Ansichten von José Silva

Den Mitarbeitern in Laredo scheint es nicht ganz wohl in ihrer Haut zu sein, wenn José sich ein Herz faßt und über seine spirituellen Ansichten zu reden beginnt — was in letzter Zeit immer häufiger vorkommt.

Seinen Mitarbeitern ist es viel angenehmer, wenn er bei seiner wissenschaftlichen Forschung bleibt und der Physiologie und Psychologie, die hinter der Silva-Methode steckt. Das soll nicht heißen, daß sein Mitarbeiterstab andere spirituelle Ansichten hat als er. Sie wollen bloß nicht, daß aus ihrem Chef ein Guru wird. Sie ziehen es vor, in ihm den Laienwissenschaftler zu sehen, der er ist, und die größte Autorität auf dem Gebiet des Bewußtseinstrainings, die es heute auf der Welt gibt.

Auf einem Esel reiten und das Evangelium verbreiten? Nein! Mit den Meßgeräten für die Gehirnwellen um die ganze Welt fliegen? Ja!

Doch die Sache hat einen Haken. Josés wissenschaftliche und seine spirituellen Ansichten greifen ineinander. Es ist schwer zu sagen, wo die einen aufhören und die anderen anfangen. Es ist so, als ob das Niemandsland, das traditionellerweise immer zwischen Wissenschaft und Religion bestanden hat, plötzlich zu schrumpfen angefangen hätte. José sieht das Weltall erfüllt von einem Intelligenzfeld, das seiner Intensität entsprechend hierarchisch gegliedert ist.

Eine Randgruppe von Wissenschaftlern ist langsam zu derselben Auffassung gekommen. Für die klassischen Wissenschaftler stellt diese Gruppe eine Ansammlung von Verrückten dar. Aber so war es immer. Wissenschaftler scheinen durch drei Stadien zu gehen. Zuerst sagen sie: »Sie sind verrückt!« Dann sagen sie: »Wir werden uns die Sache ansehen.« Und schließlich heißt es: »Das haben wir schon immer gewußt.«

Das Scherflein von Wissenschaftlern, das im Weltraum mehr als das herkömmliche Nichts sieht, vergrößert sich. Je schneller der Wechsel von der Newtonschen zur Einsteinschen Physik vorangeht, desto stärker wächst ihre Zahl. Erst mit der Quantenphysik rückt die Physik in die Nähe von José Silva, der keine Schule und keine Universität besucht hat. Wie Fritjof Capra in seinem Buch ›Tao der Physik‹ gezeigt hat, ist es faktisch unmöglich, die Erkenntnisse der Forscher in der neuen Physik von den Ansichten der chinesischen Philosophen zu unterscheiden, die vor Jahrtausenden gelebt haben.

Der Raum ist ein Etwas.

Für einen im Silva-Bewußtseinstraining Ausgebildeten ist es eine alltägliche Leistung, auf eine Entfernung von Tausenden Meilen aufzuspüren, daß eine Person Gallensteine hat, sich sodann vorzustellen, daß diese zwischen den Fingern zerdrückt werden und sich auflösen, und schließlich die Bestätigung zu erhalten, daß die Person frei von Gallensteinen ist. Für Newton ist dies unmöglich, doch es paßt in die Einsteinschen Möglichkeiten, da hier Bewußtsein als Energie erkannt wird, und der menschliche Körper wird als Wirkung und die Energie als seine Ursache erkannt.

José mag vielleicht keine anerkannten wissenschaftlichen Ausdrücke in seinen Erklärungen für die Trainingsteilnehmer verwenden, doch die Resultate sind dieselben. Die Trainingsteilnehmer beginnen zu verstehen, daß ihre mentalen Vorstellungen schöpferisch sind, daß es im Bereich des Schöpferischen weder Zeit noch Raum gibt, und daß sie imstande sind, in der ›Seelen-Form‹ Vollkommenheit zu erschaffen, wobei er diesen Ausdruck für den Energiekörper verwendet, der den physischen Körper formt.

Weil sein anfängliches Interesse für Bewußtseinstraining durch die psychiatrischen Tests, denen er sich beim Eintritt in die Armee unterziehen mußte, geweckt wurde und durch die Parallelen, die sie mit den elektronischen Tests aufwiesen, mit denen er im Laufe seiner Praxis des Radioreparierens vertraut geworden war, erkannte José schnell die computerähnlichen Aspekte des menschlichen Gehirns.

Durch Verlangsamung der Gehirnwellen, was die beiden Gehirnhälften ins Gleichgewicht brachte, konnte dieser Computer mit Daten gefüttert oder programmiert werden. Viele von den ersten zweiundzwanzig Jahren seiner Forschung gingen dafür auf, Wege zu finden, die Gehirnwellen zu verlangsamen und den Verstand zu programmieren. Erst in den späteren Jahren dieser Forschung und im Anschluß daran, während der ersten Schritte in die Öffentlichkeit, begann José die neuen Erkenntnisse über die verschiedenen Eigenschaften und Funktionen der rechten und der linken Gehirnhälfte anzuwenden und sie zu benutzen, um die Verbindung zu erklären, die unsere rechte Gehirnhälfte zu einer höheren Form von Intelligenz bewirkt.

Damals schwand das Niemandsland zwischen Josés wissenschaftlichen Erkenntnissen und seinen spirituellen Ansichten.

Für José glich das menschliche Bewußtsein einem PC, der an einen Computer mit einer größeren Datenbank angeschlossen werden konnte. Dieser größere Computer, diese Höhere Intelligenz, mußte sich gewünscht haben, ihre kleineren Brüder sollten doch stärkeren Gebrauch von ihr machen, da sich die Dinge auf Erden nicht gerade zum besten entwickelten. Ein Wissenschaftler — Dr. Rupert Sheldrake, ein britischer Botaniker — bezeichnete die Verbindung zwischen den Databanken als Intelligenzfeld und gab ihm einen Namen: das morphogenetische Feld. Er stellte die

Hypothese auf, daß es ein solches Feld nicht nur bei den Menschen gab, sondern auch bei den Ratten, Kaninchen, also bei jeder Gattung. Jeder von Sheldrake selbst – und auch von anderen auf seine Aufforderung hin – durchgeführte Test bestätigte die Existenz dieser gemeinsamen Intelligenz. Labormäuse durchquerten ein Labyrinth schneller, sobald Tausende von Meilen entfernte Labormäuse diese Aufgabe erlernt hatten. Leute, die nicht Ungarisch konnten, lernten ein altes ungarisches Kindergedicht schneller, als eine andere Gruppe ein neues Gedicht von derselben Länge lernte.

Als das Jungsche Konzept vom kollektiven Unbewußten durch Sheldrakes morphogenetisches Feld ersetzt wurde, ließ José durch die bewußte Kontrolle der unterbewußten Körperfunktionen die Wissenschaftler aufhorchen. Als zu Sheldrakes Theorie vom morphogenetischen Feld die von Dr. Karl Pribram und Dr. David Bohm entwickelte holographische Theorie des Geistes hinzukam, nach der das menschliche Gehirn die Gesamtheit des Universums enthält, lehrte José gerade die Kontrolle von mentaler Imagination, um das zu schaffen, was verbildlicht wird. Als Dr. Peter Russell die Existenz eines globalen Gehirns identifizierte, das die Ökologie des Planeten regulieren hilft, erklärte José seinen Trainingsteilnehmern, in welcher Weise ihre rechte Gehirnhälfte ihre Verbindung zu einer größeren Intelligenz darstellte.

In einem medizinischen Labor in Texas, das sich mit Krebsforschung befaßt, wurden weißen Ratten Krebszellen injiziert, um Tumore zum Entstehen zu bringen, damit diese Tumore dann zum Testen von Heilmethoden für den Menschen benutzt werden konnten. An José wurde die Frage gestellt: »Können Sie gesunde Ratten so programmieren, daß sie Tumore von selbst entwickeln?«

»Wir benutzen unsere Ausbildung nicht, um anderen Lebewesen aus irgendwelchen Gründen Schaden zuzufügen«, entgegnete José.

»Aber denken Sie doch an all die Rinder, Schweine, Hühner und Truthähne, die jeden Tag für das leibliche Wohl der Menschen geschlachtet werden. Selbst wenn wir sämtliche Ratten auf der ganzen Welt töten müssen, um ein menschliches Leben zu retten, so werden wir das tun«, beschwor ihn der Doktor.

»Gut, in Ordnung«, pflichtete José ihm bei. »Gehen wir ins Labor.«

José programmierte die Ratten, von selbst Tumore zu entwickeln. Nach einem Monat wurde er wieder ins Laboratorium gerufen, um sich das erfolgreiche Ergebnis anzusehen. Der Doktor beeilte sich, den durchschlagenden Erfolg zuzugeben.

»Wenn der Geist imstande ist, dies zu tun«, überlegte er, »dann kann er es auch wieder ungeschehen machen.«

Josés Schweigen war unmißverständlich. »Dafür habe ich die Leute ausgebildet, mein Freund.«

»Halt«, werden Sie jetzt sagen, besonders wenn Sie einer von den Absolventen des Silva-Trainings sind, »ich dachte, wir können mit dieser Kraft weder Leben verletzen noch Schaden verursachen?«

Ohne zu Zögern erklärt José: »Wir haben zwei Arten von Energie: Objektive oder physische Energie und subjektive oder mentale Energie. Wir können beide Arten von Energie in Gegenwart einer Person anwenden. Die objektive Energie kann entweder helfen oder schaden. Die subjektive Energie kann nur helfen.

Auf Entfernung können wir nur subjektive Energie übermitteln. Subjektive Energie ist eine anziehende Kraft — das heißt, sie zieht Materie an, und zwar in Übereinstimmung mit dem vollkommenen Muster, das die Natur beabsichtigte. Daher kann sie nicht dazu benutzt werden, um Schaden zu verursachen. Als ich die gesunden Ratten programmierte, Tumore zu entwickeln, benutzte ich objektive Energie, programmierte im Beta-Zustand und befand mich in unmittelbarer Umgebung der Ratten. In der Umwelt gibt es vieles, was negative Energie erzeugt und Störungen verursacht. In diesem Fall wurde ich selbst zu einem dieser Störfaktoren.«

Unnötig zu sagen, daß die Silva-Methode, die ja den Umgang mit subjektiver Energie lehrt, nicht für schädliche Zwecke verwendet werden kann. Eine weitere Gewähr bildet die folgende Programmierung, die von den Trainingsteilnehmern des öfteren wiederholt werden muß: »Sie werden diese Ebenen des Geistes niemals dazu verwenden, um irgendeinem anderen Menschen zu schaden. Sollte dies je Ihre Absicht sein, wird es Ihnen nicht gelingen, auf diesen Ebenen des Geistes zu funktionieren. Sie werden diese Ebenen des Geistes immer in einer konstruktiven, kreativen Weise für alles, was gut, ehrlich, rein und positiv ist, benutzen.«

Probleme mit objektiver Energie ergeben sich andauernd zwischen den Menschen. Wir rauben einander das Vertrauen. Wir belasten einander mit Streß. Wir säen den Samen der Furcht. Die Silva-Methode benutzt subjektive Energie, um all dem entgegenzuwirken.

Es ist unvermeidlich, daß sich unter Josés wissenschaftliche Vorgangsweise im Training spirituelle Obertöne mischen. Nehmen wir zum Beispiel die Tatsache, daß er sagt, er erziele bessere Resultate, wenn er während des Programmierens seinen Kopf beuge, als verrichte er ein Gebet. Seine Erklärung:

»Ich habe in Hunderten von Fällen beobachtet, daß ich ein besseres Ergebnis bekommen habe, wenn ich den Fall wie im Gebet mit gebeugtem Kopf vortrug. Es schien mir, daß ich meine Versuche nicht zur Kenntnis nahm, wenn ich meinen Kopf nicht beugte.

Ich versuchte es wieder und wieder und konnte das Problem nicht lösen, erst wenn ich meine Versuche registriert hatte — das heißt, wenn ich den Versuch mit gesenktem Kopf unternommen hatte —, wurde ich ermächtigt, Hilfe von einer Höheren Intelligenz zu bekommen. Sobald ich versuchte, einen Fall mit erhobenem Haupt zu lösen, konnte ich noch so viele Versuche machen und erhielt dennoch keine Hilfe, auch wenn ich darum bat.

Offen gesagt, es hat den Anschein, daß wir unsere Versuche auf einer Art Zähler registrieren, wenn wir sie mit gebeugtem Kopf unternehmen, und daß wir sie nicht registrieren, wenn wir den Kopf gerade lassen. Es scheint dann, wenn wir um Hilfe bitten, irgendeine Höhere Intelligenz vorbeizukommen und, bevor sie hilft, einen Blick auf den Zähler zu werfen. Wenn die Versuche nicht registriert worden sind, bekommen wir keine Hilfe. Sind sie jedoch registriert worden, dann bekommen wir Hilfe.«

Daß sich Wissenschaftliches und Spirituelles vermischte, kam in Josés Ausführungen immer häufiger vor. Schließlich ist er ein Denker, der beide Gehirnhälften benutzt – wobei seine linke Gehirnhälfte ihre Daten aus der materiellen Welt der Wissenschaft bezieht, während die Daten seiner rechten Gehirnhälfte auf der Spiritualität des schöpferischen Bereiches basieren.

Ein weiters Beispiel dieser Art stammt aus einer Rede, die José anläßlich eines Abendessens hielt, zu dem Versicherungsleute von der Gesellschaft W. Clement Stone's Company geladen waren. Nachdem José erklärt hatte, daß das Gehirn ein biologischer Computer ist und daß wir lernen können, diesen selbst zu programmieren, verglich er dieses Programmieren mit Christi Training der Propheten und Weisen und mit Seinem Wort, daß es ›jetzt vorhanden sei‹.

Im weiteren Verlauf der Rede sagte José sodann: »Sie und ich und jedes menschliche Wesen wurden als Multimillionäre geboren, weil unser Schöpfer jeden von uns mit einem Gehirn ausgestattet hat, das wie ein biologischer Computer funktioniert, der im Durchschnitt fünfundzwanzig Watt selbsterzeugter Elektrizität verbraucht. Er ist sehr leicht und gut transportierbar. Wir tragen ihn auf unseren Schultern und können ihn auf der Stelle jederzeit programmieren.

Das einzige, was wir wissen müssen, ist, wie er zu programmieren ist«, fügte José noch hinzu. »Durch unser Bewußtseinstraining lernen wir, wie wir unseren biologischen Computer programmieren können, damit er vollautomatisch, halbautomatisch oder manuell funktioniert.«

Sobald Wissenschaftler mit den durch das hellsichtige Denken ermöglichten ›Wundern‹ konfrontiert werden, fallen sie sehr schnell in ihr Konzept von der Wiederholbarkeit zurück. Nur wenn etwas unter gleichen Bedingungen beliebig oft wiederholbar ist, sind sie bereit, sich wissenschaftlich damit auseinanderzusetzen.

Insofern sich ein Experiment jedoch mit den Neuronen des menschlichen Gehirns oder selbst mit anderen Zellen von Tieren oder Pflanzen befaßt, ›gilt‹ es als unrealistisch. Cleve Backster hat anhand von Pflanzen und menschlichen Zellen aufgezeigt, daß eine jede sich des Laborprotokolls bewußt ist, und sobald sie aufgezeichnet wird, keine der Reaktionen zeigt, wie sie außerhalb des Labors spontan in der Wirklichkeit entstehen.

José erinnerte die Versicherungsleute in seiner Rede daran, daß »das komplexe menschliche Gehirn – das größte Meisterstück unseres Schöpfers – nicht für unsinnige Aufgaben benutzt werden sollte, wenn sein Zweck darin besteht, reale, tatsächlich existierende Probleme der Schöpfung zu lösen«. Er erklärte, wie die Neuronen des Gehirns eine hypothetische Situation von einer wirklichen zu unterscheiden wissen. Sie werden sich nicht mit der Lösung synthetischer Probleme befassen, sondern wirkliche Probleme lösen, weil sie für diesen Zweck programmiert worden sind.

Josés Rede wurde sehr gut aufgenommen. Doch ein junger Angestellter ließ es sich nicht nehmen, José wiederholt zu bedrängen mit der Aufforderung, seinen Namen zu erraten. Er kam José so nahe, daß dieser vor dessen feuchter Aussprache zurückwich und schließlich sagte:

»Wenn Sie Ihren Namen vergessen haben, werde ich natürlich sofort den Millionen-Dollar-Computer in meinem Kopf einschalten, um Ihren Namen für Sie herauszufinden.«

Der Mann machte kehrt und verließ den Raum.

Josés Kommentar zu diesem Vorfall: »Ich glaube, ich weiß, was Christus gemeint hat, als er sagte: ›Manche haben Ohren und hören nicht. Manche haben Augen und sehen nicht‹. Mit Christi Erlaubnis würde ich gerne hinzufügen: ›Manche haben ein Hirn, und verstehen nicht.‹«

Ein weiteres Hindernis für die klassische wissenschaftliche Verifikation von auf dem Bewußtsein basierenden Phänomenen ist die geistige Haltung des Wissenschaftlers.

Als zu Beginn dieses Jahrhunderts die Wissenschaftler Untersuchungen durchführten, um zu bestimmen, ob Licht eine Welle oder ein Teilchen ist, kamen die einen zu dem Ergebnis ›Welle‹ und die anderen zu dem Ergebnis ›Teilchen‹. Der ausschlaggebende Faktor war, daß jeder das Resultat erhielt, das er erwartete. Licht, das sowohl die Eigenschaften von Wellen als auch von Teilchen aufweist, wurde durch das Bewußtsein der Experimentierenden beeinflußt.

Wissenschaftler, die noch immer das Gefühl haben, objektive Beobachter eines Experiments zu sein, das den Geist betrifft, sind einer bitteren Enttäuschung gewiß, da ihr eigener Geist eine der Variablen in dem Experiment darstellt.

Absolventen des Silva-Bewußtseinstrainings, die sich die Schlußsitzung eines Lehrgangs anhören, um zu beobachten, mit welchem Erfolg die neuen Teilnehmer ihre Fälle lösen, müssen daran erinnert werden, sich über ein etwaiges ›Mißlingen‹ keine Sorgen zu machen, weil sich ansonsten die Wahrscheinlichkeit für ein solches ›Mißlingen‹ erhöhen könnte. »Denken Sie daran, daß Sie hier Genies an der Arbeit sehen«, pflegt der Autor in seinen Kursen den bereits Graduierten zuzurufen, und so erhalten die Teilnehmer des neuen Lehrgangs mentalen Zuspruch, anstatt mentalen Störfaktoren ausgesetzt zu sein.

Die Anekdoten, die von den Leistungen des Trainings berichten, sind so zahlreich wie die Millionen Absolventen. Als Laienwissenschaftler räumt José wissenschaftlichen Studien einen höheren Rang ein und hat daher eine solche Forschung sowohl was die physiologischen als auch die psychologischen Vorteile betrifft angeregt.

Dr. J. W. Hahn hat jüngst eine wissenschaftliche Grundlagenforschung über den Geist durchgeführt und mehr als tausend Trainingsteilnehmer untersucht. Einige der Erkenntnisse aus dieser Studie lauten wie folgt:

Obwohl nur 24,2 Prozent sich gesundheitliche Vorteile von der Anwendung bewußtseinskontrollierender Techniken versprachen, berichteten 49,1 Prozent von einer Verbesserung ihrer Gesundheit.

Obwohl nur 10,7 Prozent ohne Drogen besser schlafen wollten, berichteten 34,9 Prozent von einem derartigen Nutzen.

Die Fähigkeit zur tiefen Entspannung, die für die Reduzierung potentiell schädlicher physischer Spannungszustände und psychologischer Streßfaktoren von Bedeutung ist, wurde von 34,8 Prozent der Trainingsteilnehmer angestrebt und von 70,3 Prozent erreicht.

Der ursprüngliche Zweck von Josés Forschung war auf die Entdeckung von Methoden zur Verbesserung der Lernfähigkeit gerichtet. Zuerst erstreckte sich Josés Forschung auf die eigenen und auf die Nachbarskinder, die eine deutliche Verbesserung ihrer schulischen Leistungen aufzeigten.

Später wurde es möglich, an einer Reihe von Schulen wissenschaftliche Tests durchzuführen, was sicher sehr wertvoll gewesen wäre, wenn man einen Standard-IQ-Test hätte benutzen können. Da solche Tests aber vorwiegend auf die linke Gehirnhälfte ausgerichtet sind, können sie die erhöhte Aktivität der rechten Gehirnhälfte nicht spiegeln, die einer der Hauptvorteile des Silva-Trainings ist.

Statt dessen wurden Persönlichkeitstests benutzt, die vom ›Institute for Personality and Ability Testing‹ herausgegeben werden. Dr. George T. DeSau hat solche Tests vor und nach dem Training unter zeitweiliger Mitwirkung von Paul

191

Seawell bei Gruppen von Studenten und Erwachsenen durchgeführt und dabei unter anderem folgende Resultate erzielt:

Studenten der High-School zeigten ein starkes Absinken der Tendenz, verärgert zu reagieren, und einen deutlichen Anstieg positiver Eigenschaften wie ›hohe Charakterstärke, Reife, Wirklichkeitssinn und Gelassenheit‹.

Erwachsene, die Verhaltensmuster wie ›angespannt, frustriert, gehetzt, überarbeitet‹ aufwiesen, entwickelten sich in Richtung ›entspannt, ruhig, fröhlich, konzentriert‹.

In den Tests für das soziale Verhalten zeigte sich eine Verschiebung von ›scheu, schüchtern, gehemmt‹ zu ›spontan und unternehmungslustig‹.

Teilnehmer, die als ehrgeizig und mißtrauisch eingestuft worden waren, ließen später eine größere Geneigtheit erkennen, mit anderen zusammenzuarbeiten.

Die Testergebnisse machten eine Tendenz deutlich, die von ›zurückhaltend, unbeteiligt, kritisch‹ zu ›warmherzig, offen, engagiert‹ führte.

Schwermut und Pessimismus änderten sich in größere Fröhlichkeit, Begeisterungsfähigkeit und Lebensfreude, was auf eine neugefundene Freiheit von innerer Zerrüttung schließen ließ.

Wen wundert es noch, daß Josés Ziel weit über zehn Millionen hinausgeht?

Um die Probleme auf diesem Planeten zu bereinigen, müssen *alle* ihre beiden Gehirnhälften benutzen und hellsichtig und weise werden.

Teil II

Die
Silva-Methode

14

Das Silva-Training:
1. Tag

Natürlich wäre jedes Porträt von José Silva unvollständig ohne einen Einblick in die Methode des vier Tage dauernden Silva-Trainings, das Resultat von Josés Lebenswerk. Das Lesen der Beschreibung des Trainings kommt in gewisser Weise einer Teilnahme am Kurs gleich. Da jedoch das Training dafür bestimmt ist, die rechte Gehirnhälfte zu entwickeln, kann das bloße Durchlesen der Schritte die Teilnahme an dem viertägigen Lehrgang nicht ersetzen. Sie mögen danach zwar größere Klarheit über den Mann und seine Methode erlangt haben, ein Hellseher sind Sie deswegen noch lange nicht.

Jeder der vier Trainingstage wird mit einer Nummer und einem Namen bezeichnet:

1. Tag: Bewußtseinstraining 101, Kontrollierte Entspannung (abgekürzt MC101CR)

2. Tag: Bewußtseinstraining 202, Allgemeine Selbstverbesserung (MC202GSI)

3. Tag: Bewußtseinstraining 303, Effektive sensorische Projektion (MC303ESP)

4. Tag: Bewußtseinstraining 404, Angewandte effektive sensorische Projektion (MC404AESP)

Die frei zugänglichen Einführungsvorträge wurden im ersten Teil dieses Buches bereits beschrieben. Sollten Sie schon einen solchen Vortrag gehört haben, dann werden Sie wissen, daß der Trainer ihn mit einer Aufzählung der vielen Vorteile, die Ihnen diese Ausbildung bietet, zu beenden pflegt:

- In jeder Lage die Ruhe zu bewahren.
- Immer und überall schlafen zu können, egal wie besorgt Sie vielleicht sind.
- Ohne Wecker aufzuwachen.
- Jederzeit wach und voller Energie zu sein, egal wie müde Sie sind.
- Sich dreißig Begriffe oder mehr zu merken mit einer Vorbereitungszeit von wenigen Minuten.
- Sich minutenschnell von Kopfschmerzen zu befreien (auch von einer Migräne), ohne Medikamente einzunehmen.
- Im Traum die Lösung Ihrer Probleme zu erhalten und diese Lösungen auszuführen.
- Schneller zu lesen, besser zu verstehen, sich mehr zu merken, bessere Noten zu bekommen und trotz allem weniger Zeit zum Lernen aufzuwenden.
- Immer und überall zu meditieren.
- Gesünder zu werden und es zu bleiben.
- Sich Träume zu merken und Lösungen zu träumen.
- Probleme automatisch zu lösen.
- Das Rauchen aufzugeben ohne Anstrengung.
- Abzunehmen ohne Diät.
- Sich immer und überall zu konzentrieren.
- Erfolgreicher zu sein.
- Sich in Sekundenschnelle zu erholen.
- Kommunikativer zu sein.
- Ihren IQ zu verbessern.
- Sich weniger anzustrengen und mehr zu erreichen.
- Sich mehr zuzutrauen.

Ihr erster Unterrichtstag beginnt. Es ist 9 Uhr. Sie haben Ihren Kursbeitrag bezahlt, eine Mappe mit den Trainingsunterlagen erhalten und Ihr Namensschild angesteckt. Ein großer Prozentsatz der Trainingsleiter sind Frauen, nehmen wir also an, daß wir es hier mit einer Trainerin zu tun haben. Sie beginnt den Unterricht mit einer Erklärung über den Trainingsablauf.

»Dies ist ein subjektives Training. Als solches ist es ziemlich verschieden von dem, was Sie wahrscheinlich als objektives Standardtraining gewohnt sind. Es ist verschieden, weil keine Notwendigkeit besteht, etwas zu notieren, zu lernen, Hausaufgaben oder Prüfungen zu machen. Je mehr Sie sich anstrengen, desto *schlechter* werden die Ergebnisse sein, nicht desto besser.

Subjektives Lernen passiert nicht, wenn Sie sich anstrengen, sondern wenn Sie die Augen schließen, sich entspannen und zuhören. Während des Trainings wird man von Ihnen verlangen, Dinge mental zu tun – entweder etwas zu sagen oder sich etwas vorzustellen. Das ist dann subjektives Lernen.

Ihre Unterlagen sind eigentlich kein Studienwerkzeug, sondern eher eine Art Sicherheitsnetz. Sie dienen nur dazu, daß Sie darin nachschlagen können, sollte es je nötig sein, daß Sie sich eine der Silva-Techniken ins Gedächtnis rufen müssen.«

Als nächstes folgt eine Erklärung, wie das Training vor sich geht. »Zuerst trage ich vor, so wie ich es jetzt tue. Dann erläutere ich den Text des Programmierungszyklus für die Entspannung und Programmierung. Anschließend lese ich den Text vor, während Sie sich entspannen. Nach dem Zyklus können wir darüber diskutieren, falls nötig.« Der Programmierungszyklus *ist* das Training. Es wird dabei ein Text vorgelesen, der Anweisungen für die Entspannung enthält, sowie Affirmationen und Imaginationsübungen.

Die Trainerin wendet ihre Aufmerksamkeit dem Konzept der Entspannung und der Herabsetzung der Gehirnwellenfrequenz zu, das auf der Tafel mit der Skala der Gehirnentwicklung (Abb. Seite 23) dargestellt ist.

»Wir durchschreiten den Alphazustand – sieben bis vierzehn Gehirnwellen pro Sekunde – zweimal am Tag, einmal abends beim Einschlafen und einmal morgens beim Aufwachen. Daher ist der Alphazustand für keinen von uns etwas Fremdes. Was Sie hier lernen werden, ist eine Zeitlang darin zu verweilen.«

Die Trainerin gibt dann eine Übersicht über das Pensum, das am ersten Tag durchgenommen wird und das sechs Programmierungszyklen umfaßt:

1. Ein kurzer Kooperationstest und eine Einführung in die Entspannung.
2. Vertiefung der Entspannung und Beginn des Programmierungsprozesses mit positiven Affirmationen, um Krankheiten vorzubeugen.
3. Eine lange Entspannung, in der den verschiedenen Stadien der Entspannung zwecks besserer Kontrolle Nummern zugeteilt werden. Einführung der Programmierung zur Projektion der Wahrnehmungsfähigkeit an jeden beliebigen Ort.
4. Eine kurze Entspannung mit drei tiefen Atemzügen, numeriert mit drei, zwei und eins, die Sie automatisch in den Alphazustand bringt.
5. Die Einführung von drei formelartigen Techniken, die von großem Nutzen sind – Einschlaftraining, um Sie nach Wunsch in normalen, natürlichen, gesunden Schlaf zu versetzen, ohne den Gebrauch irgendwelcher Drogen; Aufwachtraining, um Ihnen ein natürliches Aufwachen ohne Wecker zu ermöglichen; und Wachtraining, um jede Schläfrigkeit auf Wunsch zu vertreiben.
6. Traumtraining, um zwecks Problemlösung Träume zu produzieren, sich zu merken und zu verstehen; und Kopfwehtraining, zur Beseitigung von Kopfschmerzen und Migräneanfällen, die durch Verspannungen verursacht werden.

Die Vortragende beginnt den ersten Programmierungszyklus zu beschreiben.

»Ich werde Sie jetzt bitten, zuerst Ihre linke Hand zu heben, sodann Ihre rechte und beide erhoben zu lassen, bis ich Sie auffordere, sie wieder zu senken. Dann werde ich Sie die Augen schließen lassen, etwa eine halbe Minute lang, damit Sie sich daran gewöhnen, mit geschlossenen Augen in einem Raum voller fremder Leute zu sitzen − etwas, was wir nicht gerade jeden Tag tun. Wenn Sie Ihre Augen öffnen, werde ich Sie daran erinnern, daß Ihre Gehirnwellenfrequenz bei geschlossenen Augen niedriger ist. Indem Sie Ihre Augen während dieser Programmierungszyklen geschlossen halten, können Sie lernen, auf der Alphafrequenz des Gehirns zu funktionieren. So wird das Schließen der Augen zu einer einfachen Silva-Technik, um zu lernen, mental im Alpha zu sein. Am Ende des Trainings werden Sie jedoch in der Lage sein, auch mit offenen Augen im Alpha zu sein, wann immer dies nötig sein sollte.«

Der zweite Teil dieses Programmierungszyklus ist nun an der Reihe. Die Trainerin wird eine Anzahl von Schritten zur Entspannung vorlesen und dann die erste Programmierungserklärung.

»Der Unterschied zwischen der Mentalität eines Genies und der eines Laien liegt darin, daß das Genie seinen Geist mehr und auf besondere Art und Weise nutzt. Sie werden jetzt lernen, Ihren Geist mehr und auf besondere Art und Weise zu nutzen.

Diese Erklärung programmiert Sie, ein Genie zu sein, doch sie ist sorgfältig formuliert, um glaubwürdig zu sein. Der kritische Teil Ihres Verstandes könnte die Möglichkeit, daß Sie zu einem Genie programmiert werden, als unlogisch verwerfen.

José Silva hat viele Jahre der Forschung für die Entwicklung des Trainings aufgewendet und dabei seine eigenen Kinder als Forschungsobjekte benutzt. Er legte besonderes Gewicht auf die Sprache der Erklärungen, die er bei ihnen anwandte. Die Kinder wurden Genies und Hellseher, und Sie werden es auch werden.«

Dann beschreibt sie den Schlußteil des Programmierungszyklus – das ›Hinaufzählen‹ von eins bis fünf.

Danach testet die Trainerin die Teilnehmer auf ihre Bereitschaft zur Kooperation.

»Natürlich ist Ihre Mitarbeit völlig freiwillig. Alle, die unsere Techniken zur Bewußtseinskontrolle lernen wollen, heben Ihre linke Hand. Senken Sie Ihre Hand erst, wenn ich es Ihnen sage. Jetzt können Sie Ihre Hand wieder herunternehmen.«

Keine fünf Minuten später beendet sie den Zyklus, indem sie von eins bis fünf zählt und mit den Fingern schnalzt. »Die Augen öffnen, Sie sind hellwach, fühlen sich wohl und in ausgezeichneter Gesundheit, es geht Ihnen besser als vorher.«

Es dürfte etwas mehr als eine Stunde vergangen sein, seit dieser erste Tag begonnen hat, und es ist daher Zeit für die erste der zahlreichen Kaffeepausen. Manche Trainer bitten die Teilnehmer vor der Pause sich vorzustellen, ihren Namen zu nennen und, falls sie es wünschen, ihren Beruf. Von weiterem Interesse ist, ob sie das erste Mal an einem solchen Training teilnehmen oder es wiederholen.

Nach einer kurzen Pause beginnt die Trainerin die Wichtigkeit der folgenden Instruktionen zu erklären: »Um dieses Training erfolgreich zu absolvieren, brauchen Sie bloß die Anweisungen zu befolgen. Wenn Sie sich an die Instruktionen halten, werden Sie Erfolg haben. Zum Beispiel gab es einmal einen Mann, der hatte eine Maus in seinem Haus. Er hatte zwar eine Mausefalle, aber keinen Käse. Daher schnitt er einfach ein Farbbild von einem Stück Käse aus, das zu einer Anzeige in einer Zeitschrift gehörte, und legte es am Abend als Köder in die Falle. Am nächsten Morgen fand er in der Falle ein Bild von einer Maus. Die Moral von diesem Witz? Nur wenn Sie wirklich etwas in diese Übungen hineinstecken, kommt auch wirklich etwas dabei heraus.«

Die Trainerin beginnt den zweiten Programmierungszyklus, indem sie zuerst den Inhalt des Zyklus durchgeht (die sogenannte ›Vorprogrammierung‹), dann wird der Programmierungszyklus durchgeführt und schließlich wird darüber diskutiert. Der zweite Zyklus enthält die Programmierung für gute Gesundheit. Ich werde den üblichen Diskussionsverlauf in Form einiger typischen Fragen und Antworten zusammenfassen:

FRAGE: Als Sie sagten, wir würden lernen, bestimmte Krankheiten nicht zu bekommen, führten Sie Arthritis, Diabetes und Krebs an. Warum hat sich der Zyklus gerade diese Krankheiten herausgegriffen?

ANTWORT: Das sind die Krankheiten, über die wir am meisten hören und auf die wir daher von unserer Umwelt programmiert werden. Gerade sie bekommen wir daher am schnellsten und leichtesten.

FRAGE: Warum wurde AIDS nicht erwähnt?

ANTWORT: Sie wissen bereits, wie Sie AIDS vermeiden können.

FRAGE: Ich dachte, dieses Training wäre so ähnlich wie eine Hypnose. Aber Sie lesen: »Sie können alles, was ich sage, annehmen oder nicht.« Das klingt nicht sehr nach Hypnose.

ANTWORT: Richtig. Es klingt nicht nach Hypnose, weil es *keine* Hypnose ist. Tatsächlich ist es genau das Gegenteil. Würde es sich um Hypnose handeln, dann hätte der Trainer Sie in seiner Kontrolle. Statt dessen lernen Sie, sich selbst auf einer tieferen Ebene als vorher zu kontrollieren.

Nach einer einstündigen Mittagspause kehrt die Klasse zurück, um die nächsten vier Programmierungszyklen durchzunehmen. Die lange Entspannung, die auf das Mittagessen folgt, beseitigt die letzten Zweifel der Teilnehmer über ihre Fähigkeit, sich zu entspannen. Manche überschreiten fast die Schwelle zum Schlaf.

Als nächstes wird durch eine kürzere Version der langen Entspannung eine Art von Reflex programmiert. Die Trainerin leitet die Klasse an, drei tiefe Atemzüge zu machen, wobei beim ersten Atemzug dreimal die Zahl ›Drei‹ mental wiederholt wird, beim zweiten dreimal die Zahl ›Zwei‹ und beim dritten Atemzug dreimal die Zahl ›Eins‹. Diese Technik bewirkt denselben tiefen Entspannungszustand wie die langen Zyklen.

Nun ist der Zeitpunkt gekommen, wo die Trainerin der Klasse gratuliert.

»Auch Sie gehören jetzt zu den Millionen, die den Alphazustand kontrollieren und nutzbringend verwenden können.«

In den letzten beiden Programmierungszyklen werden den Teilnehmern einfache formelhafte Techniken vermittelt, die von großem Nutzen sind. Der erste Zyklus beinhaltet folgende Techniken:

Einschlaftraining − ein einfacher Vorgang, bei dem man sich eine Schultafel vorstellt und der normalen, gesunden Schlaf bewirkt.

Bei dieser Technik stellen Sie sich vor, daß Sie Zahlen in einen Kreis schreiben und diese dann in absteigender Reihenfolge wieder auslöschen.

Aufwachtraining − Sie stellen die Zeiger einer imaginären Uhr, um automatisch aufzuwachen.

Wachtraining − ein einfacher Befehl, den Sie sich selbst im Alphazustand geben, um Sie für erneuerte Energie zu programmieren.

Im letzten Programmierungszyklus an diesem Tag lernen die Teilnehmer zwei weitere formelhafte Techniken:

Traumtraining − in drei Schritten: Um sich einen einzelnen Traum zu merken, um sich alle Träume zu merken und um einen Traum anzufordern, der helfen soll, ein spezielles Problem zu lösen.

Kopfschmerztraining — ein einfacher Befehl, den Sie sich selbst im Alphazustand geben, um sich von spannungsbedingten Kopfschmerzen zu befreien. Die Technik wird bei einem Migräneanfall in Abständen von fünf Minuten dreimal angewandt.

Mit diesem letzten Zyklus ist der erste Trainingstag zu Ende.

15

Das Silva-Training:
2. Tag

Zu Beginn gibt die Trainerin eine Übersicht über das Programm des zweiten Tages. »Zuerst werden wir den mentalen Bildschirm lokalisieren — um dem mentalen Bereich einen Namen zu geben, wo wir unsere mentalen Bilder entstehen lassen — und dann werden wir seinen Gebrauch üben, indem wir mit einem System zur Gedächtnisstützung arbeiten, das mentale Bilder verwendet. Der zweite der sechs Programmierungszyklen, die heute auf dem Programm stehen, beinhaltet die sogenannte ›Drei-Finger-Technik‹, eine andere Methode zur Gedächtnisverbesserung durch Erhöhung der Konzentrations- und Erinnerungsfähigkeit. Dann werden wir uns einen geistigen Spiegel schaffen, den wir für die Lösung von Problemen verwenden. Im vierten Programmierungszyklus werden wir lernen, wie wir in unserer Hand eine Gefühllosigkeit erzeugen können, um diese an Körperstellen, in denen wir Schmerzen haben, weiterzuleiten. Nach der Schmerzkontrolle werden wir uns eine weitere Technik zum Problemlösen einprogrammieren, bei der wir ein Glas Wasser benutzen, und die daher ›Glas-Wasser-Technik‹ genannt wird. Den Abschluß bildet die Verhaltenskontrolle, ein Mittel, um uns selbst von unerwünschten Angewohnheiten zu befreien, ohne daß wir ständig unsere Willenskraft anstrengen müssen.

Wir werden heute mit der Lokalisierung des mentalen Bildschirms beginnen, doch vorerst möchte ich noch wissen, ob es irgendwelche Fragen gibt?«

Vielleicht hätten Sie gerne eine Bestätigung, daß Sie wirklich im Alpha-Zustand sind? »Ja«, sagen Sie. »Wie weiß ich, daß ich mich wirklich entspanne und im Alpha-Zustand bin?«

»Durch die Resultate«, entgegnet die Trainerin schnell. »Wenn Ihre Programmierung nicht das gewünschte Resultat erbringt, dann sind Sie wahrscheinlich nicht im Alpha. *Erzielen* Sie aber das Resultat, das Sie programmiert haben, dann waren Sie im Alpha. Aber Sie können auch auf eine mehr empirische Art und Weise Ihren Alpha-Zustand feststellen.« Die Trainerin hält einen kleinen Apparat hoch. »Das ist ein Biofeedbackgerät, mit dessen Hilfe Sie prüfen können, ob Sie sich wirklich entspannen. Eine Menge positive Veränderungen treten ein, wenn Sie sich entspannen — die Muskelspannung läßt nach, der Pulsschlag verlangsamt sich und der Blutdruck normalisiert sich. Dieses Gerät mißt den Hautwiderstand — wie sich die elektrische Leitfähigkeit Ihrer Haut vermindert, wenn Sie sich entspannen. Es ist ein Bestandteil des Lügendetektors, der auch unter dem Namen ›Polygraph‹ bekannt ist.«

Angenommen die Trainerin wählt Sie dazu aus, das Gerät vorzuführen. Sie zögern. Wie soll es Ihnen gelingen, sich vor einem Raum voller Leute zu entspannen? Sie nehmen vorne am Pult der Trainerin Platz. Sie wickelt die Stoffelektroden um zwei Ihrer Finger und betätigt den Schalter.

»Das piepsende Geräusch, das Sie hören, zeigt an, wieviel Elektrizität in den Schaltkreis fließt. Dieser Kursteilnehmer ist nicht entspannt jetzt. Im Gegenteil, er ist wahrscheinlich etwas aufgeregt, hier oben vor Ihnen zu sitzen, so daß das Piepsen sehr schnell ist. In dem Maße, in dem er sich entspannt und seine Hautfeuchtigkeit abnimmt, wird das Piepsen langsamer werden.« Sie stellt den Piepton auf eine mittlere Geschwindigkeit ein und gibt Ihnen Entspannungsanweisungen. »Schließen Sie die Augen und machen Sie drei tiefe Atemzüge, wobei Sie mental drei, drei, drei wiederholen, dann zwei, zwei, zwei und eins, eins, eins.«

Wenn Sie den dritten Atemzug machen, ist deutlich zu hören, daß das Piepsen langsamer wird. Fantastisch! Dann wird das Piepsen wieder schneller.

»Als sich das Piepsen verlangsamte, wurden Sie aufgeregt, so daß es wieder schneller wurde. Vertiefen Sie Ihre Entspannung, indem Sie von zehn bis eins zählen.«

Noch ehe Sie bei der Zahl Eins angelangt sind, hat sich die Frequenz der Piepstöne auf die Hälfte reduziert. »Beenden Sie Ihre Entspannung, indem Sie von eins bis fünf zählen, öffnen Sie die Augen. Sie fühlen sich hellwach!«

Während Sie von 1 bis 5 zählen, beschleunigt sich das Piepsen. Als Sie die Augen öffnen, ist es rasend schnell.

Die Klasse ist zuversichtlicher denn je, was die Wirksamkeit des Trainings in bezug auf Entspannung betrifft, und die Trainerin fährt fort.

»Gestern haben wir Kontrolle über unsere Entspannung erlangt. Jetzt werden wir das Visualisieren und Imaginieren kontrollieren. Dieser Schritt vervollständigt die aus zwei Teilen zusammengesetzte Formel zur Veränderung Ihres Lebens: Entspannung und bildhafte Vorstellung. Für die bildhafte Vorstellung benutzen wir zwei Worte: *Visualisieren* und *Imaginieren.*

Visualisieren können Sie nämlich nur etwas, was Sie schon geschehen haben, wenn Sie es noch nie gesehen haben, müssen Sie es *imaginieren.*

Für beide Arten der bildhaften Vorstellung benutzen wir den mentalen Bildschirm — ein inneres Bild von einem Bildschirm, der sich etwa zwanzig Grad über der horizontalen Ebene unseres Gesichtskreises befindet.« Sie streckt ihren Arm zur Seite und hebt ihn leicht an, um den Winkel von zwanzig Grad darzustellen. »Die zwanzig Grad bedeuten, daß Sie leicht nach oben blicken müssen, um eine Antwort auf dem Schirm zu sehen.

Indem wir die Augen in dieser Weise leicht nach oben drehen, lösen wir einen Reiz im Gehirn aus, die Antwort direkt zu bilden, und durch diesen Prozeß lösen wir mehr Alphawellen aus. José fand heraus, daß, wenn wir unsere mentalen Bilder auf einem Bildschirm entstehen lassen, der sich genau in dieser Position befindet, wir die Tätigkeit unserer rechten Gehirnhälfte mehr anregen und kreativer sind.«

Die Trainerin bringt nun eine Einführung in das Gedächtnistraining von Bruno Furst und wählt als Beispiel eine hypothetische Einkaufsliste, an die es sich zu erinnern gilt. Jemand schlägt Schuhbänder als ersten Posten auf der Liste vor. »Das erste Bild, das von Bruno Furst als geistiger Haken verwendet wird, ist eine Tasse Tee. Daher müssen wir uns auf unserem mentalen Bildschirm ein Bild machen, das die Schuhbänder mit der Tasse Tee kombiniert, indem wir zum Beispiel die Bänder über die Tasse hängen. Wenn wir dann im Supermarkt sind und uns den ersten geistigen Haken — eine Tasse Tee — vorstellen, wird sofort das Bild von der Tasse mit den Schuhbändern da sein.«

Die Trainerin zählt die ersten zehn geistigen Haken auf und bittet die Klasse um Vorschläge für die Einkaufsliste — zum Beispiel Orangen, eine Flasche Öl, Toilettenpapier, ein Buch, einen Besen — und um Vorschläge für die Kombination dieser Gegenstände mit den geistigen Haken.

Im Anschluß daran führt die Trainerin die Klasse durch den Programmierungszyklus, der sich anfangs auf dasselbe Gebiet erstreckt wie der gestrige. Die Teilnehmer machen drei tiefe Atemzüge, wobei sie mental die Zahlen Drei, Zwei und Eins je dreimal wiederholen. Sie vertiefen ihre Entspannung, indem sie rückwärts von 10 bis 1 zählen, entspannen die Augenlider und verbringen einige Sekunden an ihrem liebsten Entspannungsort.

Sie akzeptieren die ›Genie-Erklärung‹ und nutzbringende Erklärungen wie zum Beispiel »Positive Gedanken nützen und bringen mir Vorteile, die ich mir wünsche«, und weiters eine schützende Erklärung über das Akzeptieren oder Zurückweisen des Gesagten: »Die Kontrolle liegt immer bei Ihnen.« Nun leitet Sie die Trainerin an, Affirmationen bezüglich Gesundheit zu machen, daß Sie es nicht lernen werden, die genannten Krankheiten zu bekommen, und daß Sie es »nie lernen werden, eine physische oder mentale Abhängigkeit in bezug auf Drogen oder Alkohol zu entwickeln«.

Der Klasse wird eine praktische Lektion erteilt, wobei der mentale Bildschirm, das Furst-Gedächtnistraining und die Einkaufsliste zur Anwendung kommen, die von der Klasse aufgestellt wurde.

»Der erste geistige Haken ist eine Tasse Tee, und das erste Objekt auf der Einkaufsliste sind Schuhriemen. Schaffen Sie eine Verbindung zwischen den beiden und machen Sie daraus ein merkwürdiges oder ein lustiges Bild, das Ihre Aufmerksamkeit erregt.« Es folgt eine Pause. Sie sehen, wie die Schuhbänder sich mit Tee vollsaugen.

»Der zweite geistige Haken ist Noah, ein Mann mit einem weißen Bart. Das Objekt ist eine Orange.« Sie sehen, wie Noah eine Orange ißt, und der Saft seinen Bart verfärbt.

Es folgt Bild um Bild, bis dreißig komplett sind. Wenn der Programmierungszyklus vorüber ist, sagt die Trainerin: »Wenn ich Ihnen jetzt sage, daß der erste geistige Haken eine Tasse Tee ist, werden Sie mir sagen, daß der erste Gegenstand...«

»Schuhbänder!« brüllt die Klasse. Und während die Trainerin einen geistigen Haken nach dem anderen nennt, fallen Ihnen die dazupassenden Objekte ein, und Sie stimmen in den Chor der Klasse mit ein. Mittendrin sind Sie plötzlich still, doch dann setzt Ihre Erinnerung wieder ein, bis auch das dreißigste Objekt genannt ist. Sie erkennen, daß, während Sie kurz über den Nutzen dieses Systems für Sie nachdachten, Sie sich keine Bilder gemacht und daher einige Objekte vergessen haben.

»Bemerkenswert«, sagt die Trainerin. »Wie kommt es, daß Sie sich in zwei Minuten voller Spaß dreißig Gegenstände merken konnten? Ich werde es Ihnen sagen. Sie haben von Ihrer rechten Gehirnhälfte Gebrauch gemacht. Merkt auf, Ihr linken Gehirnhälften! Ihr habt die Eingaben an die rechten Gehirnhälften immer unterdrückt. Linke Gehirnhälften, Ihr müßt die Fähigkeiten Eurer Partner, der rechten Gehirnhälften, respektieren!«

Die Klasse hat allgemein das Gefühl, daß sie mental etwas vollbracht hat, das die einzelnen Teilnehmer ursprünglich nicht für möglich hielten. Der Erfolg der rechten Gehirnhälfte ermutigt alle weiterzumachen. Aus den Teilnehmern scheint sich eine Gruppe gebildet zu haben, die zusammenarbeitet, und die Arbeit selbst scheint zu einem Prozeß geworden zu sein.

Nach einer kurzen Pause spricht die Trainerin über eine andere Methode, um mehr Alpha-Rhythmen auszulösen. Sie hebt ihre Hand hoch, wobei sie den Daumen und die nächsten beiden Finger fest zusammenhält. »Wir werden jetzt einen bedingten Reflex erzeugen«, erklärt sie. »Erinnern Sie sich, wie Pavlov den bedingten Reflex entdeckte, indem er immer, wenn er seine Hunde fütterte, mit einer Glocke läutete? Bald darauf fingen die Hunde schon zu trensen an, sobald sie bloß den Klang der Glocke hörten. Nun, wir werden hier weder Glocken läuten noch zu trensen anfangen, doch wir werden uns so programmieren, daß wir, immer wenn wir diese drei Finger zusammenhalten, in den Alphazustand zurückkehren.

In diesem Programmierungszyklus werden wir uns selbst konditionieren, so daß wir mit Hilfe der Drei-Finger-Technik, die uns in den Alpha-Zustand versetzt, uns eine gelesene oder gehörte Lektion besser merken können. Vergessen Sie aber nicht, daß dies nicht die einzige Anwendungsmöglichkeit für diese Technik ist. Sie können die Drei-Finger-Technik auch dazu verwenden, um unerschrocken, ruhig und Herr Ihrer Gefühle zu bleiben, wenn Sie in eine bedrohliche Lage geraten sollten, oder die Gefahr besteht, daß es zu einem Ausbruch unkontrollierter Gefühle kommt.«

Nach dem Mittagessen werden Sie im nächsten Programmierungszyklus angeleitet, einen Spiegel mental entstehen zu lassen. Die Trainerin erklärt, daß dieser Spiegel in der Lage ist, kleinere oder größere Szenen zu reflektieren, und daß er einen Rahmen hat, der die Farbe wechseln kann. Ein blauer Rahmen wird verwendet, um ein Problem oder eine unerwünschte Situation anzuzeigen. Ein weißer Rahmen wird verwendet, um die Lösung oder das erreichte Ziel anzuzeigen.

»Wann immer Sie den Spiegel brauchen, sei es um ein Problem zu lösen oder um ein Ziel zu erreichen, gehen Sie in Ihren Alpha-Zustand und sehen sich das Problem in dem blau gerahmten Spiegel an. Dann löschen Sie dieses Bild, rücken den Spiegel etwas nach links − in Richtung Zukunft − und sehen die Lösung oder das erreichte Ziel.«

»Aber wie kann man die Lösung in dem weiß gerahmten Spiegel sehen, wenn man sie nicht kennt?«

»In diesem Fall würden Sie nicht die Spiegel-Technik wählen, sondern die ›Glas-Wasser-Technik‹, die wir im Laufe des Nachmittags einprogrammieren werden.«

Die Trainerin gibt der Klasse Zeit, ein Problem unter Anwendung dieser Technik zu lösen. »Überlegen Sie sich, welches persönliches Problem Sie gerne lösen würden. Sollte Ihnen keines einfallen, kann ich Ihnen eines meiner Probleme überlassen.

Sobald Sie diese Technik zur Lösung eines bestimmten Problemes verwendet haben, dürfen Sie dieses Problem nie wieder in dem blau gerahmten Spiegel ansehen. Wann immer Sie über das Projekt, mit dem Sie sich beschäftigt haben, nachdenken − beachten Sie, daß ich es nicht mehr als Problem bezeichne − dürfen Sie nur an die Lösung in dem weiß gerahmten Spiegel denken. Das verändert die Polarität Ihres Denkens. Für Leute, die nur mit der linken Gehirnhälfte denken, ist es typisch, sich in einen bequemen Sessel zu setzen, zu entspannen und dann an ihre Probleme zu denken − eine Gewohnheit, die diese nur noch verstärkt.

Wenn Sie sich entspannen und sich Ihre Probleme bildhaft vorstellen, und das tun Sie, wenn Sie diese visualisieren, dann erschaffen Sie Probleme. Und wer hat es nötig, sich noch mehr Probleme zu schaffen? Daher verändern wir die Polarität unseres Denkens, und anstatt Probleme zu schaffen, schaffen wir Lösungen.«

Stellen Sie sich zum Beispiel vor, daß Ihr Mietvertrag im nächsten Monat ausläuft. Sie beschließen, zur Lösung dieses Problems den geistigen Spiegel zu benutzen. Unter Anleitung der Trainerin sehen Sie Ihre Wohnung in dem blau gerahmten Spiegel mit einem Kalender an der Wand, der diesen Monat zeigt. Sie löschen dieses Bild, ändern die Farbe des Rahmens in Weiß um, verrücken den Spiegel leicht und sehen eine wunderschöne Wohnung mit einem Kalender an der Wand, der den *nächsten* Monat zeigt.

Im nächsten Programmierungszyklus erzeugen Sie in Ihrer Hand eine Gefühllosigkeit, die dann an schmerzende Körperstellen transferiert werden kann.

Die Trainerin bittet die Kursteilnehmer, ihre Hand in einen imaginären Eimer mit Eiswasser zu tauchen und an eine Gelegenheit zu denken, bei der sie tatsächlich ihre Hände in eiskaltes Wasser steckten. Vielleicht fällt Ihnen ein Picknick ein, bei dem Sie Flaschen mit Mineralwasser in einem Gebirgsbach einkühlten. Sie stellen sich vor, wie Ihre Hand vor Kälte völlig unempfindlich ist. Sekunden später bittet Sie die Trainerin, die Hand zu prüfen und leicht zu zwicken. Die Hand ist tatsächlich gefühllos.

Nach Beendigung des Zyklus und während die Trainerin erklärt, wie Sie Ihre gefühllose Hand zur Schmerzlinderung benutzen können, ertappen Sie sich dabei, wie Sie auf ein Wesen des anderen Geschlechts starren, das zwei Reihen vor Ihnen sitzt. Sie schließen die Augen, machen drei tiefe Atemzüge und wiederholen dabei mental dreimal: Drei, drei, drei, zwei, zwei, zwei und eins, eins, eins. Dann visualisieren Sie den Teilnehmer oder die Teilnehmerin und sagen mental: »Wäre es nicht nett, wenn wir miteinander plauderten. Es würde uns beide bereichern.« Sie zählen sich wieder ›nach oben‹.

Die Trainerin setzt mit der Erklärung fort, wie man die ›Glas-Wasser-Technik‹ zum Problemlösen verwendet. Um die nötige Information oder Führung zu erhalten, trinken Sie einfach bevor Sie zu Bett gehen ein Glas Wasser zur Hälfte aus, schließen Sie die Augen, richten Sie den Blick leicht nach oben und sagen Sie mental: »Das ist alles, was ich tun muß, um das Problem, das ich im Sinn habe, zu lösen.«

Die Information, die Sie brauchen, wird vielleicht auch in dieser Nacht in einem Traum kommen. Wenn dies nicht der Fall ist, trinken Sie den Rest des Wassers beim Aufstehen auf die gleiche Weise aus. Die Antwort wird kommen, versichert Ihnen die Trainerin. Warum? Weil Sie etwa zu siebzig bis achtzig Prozent aus Wasser bestehen und das Wasser programmiert ist, die menschliche Intelligenz zu unterstützen.

»Die ›Glas-Wasser-Technik‹ ist noch in mancherlei Hinsicht nützlich«, ruft die Trainerin der Klasse in Erinnerung. »Sie ist hilfreich, wenn Sie eine Entscheidung treffen müssen, einen verlorenen Gegenstand finden wollen oder etwas besser verstehen sollen.«

Der letzte Programmierungszyklus wird ›Verhaltenskontrolle‹ genannt.

Es war ein sehr gewinnbringender Tag für Sie. Nun haben Sie fünf volle Tage lang Zeit, um bis zur nächsten Sitzung einige der erlernten Techniken auszuprobieren.

Die Trainerin verabschiedet sich und wünscht Ihnen eine schöne Woche, und Sie werden den Verdacht nicht los, daß dies eintreffen wird.

16

Das Silva-Training:
3. Tag

»Es ist tatsächlich passiert.« Sie unterhalten sich mit einigen
Trainingsteilnehmern, die wie Sie etwas vor Beginn des drit-
ten Trainingstages eingetroffen sind. Es ist jetzt Samstag
und ein Wochenende später. »Letzten Sonntag habe ich als
Problem für die Spiegeltechnik mein Wohnungsproblem ge-
nommen, genauso wie die Trainerin es vorgeschlagen hat.
Mein Mietvertrag läuft ab, doch am Mittwoch hat mir ein
Freund, der im selben Haus wohnt, erzählt, daß er in eine
andere Stadt ziehen und seine Wohnung daher frei wird.
Natürlich habe ich gleich zugegriffen. Was für ein Zufall!«

José Silva definiert ›Zufall‹ als ein Ereignis, bei dem »eine
Höhere Intelligenz auf den Plan getreten ist, aber keine
Unterschrift hinterlassen hat«.

»Heute morgen«, kündigt die Trainerin zu Beginn des
dritten Tages an, »werden wir den Gang wechseln. Während wir letztes Wochenende zahlreiche Methoden kennen-
gelernt haben, wie wir uns eine Reihe von Vorteilen verschaffen können, werden wir uns dieses Wochenende auf die
mentale Arbeit konzentrieren. Und am Ende dieses Wo-
chenendes wird der Nutzen aus dieser Arbeit noch die Vorteile von letzter Woche überwiegen.

Letztes Wochenende haben wir viele Wege zur Anwendung des Alpha-Zustandes einprogrammiert. Wir haben
einen größeren Teil unserer geistigen Fähigkeiten aktiviert

und uns dienstbar gemacht und gelernt, daß wir unseren Geist wie einen Computer programmieren können. Doch obwohl wir jetzt in der Lage sind, unseren Geist besser zu nutzen als zuvor, ist ein Teil von ihm noch im Nachteil.

Die rechte Gehirnhälfte ist nicht ausgebildet worden. Ja, sie wurde kaum benutzt. Sie hat sich keine Kartei von Bezugspunkten angelegt wie unsere linke Gehirnhälfte. Alles, was wir seit dem Tag unserer Geburt gesehen, gehört, gerochen, geschmeckt und berührt haben, ist zum Bezugspunkt für unsere linke Gehirnhälfte geworden. Wogegen die rechte Gehirnhälfte im Grunde eine Einöde ist – es gibt keine Wegweiser dort, keine vertrauten Erinnerungen, keine Bezugspunkte, und wenn wir sie zu erforschen beginnen, verirren wir uns. Heute und morgen vormittag werden wir all dies verändern. Wir werden der rechten Gehirnhälfte dieselben Vorteile verschaffen wie der linken.«

Die Trainerin zeigt auf zwei Listen an der Tafel, die mit ›links‹ und ›rechts‹ überschrieben sind.

Linke Gehirnhälfte	Rechte Gehirnhälfte
Außenwelt	Innenwelt
Objektiv	Subjektiv
Aktiv	Passiv
Körperbewegung	Körpersprache
Logik	Gefühle
Linear	Räumlich
Sprache	Musik, Kunst
Detail	Gesamtbild
Polarität	Einheit

Sie wendet sich von der Tafel ab und nähert sich der ersten Reihe, als hätte sie der Klasse etwas besonders Wichtiges mitzuteilen.

»Beachten Sie, daß der letzte Punkt auf der linken Liste derselbe ist wie der erste. Die Außenwelt, unsere äußere Umgebung, ist eine Polarität. Jedes Atom stellt eine Polarität dar — der positive Atomkern, die negativen Elektronen. Bei der Atomzertrümmerung entsteht Energie. Einheit. Eins kommt vor Zwei. Daher ist unsere rechte Gehirnhälfte auf die Ursache ausgerichtet, unsere linke auf die Wirkung. Übersetzt heißt das, daß Sie und ich eine Brücke sind, die vom schöpferischen Bereich — der rechten Gehirnhälfte — zur Schöpfung — der linken Gehirnhälfte — führt.«

Sie zeigt auf einen Mann in der ersten Reihe. »Was ist die schwache Seite dieser Brücke?«

»Die rechte Gehirnhälfte«, antwortet er schnell.

»Richtig. Wir haben keine gute Verbindung zur Quelle unseres Wesens, dem schöpferischen Bereich. Wir denken mit der linken Gehirnhälfte und können mit der materiellen Welt — mit Materie, Zeit und Raum — ziemlich gut umgehen. Doch laßt uns die rechte Gehirnhälfte aktivieren, und wir werden zusätzlich in der Lage sein, Materie, Zeit und Raum zu transzendieren, um wie Menschen mit schöpferischen und medialen Fähigkeiten zu denken. Ist die rechte Gehirnhälfte aktiviert, können wir unlösbar erscheinende Probleme lösen und Dinge wissen, die wir rational nicht verstehen können. Und wir sind fähig, eine Höhere Intelligenz anzuzapfen.«

Sie geht zu ihrem Pult zurück, nimmt ein großes Bild und hält es in die Höhe. Es ist eine von einem Künstler angefertigte Zeichnung von einem Mann, der an seinem Computer arbeitet. Ein Kabel verbindet ihn mit etwas, das den ganzen Himmel über ihm ausfüllt. »Wenn Sie einen Computer haben, wissen Sie, daß Sie über das Telephonnetz Zugang zu größeren Datenbanken haben. Auf ähnliche Weise können Sie durch die Aktivierung der rechten Seite Ihres mentalen Computers Zugang zu einer Höheren Intelligenz erlangen, wie dem Großen Computer im Himmel.

Um es mit anderen Worten zu sagen: Die Ausbildung der

rechten Gehirnhälfte gibt uns die Möglichkeit, unsere medialen, oder wenn Sie es vorziehen, intuitiven Fähigkeiten zu entwickeln. Wenn wir diese Fähigkeiten genügend verstärken, können wir sie als Werkzeug benutzen.«

Den ersten Schritt in der Erziehung der rechten Gehirnhälfte bildet die Errichtung von Bezugspunkten für diese. Die Trainerin bittet die Klasse, sich in den Alpha-Zustand zu begeben, ihre Wohnstätte zu visualisieren und die Außenseite genau zu untersuchen. Sie treten mental ein und gehen in das Wohnzimmer. Sie stehen in der Mitte des Zimmers mit dem Gesicht zur Südwand. Sie untersuchen die Wand so genau, wie Sie es draußen getan haben, von oben nach unten, von links nach rechts, wobei Sie immer ein Stück tiefer rutschen. Dann stellen Sie sich vor, daß Sie so nahe sind, daß Sie die Wand berühren. Den Anweisungen folgend, projizieren Sie sich mental in die Wand hinein, prüfen die Menge und Farbe des Lichts innerhalb der Mauer, die Temperatur, den Geruch und schließlich die Festigkeit, indem Sie tatsächlich eine Faust machen und sie abklopfen. Die Trainerin zählt bis drei und schnalzt mit den Fingern, und Sie sind wieder außerhalb der Wand und in der Mitte Ihres Wohnzimmers mit dem Gesicht zu ihr. Nun werden Sie aufgefordert, die Farbe der Wand zu verändern: Zuerst in Schwarz, dann in Rot, dann in Grün, dann in Blau, dann in Violett, dann zurück in ihre normale Farbe und schließlich wieder in Schwarz.

Als nächstes ersucht Sie die Trainerin, in schneller Folge verschiedene Dinge vor der Wand zu plazieren — einen Sessel, eine Wassermelone, eine Zitrone, eine Orange, drei Bananen, drei Karotten und schließlich einen frischen grünen Salatkopf. Sie betrachten die Früchte und das Gemüse zuerst prüfend aus einiger Entfernung, dann aus der Nähe, wobei Sie gebeten werden, sich auch ihren Geruch und Geschmack vorzustellen.

Dieser Programmierungszyklus wird Ihnen vielleicht endlos erscheinen, und Sie werden erleichtert die Trainerin sagen hören: »Vier, Fünf — Augen auf, Sie sind hellwach, fühlen sich gesund und munter, es geht Ihnen besser als vorher.«

Warum sind Bezugspunkte notwendig? Verkehrszeichen, Landkarten und Wahrnehmungen, die wir unseren fünf Sinnen verdanken, können Sie verstehen, aber dies?

Während der Pause werden Sie gebeten, vier kleine solide Metallzylinder — Kupfer, Messing, Stahl und Blei — zu untersuchen, sie mit ausgestrecktem Arm zu halten, näher zu bringen, die Stirn damit zu berühren und den Arm wieder auszustrecken. Es wird Ihnen gesagt, daß Sie nach der Pause diese Bewegung während des Programmierungszyklus wiederholen und sich mental in jedes Metall hineinversetzen werden, um dieselben vier Untersuchungen durchzuführen, die Sie innerhalb der Wand hinsichtlich Licht, Temperatur, Geruch und Festigkeit gemacht haben.

Die Trainerin erklärt: »Sie werden eine mentale und keine physische Projektion vornehmen. Vielleicht fragen Sie sich, wieviel Platz Sie brauchen, um sich mental in diese Objekte zu versetzen — drei Zentimeter oder vielleicht über einen Meter? Um diese Frage auszuschalten, haben wir eine Technik, um alles größer und heller zu machen. Schnalzen Sie einfach mit den Fingern Ihrer rechten Hand. Um ein Objekt wieder in seine Originalgröße zurückzubringen, schnalzen Sie mit den Fingern Ihrer linken Hand. Hegen Sie immer die Erwartung, daß die Veränderung stattfinden wird.«

Sobald der Programmierungszyklus begonnen hat, schnalzen Sie mit den Fingern Ihrer rechten Hand, um den Metallgegenstand größer zu machen. Rundherum im Raum hören Sie auch andere mit den Fingern schnalzen.

Nach der Mittagspause erklärt die Trainerin, wie das Programmieren subjektiver Bezugspunkte in der Reihenfolge der Entwicklung der Materie fortgesetzt wird. »Wir haben für die rechte Gehirnhälfte bereits Bezugspunkte für Metalle aufgestellt. Unbelebte Objekte sind am wenigsten kompliziert, was das Programmieren betrifft. Als nächstes sind die Pflanzen an der Reihe.« Sie hält einige Blätter hoch. »Wir werden uns jetzt in diese Blätter hineinversetzen. Die Tierprojektion ist dann der nächste überaus komplizierte Schritt. Ich werde Sie bitten, sich in eine Katze oder einen Hund, die Sie gut kennen, hineinzuversetzen, und danach werden Sie bereit sein, Bezugspunkte auf der menschlichen Ebene zu programmieren, um menschliche Probleme zu lösen und aus dieser Welt eine bessere zu machen.«

Die Trainerin verteilt die Blätter, ein kleines und ein großes Blatt für jeden Kursteilnehmer, wobei sie die Klasse auffordert, dieselben Armbewegungen mit jedem Blatt zu machen wie zuvor mit den Metallzylindern.

Dann beschreibt die Trainerin den Verlauf des Programmierungszyklus mit dem neuen Material, wobei ein Obstbaum während seiner jahreszeitlich bedingten Veränderungen verfolgt wird.

Sie beginnen den Programmierungszyklus durch dreimaliges tiefes Ein- und Ausatmen, vollziehen die Vertiefungsübungen und die positiven Affirmationen, und dann sind Sie tief in einem traumähnlichen Zustand. Jemand klopft Ihnen auf die Schulter, Sie öffnen die Augen. Die Trainerin beugt sich über Sie und flüstert: »Strecken Sie Ihren Arm aus und pflücken Sie ein Blatt, zerreiben Sie es mit den Fingern, halten Sie es unter Ihre Nase und prägen Sie es sich mental ein.«

Vielleicht ist es Ihnen peinlich, aber Sie schließen Ihre Augen und vollziehen die Bewegungen. Als sie sagt, daß Blüten erscheinen, gehen Sie genauso vor. Dann sagt sie, daß kleine unreife Früchte erscheinen, dann werden sie größer und reifen schließlich heran. Nun führt Sie die Trainerin mental in Ihr Wohnzimmer, wo Sie sich mit dem Gesicht zur Südwand plazieren und sich in das kleinere Blatt versetzen, um die vier Tests durchzuführen. Danach versetzen Sie sich in das größere Blatt. Die Trainerin zählt bis fünf und Sie öffnen die Augen.

Die Trainerin ist sich der Möglichkeit, daß einige Teilnehmer während des Zyklus eingeschlafen sind, sehr wohl bewußt. »Seien Sie unbesorgt, wenn Sie etwas versäumt haben«, sagt sie. »José Silva hat bei diesem Training einen sehr hohen Sicherheitsfaktor einkalkuliert, um einen technischen Ausdruck zu verwenden – tatsächlich ist es viel stärker, als eigentlich nötig wäre.«

Nun bittet sie die Teilnehmer, sich einen Hund oder eine Katze auszusuchen, mit denen sie sehr vertraut sind. Ihre Wahl fällt auf den Dachshund Ihres Freundes, in dessen Wohnung Sie morgen einziehen werden.

»Wir werden physiologische Bezugspunkte aufstellen, weil wir Haustiere als Körper kennen. Wir werden verschiedene Organe untersuchen, nicht indem wir in diese Organe hineingehen, sondern indem wir sie von einem äußeren Standpunkt aus betrachten. Wir werden sie mental sehen, also nicht in den tierischen Körper eintreten. Wir werden den Schädel, das Gehirn, die Lunge, das Herz und die Nieren untersuchen. Ausgelöst durch den Wunsch sie zu sehen, werden wir uns auf ihre Ebene versetzen und sie in irgendeiner Weise, so wie wir sie kennen, sehen. Das heißt, daß, wenn Sie zum Beispiel nicht sicher sind, wie eine Hundeleber aussieht, Sie sich einfach mit dem Bild einer Kalbsleber behelfen, an die Sie sich erinnern können.«

Der Programmierungszyklus beginnt, und Sie begeben sich mental auf die Reise durch den Körper des Tieres, das Sie sich ausgesucht haben. Bei jedem Fingerschnalzen der Trainerin sehen Sie ein anderes Organ.

»Wenn Sie sich in Ihren Hund versetzt haben«, sagt die Trainerin, »so werden Sie vielleicht heute abend, wenn Sie nach Hause kommen, feststellen, daß er Ihnen ganz besonders seine Liebe zeigt, so als ob er sagen wollte: ›Jetzt sprichst du meine Sprache.‹ Katzen sind anders, sie schätzen ihre Privatsphäre. Anstatt sich wie sonst an Ihrem Bein zu reiben, wenn Sie heimkehren, könnte es sein, daß sich Ihre Katze unter dem Sofa versteckt.«

Nach der Pause erklärt die Trainerin, daß die Klasse zwar die letzte Sprosse der Evolutionsleiter erreicht hätte und bereit sei, subjektive Bezugspunkte auf der menschlichen Ebene zu programmieren, dennoch würden jetzt zwei Programmierungszyklen folgen, die die Einrichtung eines Labors für kreative Arbeit der rechten Gehirnhälfte zum Ziel hätten. »In dieser von der linken Gehirnhälfte bestimmten Welt haben wir spezielle Plätze für spezielle Tätigkeiten — eine Küche zum Kochen, ein Eßzimmer zum Essen, ein Arbeitszimmer zum Arbeiten. Wir werden jetzt dasselbe für die rechte Gehirnhälfte machen. Wir werden ein Labor errichten, wo wir unserer intuitiven oder medialen Arbeit nachgehen können.«

»Wir werden uns diesmal auf eine tiefere Bewußtseinsebene begeben — die kreative Ebene — und daher einen zusätzlichen Countdown von 10 bis 1 einschalten. Dann werden Sie einen Raum schaffen — vier Wände, eine Decke und einen Fußboden — und ihn ganz nach Ihren Wünschen einrichten. Ich werde Ihnen genügend Zeit lassen.« Sie zählt bis 3 und schnalzt mit den Fingern.

»Jetzt werden wir folgende Dinge entstehen lassen: einen Sessel, einen Schreibtisch, eine Uhr, einen ewigen Kalender, eine Aktenablage, Werkzeug und sonstige Geräte, sowie Chemikalien und Medizin. Sie haben für alles genügend Zeit.« Sie zählt wieder bis 3 und schnalzt mit den Fingern.

Der Programmierungszyklus läuft, und Sie sind auf Ihrer kreativen Ebene angekommen. »Schaffen Sie den Raum, der Ihr Labor sein wird.« Sie sehen mental einen langen Raum mit einer Glasdecke, die Ihnen erlaubt, den Mond und die Sterne nachts zu beobachten. Außerdem lassen Sie zu Ihrer Rechten ein großes ovales Fenster entstehen, um den Sonnenaufgang sehen zu können, und zu Ihrer Linken ein zweites für den Sonnenuntergang. Goldene Wände, weißer Teppichboden.

Ihr Sessel ist komfortabel gepolstert und mit Heizspiralen versehen. Ihr Schreibtisch ist große Klasse und aus Mahagoni. In die Schreibtischplatte sind eine Digitaluhr und ein ewiger Kalender eingelassen, die über Knöpfe in der linken Armlehne des Sessels zu bedienen sind. Die Aktenablage ist computerisiert — Sie brauchen nur auf die Knöpfe der Armlehne zu drücken, und die gesuchte Information leuchtet auf der Schreibtischplatte auf. Auf Ihren bloßen Wunsch kommen aus der Wand zu Ihrer Rechten Werkzeug und Medizin, die Sie gerade brauchen.

Am Ende des Programmierungszyklus ist jede Teilnehmerin und jeder Teilnehmer herzlichst eingeladen, ihr oder sein Labor zu beschreiben. »Es könnte sein, daß ich einige Ideen für meine eigenen Zwecke anwende«, warnt die Trainerin die Kursteilnehmer.

Sie haben Ihr Labor für sehr futuristisch gehalten, doch als die Reihe an Sie kommt, haben in der Zwischenzeit andere derart phantasievolle Bilder beschrieben, daß Ihnen Ihre eigenen Vorstellungen jetzt konservativ erscheinen.

»Im letzten Programmierungszyklus von heute«, fährt die Trainerin fort, »werden wir einen Bildschirm an der Südwand unseres Labors installieren. Außerdem werden wir einen Aufzug schaffen, der durch eine Tür im Boden hinunterfährt und der ebenfalls von der Armlehne Ihres Sessels aus bedient werden kann. Das Aufzugsabteil werden wir für die Einführung von Ratgebern benützen.«

Sie erklärt, wie ein Vorkommnis während der Forschungsjahre von José Silva diesen auf die Idee brachte, spirituelle Ratgeber einzuführen. Seine Tochter Margarita, die damals sieben Jahre alt war, arbeitete an einem Gesundheitsproblem in ihrem Laboratorium und wurde plötzlich sehr aufgeregt.

»Stimmt etwas nicht, Liebes?« fragte José.

»Ihre Augen sind riesig, sie macht mir Angst«, war die Antwort.

»Schnalze mit den Fingern von deiner linken Hand, und sie wird kleiner werden«, wies José sie an. Er beobachtete Margarita dabei, und bald lächelte sie wieder.

»Wie geht es dir jetzt?« fragte José.

»Sie ist so klein wie eine Puppe. Sie erschreckt mich nicht mehr.«

Später dachte José über den Vorfall nach. Was wäre geschehen, wenn er nicht dabei gewesen wäre? Vielleicht sollte er seine Kinder veranlassen, erwachsene Ratgeber für ihre Labors zu schaffen, nicht als Babysitter, sondern einfach als Berater. Er besprach sich mit seinen Kindern, und die Idee wurde für gutgeheißen. Jedes seiner Kinder schuf sich einen Berater, der ihm in seinem Labor auf bloße Anfrage mit seinem Rat zur Seite stand. José war entzückt.

»Frag deinen Berater, was er von meiner Idee, ihn zu schaffen, hält«, sagte José zu einem seiner Kinder, das gerade in seinem Labor an einem Problem arbeitete.

»Er sagt: ›Wieso glaubst du eigentlich, daß die Idee von dir stammt?‹« war die für ein Kind nicht gerade passende Antwort.

Eines Tages geriet Margarita wieder in Verlegenheit, als sie eine Frage über ein Frauenproblem an ihren männlichen Ratgeber zu stellen hatte. Sie befahl ihm, sich zu entfernen, und setzte statt dessen eine weibliche Beraterin ein. José ließ danach alle seine Kinder einen zweiten Ratgeber schaffen, so daß es einen männlichen Berater für männliche und eine weibliche Beraterin für weibliche Probleme gab.

Die Trainerin teilt Ihnen mit, daß Sie sich nach Belieben einen männlichen oder weiblichen Ratgeber aus der Gegenwart oder der Vergangenheit aussuchen oder selbst erschaffen können. Lassen Sie nie zu, daß ein Ratgeber spontan erscheint. Wenn Sie diesen Teil des Programmierungszyklus erreichen, treffen Sie die Entscheidung und veranlassen, daß es geschieht. Zuerst wählen Sie Albert Einstein aus, und er erscheint in Ihrem Aufzugsabteil. Dann wählen Sie Florence Nightingale, und sie erscheint. Als später die Kursteilnehmer bekanntgeben, welche Ratgeber sie gewählt haben, erweist es sich, daß diese von ›meine Mutter‹ bis zu ›Jesus‹ reichen.

Auf dem Heimweg machen Sie kurz vor der Wohnung Ihres Freundes halt, um zu besprechen, welche Möbel er nicht mitnimmt, wenn er umzieht. Als er die Tür öffnet, begrüßt Sie der gewöhnlich sehr zurückhaltende Dachshund überaus stürmisch, springt an Ihnen hoch, leckt Sie ab, wedelt mit dem Schwanz und kann sich nicht beruhigen.

»Er ist nie so!« ruft Ihr Freund erstaunt aus. »Er muß spüren, daß ich ihn dem Tierschutzverein geben will, und versucht uns begreiflich zu machen, daß er bei dir bleiben will.«

Sie fragen sich still, ob da nicht ein anderer Grund vorliegt.

17

Das Silva-Training:
4. Tag

Bevor Sie Sonntag früh Ihre Wohnung verlassen, um am vierten und letzten Trainingstag teilzunehmen, müssen Sie noch eine Hausaufgabe machen. Die Trainerin hatte verlangt, daß jeder Kursteilnehmer drei Fälle mitbringt, die er separat auf je einem Blatt Papier niedergeschrieben hat. Unter ›Fall‹ ist die detaillierte Beschreibung einer Person zu verstehen, von der Sie wissen, daß sie krank ist.

Vielleicht führen Sie als ersten Fall Ihren Vater an, der durch einen Schlaganfall halb gelähmt und an den Rollstuhl gebunden ist. Sie schreiben seinen Namen, Adresse, Alter und Geschlecht auf die eine Seite des Blattes und eine Beschreibung von ihm und seiner Krankheit auf die andere Seite. Die Trainerin hat erklärt, daß Sie Namen, Adressen, Alter und Geschlecht einem anderen Teilnehmer geben werden und daß dieser die Person beschreiben, die Krankheit entdecken und beheben wird.

Ihr zweiter Fall ist ein Freund, der im Krankenhaus liegt und sich von den Verletzungen erholt, die er sich bei einem Autounfall zugezogen hat. Ihr dritter Fall ist ein chronischer Alkoholiker, der in der Wohnung über Ihnen lebt und seine Frau schlägt. Sie bereiten die Fälle vor, aber es könnte sein, daß Sie skeptisch sind. Eine Person beschreiben *und* heilen, von der Sie noch nie gehört haben? Diese Behauptung geht nun doch zu weit, denken Sie insgeheim.

»Bitte sprechen Sie mit niemandem über Ihre Fälle«, ersucht Sie die Trainerin gleich zu Beginn. »Heute haben wir nur noch zwei Programmierungszyklen, und dann ist das Training komplett. In diesen beiden Zyklen geht es um die Errichtung von Bezugspunkten für die rechte Gehirnhälfte, die den Menschen betreffen. Obwohl Sie solche Bezugspunkte für das Mineral-, das Pflanzen- und das Tierreich bereits aufgestellt haben, müssen Sie dennoch zuerst auf der menschlichen Ebene arbeiten – in Ihrem eigenen Reich sozusagen –, ehe Sie mit Tieren, Pflanzen oder anorganischer Materie arbeiten. In der Tat ist das Menschenreich das Reich, mit dem sich am leichtesten arbeiten läßt, da Sie ja ein Teil davon sind. In andere Reiche überzuwechseln ist schwieriger, und Sie müssen mit der leichtesten und nicht mit der schwersten Ebene anfangen. Sobald Sie dann erfolgreich sind, und Ihre Erwartungen und Ihr Glaube sich entwickeln, werden Sie fähig sein, sich in andere Reiche zu versetzen, um zum Beispiel herauszufinden, warum Pflanzen nicht wachsen oder Minerale zu entdecken.«

Ihr Freund oder Ihre Freundin aus der Reihe vor Ihnen nickt verständnisvoll. Sie sind der nächste mit einer Frage.

»Ich kann verstehen, wie wir uns selbst heilen können. Unser Geist kontrolliert unseren Körper. Aber wie können wir jemand anderen heilen, und noch dazu auf Entfernung?«

»Sie haben mediale Fähigkeiten«, entgegnet die Trainerin. »Ich wollte gerade darüber sprechen.«

Ihr Freund oder Ihre Freundin dreht sich um, sieht Sie an und lächelt. Das verschönt Ihnen den Tag.

»Setzen wir uns mit der Frage auseinander, wie es möglich ist, jemand auf Entfernung zu heilen. Raum ist ein Charakteristikum der materiellen Welt, wie sie von der linken Gehirnhälfte wahrgenommen wird. Doch wenn wir heilen, benutzen wir die rechte Gehirnhälfte und sind deshalb im schöpferischen Bereich, wo Raum keine Rolle spielt. Wir könnten von der Transzendierung des Raums sprechen oder sagen, daß, wenn wir durch die rechte Gehirnhälfte funktionieren, Raum für uns nicht existiert.

Was nun unsere Fähigkeit betrifft, tatsächlich unerwünschte Bedingungen in anderen umzuwandeln oder zu beseitigen, so brauchen Sie nur daran zu denken, wie Sie in Ihrem eigenen Körper vorgehen. Jetzt müssen Sie sich nur noch klar machen, daß, wenn es keinen Raum gibt, es auch keine Trennung zwischen Geist und Geist gibt. Wir sind alle eins. Die Energie des Bewußtseins kann überallhin. Sie kann Probleme auf einem bestimmten Energieniveau entdecken und auf diesem Energieniveau Korrekturen vornehmen. Die Energieebene ist die *kausale* Ebene — der schöpferische Bereich. Und wenn es auf der Energieebene zu Veränderungen kommt, muß die physische Ebene folgen. Begeben Sie sich auf Ihre Laborebene, stellen Sie eine Person vor Ihren mentalen Bildschirm, entdecken Sie mental ein Problem, sehen Sie die Person genau, stellen Sie sich vor, wie Sie das Problem beheben, — und Sie *schaffen* auf diese Weise Wohlbefinden.

Denken Sie daran, wenn Sie bei Eins angekommen sind in diesem Programmierungszyklus, befinden Sie sich in Ihrem Labor. Begrüßen Sie Ihre Ratgeber und sprechen Sie ein gemeinsames Gebet. Seien Sie dessen eingedenk, daß dies ein spiritueller Augenblick ist. Wenn Sie einer Religion angehören, so verwenden Sie Ihr stärkstes Gebet, damit Sie sicher sein können, daß Sie sich mit den höchsten kreativen Mächten verbinden. Wenn Sie aber nicht gewöhnt sind zu beten oder nicht daran glauben, folgen Sie Ihrer eigenen spirituellen Führung.

Sollten Ihnen an diesem Punkt Zweifel über Ihre Ratgeber kommen, so ›feuern‹ Sie diese nicht ohne Grund. Sie wissen doch, daß Sie es mit Genies zu tun haben. Welchen Grund könnten Sie haben, ein Genie zu feuern? Ihre Einstellung ist der Schlüssel. Wenn Sie nicht akzeptieren, daß Ihre Ratgeber Genies sind, und glauben, daß sie Fehler machen könnten, dann werden sie dies wahrscheinlich auch tun. Bevor Sie einen Ratgeber entlassen, versuchen Sie, Ihre eigene Einstellung zu ändern – Ihre Erwartung und Ihren Glauben an diese Person.«

Vielleicht kommt Ihnen der Gedanke, daß, wenn Sie Krankheit korrigieren können, es keinen Grund gibt, nicht zu glauben, daß wir ewig leben können.

Die Trainerin nimmt zu dieser Frage Stellung. »Zellen und Organe ermüden und hören schließlich auf, sich zu erneuern, sagt José Silva, und daher können wir nicht ewig leben. Doch er weist ausdrücklich darauf hin, daß wir alle gesund sterben können.«

Nun ersucht die Trainerin, daß jeder Teilnehmer sich einen Partner wählt – »jemand, den Sie kennen, dessen Gesicht Sie sich gut in Erinnerung rufen können. Diese Person wird Ihnen in diesen beiden Programmierungszyklen dazu dienen, subjektive Bezugspunkte von einem physiologischen Standpunkt aus zu setzen.«

Die Trainerin führt Sie durch die drei tiefen Atemzüge, verbunden mit der dreimaligen Wiederholung der drei Zahlen, dann zur Vertiefung durch den Countdown von 10 bis 1. Es folgt die ›Genieerklärung‹ und die Erklärungen für die effektive sensorische Projektion.

»In wenigen Sekunden werde ich von 10 bis 1 zählen. Sie werden sich auf Ihre Laborebene begeben und Ihre Ratgeber dort antreffen, mit denen Sie gemeinsam ein Gebet sprechen werden.«

Sobald Sie bei der Zahl 1 angelangt ist, sind Sie tatsächlich dort. Sie sehen Ihr Laboratorium, genauso wie Sie es geschaffen haben. Und da sind auch Albert Einstein und Florence Nightingale. Sie scheinen bereits im Gebet versunken zu sein. Sie schließen sich ihnen an. »Lieber Gott, bitte hilf, daß es mir gelingt.«

Der von Ihnen vor Beginn der Übung ausgesuchte Freund erscheint nun auf Ihrem mentalen Bildschirm. Sie haben den Schädel untersucht und sind nun beim Gehirn. »Greifen Sie auf Ihre früher gemachte Erfahrung zurück, wie das Gehirn aussieht. Entdecken Sie die verschiedenen Farben des Gehirns, wie zum Beispiel grau vorne, rosa in der Mitte und dunkelrot hinten.«

Sie sehen mental die Farben. Die Trainerin lenkt nun Ihre Aufmerksamkeit auf dunkle Stellen, die einen Gehirnschaden anzeigen. »Helfen Sie diese Abnormalität zu korrigieren, indem Sie die dunklen Stellen löschen und den Eindruck von einem gesunden Gehirn projizieren.«

Die Trainerin führt Sie durch den ganzen Körper, durch das Skelett, das Herz – das sie sogar transparent macht – und die Lungen. Bei jedem Organ kommt sie auf die Probleme zu sprechen, die es möglicherweise geben könnte und auf die Art und Weise, wie sie zu beheben sind. Sie beenden den Programmierungszyklus selbst, indem Sie Ihren Ratgebern danken, ein Abschiedsgebet sprechen und von 1 bis 3 zählen. Beim Öffnen der Augen schnalzen Sie mit den Fingern und bestätigen, daß Sie ›hellwach‹ sind und ›sich großartig fühlen‹.

Im letzten Programmierungszyklus des Tages und des Trainings untersuchen Sie den Magen, den Darmtrakt, die Bauchspeicheldrüse, die Leber, die Gallenblase und die Nieren. Wobei Sie die Trainerin jedes Mal auf die möglichen Erkrankungen aufmerksam macht und was Sie dagegen unternehmen könnten.

»Ich gratuliere Ihnen. Sie haben Ihre rechte Gehirnhälfte mit allen Bezugspunkten ausgestattet, die erforderlich sind, damit Sie sich auf Ihre Intuition verlassen können. Ich wünsche Ihnen ›Guten Appetit‹.«

Nach dem Mittagessen bittet die Trainerin die Klasse, die Seite 73 in den Unterlagen aufzuschlagen und die ›Anweisungen für Orientologen‹ zu lesen. »Den halben Nachmittag lang werden Sie ein Orientologe sein – derjenige, der dem Medium den Fall unterbreitet. Die andere Hälfte der Zeit werden Sie selber das Medium sein, das den Fall behandelt.

Als Orientologe, der den Fall unterbreitet, werden Sie Ihrem Medium dieses Material vorlesen. Ich werde es durchgehen, und Sie folgen mir.«

Es scheint einfach genug zu sein. Sie bitten Ihr Medium, sich auf die Laborebene zu begeben und Ihnen zu signalisieren, wenn es bereit ist. Zur Vertiefung zählen Sie von 10 bis 1. Dann nennen Sie nur den Namen, Adresse, Alter und Geschlecht. Die beiden folgenden Seiten enthalten Instruktionen zur schrittweisen Überprüfung des Körpers und Anleitungen, wie das Medium während der Untersuchung zum Reden zu ermuntern ist. Vor Abschluß der Sitzung nimmt das Medium Korrekturen an den entdeckten Problemen vor, und ›Treffer‹ werden nochmals durchgegangen, um stärker bewußt zu machen, wie das Gefühl ist, in Ordnung zu sein. Das Medium dankt seinen Ratgebern und kommt zurück, um mit seinem Partner über den Fall zu sprechen.

»Wir werden Zweier- und Dreiergruppen bilden. Die dritte Person kann als Beobachter fungieren. Doch alle drei werden sich abwechseln, so daß ein jeder von der Gruppe auch als Medium und Orientologe fungiert.«

Die Gruppen bilden sich und verteilen sich im Raum.

»Ich möchte zuerst das Medium sein«, sagt Ihr Partner, mit dem Sie am liebsten zusammensein wollten.

Sie suchen unter Ihren Fällen einen aus und öffnen Ihre Unterlagen. Es ist der Fall Ihres Freundes, der im Krankenhaus liegt. Sie beginnen zu lesen.

»Suche dein Laboratorium auf, verwende zuerst den Dreier-Countdown und vertiefe ihn durch den Countdown von 10 bis 1. Laß mich wissen, wann du bereit bist…«

In einer Minute ist Ihr Freund fertig. Sie nennen Namen, Alter, Adresse und Geschlecht Ihres Falles. »Ich werde von 3 bis 1 zählen, und der Körper dieser Person wird auf deinem Bildschirm sein.« Sie zählen bis 1 und schnalzen mit den Fingern. Sie wiederholen Namen, Alter, Adresse und Geschlecht und bitten Ihr Medium, den Körper zu untersuchen.

Die Trainerin hat die Klasse gewarnt, daß ein Medium, zumindest beim ersten Mal, nur widerwillig sprechen wird. Es stellt sich heraus, daß sie recht gehabt hat. Ihr Freund sitzt einfach nur da.

Sie lesen laut aus den Unterlagen: »Die Untersuchung ist laut zu kommentieren. Sag mir alles, was dir in den Sinn kommt. Es mag dir vorkommen, als würdest du es erfinden. Dieses Gefühl ist richtig.«

»Im Bett. Gebrochenes Bein.«

»Welches?« fragen Sie.

»Links.«

»Was fällt dir noch auf?« Sie haben Ihre Unterlagen weggelegt und improvisieren.

»Verbände, Schrammen. Entweder wurde er zusammengeschlagen oder er hat einen Unfall gehabt.«

Sie staunen. »Ja, das stimmt. Möchtest du jetzt beginnen, jedes Problem, das du siehst, zu bereinigen?«

Eine Weile herrscht Schweigen. Ihr Freund bewegt seine Hände, als ob er nähen und das Bein medizinisch versorgen würde.

»Ich bin fertig. Es wird wieder in Ordnung kommen.«

»Bevor du wieder zurückkommst, möchte ich dir sagen, daß alles gestimmt hat. Es war ein Autounfall.« Sie greifen nach Ihren Unterlagen und fangen wieder zu lesen an. »Wenn du diese Dimension mit dem aufrichtigen Wunsch, der Menschheit zu helfen, betrittst, so wird auch dir geholfen werden. Dein Talent wird wachsen, und du wirst mit jedem Mal genauer werden.

Ich danke dir. Bedanke dich bei deinen Ratgebern, sag das Abschiedsgebet und komm zurück, indem du von 1 bis 10 und von 1 bis 3 zählst. Du fühlst dich gesund und munter...«

Sie legen die Unterlagen weg und warten. Als Ihr Freund die Augen öffnet, sagen Sie: »Du warst fantastisch. Es hat alles gestimmt, bis auf eines: Es ist das rechte und nicht das linke Bein.«

»Oh, es war zu meiner Linken, daher habe ich links gesagt.«

Sie schütteln ungläubig den Kopf und können nur wiederholen: »Fantastisch.«

Ihr Freund öffnet seine Unterlagen und nimmt einen Fall heraus. Sie merken, daß die Reihe an Ihnen ist. Ihr Freund beginnt zu lesen. Sie suchen die Laborebene auf. »Ich bin bereit.«

»Wenn ich bis 3 gezählt habe, wird der Körper von Charlotte Keith, sechsundsechzig Jahre alt, aus Thomas in Tennessee, auf deinem Bildschirm erscheinen.«

Sie hören das Fingerschnalzen und sehen eine Form. Sie ist nicht sehr klar. Wie sollen Sie da ein gesundheitliches Problem aufspüren können? Sie untersuchen den Körper. Null. ›He, Charlotte, wo liegt das Problem?‹ fragen Sie mental. Ihre Aufmerksamkeit wird auf die Brustregion gelenkt. Sind das Flecken auf ihrer Lunge? Sie erstatten Ihrem Freund Bericht und erklären, daß Sie Charlotte reparieren werden, indem Sie die Flecken beseitigen. Sie löschen sie und sehen die Lunge in perfektem Zustand. »Fertig, ich komme zurück.«

»Warte«, sagt Ihr Freund, »du bist auf dem richtigen Weg mit der Lunge. Sie hat einen schlimmen, chronischen Husten. Aber sie hat auch eine schwere Arthritis in ihren Fingern. Bevor du zurückkommst, nimm bitte dort auch eine Korrektur vor.«

Sie befreien ihre Fingergelenke von einem feinen Puder, das Sie jetzt sehen und abstreifen. Sie danken Ihren Ratgebern, sagen ein Gebet und zählen sich ›nach oben‹.

Ihr Freund grinst von einem Ohr zum anderen. »Du warst großartig!«

»Ich kann es kaum glauben.«

Ihr Freund zeigt Ihnen seine Aufzeichnungen. Es stimmt. Nun müssen Sie es glauben.

Sie fühlen eine große Erleichterung. Jetzt sind Sie ein Medium, eine Hellseherin.

»Was glaubst du, warum ich die Arthritis übersehen habe?« fragen Sie Ihren Freund.

»Wahrscheinlich warst du genauso nervös wie ich und wolltest es vorbei haben.«

Das klingt nach einer vernünftigen Erklärung. Ihr Freund sucht als Nächster die Laborebene auf. Sie führen Ihren Vater an.

»Er kann nicht gehen. Das Problem liegt im Gehirn.« Er arbeitet an seinem Gehirn.

Nun sind Sie als Medium an der Reihe. Ihr Fall ist ein junges Mädchen mit schwerer Akne. Da sie Ihnen nicht das Gesicht zeigen will, erraten Sie das Problem und tragen eine Salbe auf, die es beseitigt.

Sobald alle Gruppen mit ihren Fällen fertig sind, bittet die Trainerin die alte Ordnung mit den Sesseln wiederherzustellen und die alten Plätze wieder einzunehmen.

Orientologen rühmen sich ihrer Medien. Ihr Freund sagt Ihnen, wie gut Sie waren. Sie lassen ihn wissen, wie gut er war. Jeder in der Klasse kann auf einen gewissen Erfolg zurückblicken. Zertifikate über die erfolgreiche Teilnahme am Training werden ausgeteilt. Sie tragen die Unterschriften von der Trainerin und von José Silva. Außerdem werden Mitgliedskarten ausgehändigt, die es den Teilnehmern ermöglichen, ihr Wissen jederzeit und überall auf der Welt aufzufrischen.

Das Training ist beendet. Die Graduierten hängen herum. Niemand möchte schon aufbrechen. Die Trainerin wird von weiblichen und männlichen Teilnehmern gleichermaßen geküßt und umarmt. Adressen und Telephonnummern werden ausgetauscht. Sie können sich nicht erinnern, je zuvor eine solche Begeisterung verspürt zu haben.

Als Sie am nächsten Tag in der Früh munter werden, bleiben Sie noch eine Weile im Bett und denken darüber nach, was das alles zu bedeuten hat. Ein Steinchen fehlt noch in Ihrem Puzzle. Sie greifen zum Telefon und wählen die Nummer Ihrer Eltern.

Ihre Mutter meldet sich. »Wie war dein Workshop, Liebes?«

»Großartig«, antworten Sie. »Wie geht's Dad?«

»Du wirst es nicht glauben, aber gestern abend hat er sich plötzlich aus seinem Rollstuhl erhoben, einen Schritt gemacht und auf einen anderen Fernsehkanal umgeschaltet!«

»Ich glaube dir gern, Mom. Du solltest ihm schnellstens eine dieser Vorrichtungen kaufen, mit deren Hilfe man sich abstützen und gehen kann.«

»Das werde ich noch heute am späten Vormittag erledigen.«

Dann rufen Sie Ihren Freund an, um ihm von dem ›Wunder‹ zu erzählen. Ihr Freund hat noch keine Gelegenheit gehabt, über Ihre Heilarbeit Erkundigungen einzuziehen.

»Ich werde später noch einmal anrufen.«

Sie legen auf, schließen die Augen, gehen in den Alpha-Zustand und programmieren sich für einen perfekten Tag.

18

10 Silva-Schritte zur Verbesserung der Welt

Es wurde bereits erwähnt, daß dieses Buch Sie nicht lehrt, wie man zum Hellseher wird. Es ist ein Buch *über* das Training und nicht ein Trainingsbuch. Dennoch bietet es Ihnen die Möglichkeit, die ersten Schritte zu unternehmen, um Ihr Leben in die Hand zu bekommen und an der Verbesserung der Welt mitzuwirken, zu Ihrem eigenen und zum Wohle der ganzen Menschheit. In diesem Kapitel findet daher ein Wechsel in der Gangart statt, und Sie erhalten konkrete Hinweise in Form von 10 Schritten, um Ihre Selbsttransformation einzuleiten.

Die Schritte 1 bis 3 beziehen sich auf das Training, die Schritte 4 bis 10 stellen, wenn sie der Reihe nach gelesen und vollzogen werden, eine Art Minitraining dar. Bitte beachten Sie das Wort ›*vollzogen*‹. Das Lesen der Seiten genügt nicht, um Sie auszubilden. Das Buch wegzulegen, um die Übungen zu vollziehen, ist der Schlüssel.

Schritt 1: Sei sehen in Ihrem Telefonbuch nach, ob Sie unter ›Silva-Bewußtseinstraining‹ eine Eintragung finden. Wenn dies der Fall ist, gibt es ein Silva-Zentrum mit einer Trainerin oder einem Trainer in Ihrer Nähe. Der Basiskurs des Silva-Bewußtseinstrainings umfaßt zweiunddreißig bis vierzig Stunden, in denen abwechselnd vorgetragen und geübt wird. Er steht unter voller Garantie, das heißt, daß Sie Ihr

Geld zurückbekommen, wenn Sie nach Absolvierung des Kurses nicht zufrieden sind. Ein abgeschlossenes Training bietet Ihnen außerdem den Vorteil, daß Sie jederzeit zur Vertiefung Ihrer Kenntnisse wieder an einem Kurs teilnehmen können, ohne etwas dafür bezahlen zu müssen. Es steht Ihnen offen, den Kurs am selben Ort und beim selben Trainer zu wiederholen oder an einem anderen Ort irgendwo auf der Welt, wo dies möglich ist, sich dem Training zu unterziehen.

Wenn in Ihrem Telefonbuch keine entsprechende Eintragung aufscheint, können Sie natürlich auch im Silva-Hauptquartier anfragen, wo das für Sie am besten zu erreichende Zentrum liegt.

Die persönliche Teilnahme an einem Silva-Bewußtseinstraining ist die wirksamste Art, die Methode zu erlernen. Wenn es Ihnen jedoch nicht möglich ist, an dem Training teilzunehmen, kommt der nächste Schritt für Sie in Betracht.

Schritt 2: Leider bisher nur im amerikanischen Original ist ›*You the Healer*‹ erschienen, das ein komplettes Trainingsprogramm zum Selberüben beinhaltet. Das Training dauert vierzig Tage, und obwohl das Schwergewicht auf den gesundheitlichen Anwendungen der Silva-Methode ruht, können die erworbenen Fertigkeiten auch allgemein zur persönlichen Entfaltung und zur Lösung von Problemen eingesetzt werden.

Der Schlüssel zu diesem Training, wie es in diesem Do-it-Yourself-Buch beschrieben wird, ist eine ›Countdown-Übung‹, die jeden Morgen gleich nach dem Aufwachen durchzuführen ist. An den ersten zehn Tagen zählen Sie von 100 bis 1, an den nächsten zehn Tagen von 50 bis 1, an den übernächsten zehn Tagen von 25 bis 1 und an den letzten zehn Tagen von 10 bis 1. Dann sind Sie in der Lage, den Alphazustand schnell und mühelos durch einen kurzen Countdown von 10 bis 1 zu erreichen. Im Anschluß daran lernen

Sie, wie Sie den Alphazustand zu Ihrem persöhnlichen Vorteil einsetzen können.

Das viertägige persönliche Training ist der beste Weg. Der zweitbeste ist der vierzigtägige Fernkurs und die folgenden sieben Schritte stellen die drittbeste Möglichkeit dar.

Schritt 3: Sie beginnen mit dem oben erwähnten vierzigtägigen Training und gehen dabei wie folgt vor:

Wenn Sie in der Früh aufwachen, suchen Sie, falls nötig, das Badezimmer auf, damit Sie, wenn Sie danach wieder ins Bett zurückkehren, auch wirklich entspannt sind und sich wohl fühlen.

Stellen Sie Ihren Wecker so ein, daß er zehn oder fünfzehn Minuten später läutet − falls Sie einschlafen sollten. Strecken Sie sich nicht ganz flach aus, sondern richten Sie Ihre Kissen so ein, daß Sie etwas aufgerichtet sind. Schließen Sie die Augen, drehen Sie diese leicht nach oben in Richtung Augenbrauen und atmen Sie tief ein und aus. Atmen Sie normal und beginnen Sie von 100 bis 1 zu zählen, wobei Ihr Tempo etwa eine Zahl pro Sekunde betragen sollte. Zählen Sie nicht laut. Zählen Sie mental und lassen Sie die Augen geschlossen.

Wenn Sie die Zahl 1 erreicht haben, beenden Sie die Entspannungsübung auf folgende Weise: Sagen Sie mental zu sich selbst: »Ich werde jetzt von 1 bis 5 zählen. Bei 5 werde ich die Augen öffnen, hellwach sein, und mich wohl fühlen. Ich werde mich besser fühlen als zuvor.« Wenn Sie bei der Zahl 3 angelangt sind, wiederholen Sie mental diese Erklärung und zählen weiter. Wenn Sie die Zahl 5 erreichen, öffnen Sie die Augen und wiederholen mental: »Ich bin hellwach und fühle mich wohl. Ich fühle mich besser als zuvor.«

Nach zehn Tagen zählen Sie von 50 bis 1. Wieder zehn Tage später zählen Sie von 25 bis 1. Und wenn Sie schließlich bei den letzten zehn Tagen angelangt sind, zählen Sie jeden Morgen von 10 bis 1. Sie werden damit höchstwahr-

scheinlich den gleichen tiefen Entspannungszustand erreichen, für den Sie zu Beginn der Übung von 100 bis 1 zählen
mußten. Vielleicht werden Sie sogar noch tiefer entspannen,
weil Sie in der Zwischenzeit gelernt haben, Ihre Gehirnwellen zu verlangsamen. Sie werden fähig sein, den Alphazustand zu erreichen, indem Sie die Augen schließen und
leicht nach oben drehen, einen tiefen Atemzug machen und
von 10 bis 1 zählen.

Das bloße Verweilen im Alphazustand ist bereits von Vorteil. Jeder Denkvorgang, der im Alphazustand stattfindet,
ist ein zentriertes Denken, das beide Gehirnhälften mitein-
bezieht und somit kreativere und weisere Antworten liefert.
Die Schritte 4 bis 10 geben Ihnen Anweisungen, wie Sie
Ihren Alphazustand zwecks größerer Wirksamkeit vertiefen
können, um besonders viel Nutzen daraus zu ziehen.

Schritt 4: Vielleicht werden Sie schließlich den Wunsch
haben, Ihrer Morgenübung weitere Schritte hinzuzufügen,
um Ihren Alphazustand der größeren Wirksamkeit halber
zu vertiefen.

Hier sind einige Übungen für diesen Zweck, aus denen Sie
wählen können. Machen Sie davon Gebrauch im Anschluß
an Ihren Countdown.

■ Betreiben Sie progressive Entspannung, indem Sie sich
auf einzelne Teile Ihres Körpers konzentrieren und jeden
Teil gesondert entspannen. Beginnen Sie mit Ihrer Kopf-
haut, entspannen Sie diese. Dann gehen Sie über auf Ihre
Stirn, die Augen, den Mund, das ganze Gesicht und den
Nacken.

Entspannen Sie jeden Teil einzeln. Machen Sie dasselbe
mit Ihrem Rumpf — Schultern, Brust, Rücken und Hüf-
ten. Zum Schluß entspannen Sie Ihre Oberschenkel,
Knie, Beine, Füße und Zehen. Nehmen Sie sich Zeit und
genießen Sie es.

■ Verwenden Sie eine Affirmation, wie zum Beispiel: »Ich
entspanne mich bei jedem Mal tiefer und schneller.«

■ Stellen Sie sich einige ruhige Bilder vor, die Sie sich gut merken können — ein schattiges Plätzchen, ein friedlicher See, eine Dorfstraße. Machen Sie die mentalen Bilder lebendig, spüren Sie, daß Sie dort sind.

Schritt 5: Führen Sie die nächsten sechs Schritte (5 bis 10) aus, wenn Sie im Alphazustand sind. Der Erfolg dieser Schritte hängt davon ab, wie weit Sie in Schritt 3 gekommen sind und wie gut Sie Schritt 4 zur Vertiefung des Alphazustandes angewandt haben. Ein genügend tiefer Alphazustand öffnet Ihren Geist, so daß er sich wie ein Computer programmieren läßt. Das mentale Programmieren kann durch Worte oder durch Bilder erfolgen. Beenden Sie jede Sitzung, indem Sie von 1 bis 5 zählen, wie in Schritt 3 erklärt wurde.

Wenn Sie die folgenden Affirmationen mental ein oder mehrere Male im Alphazustand sagen, werden sie zur lebendigen Wahrheit für Sie werden.

■ Jeden Tag geht es mir in jeder Hinsicht besser und besser.
■ Positive Gedanken verschaffen mir die Vorteile, die ich mir wünsche.
■ Mein Geist und mein Körper werden immer gesund bleiben.

Es ist am besten, mit einer leicht zu merkenden Affirmation zu beginnen. Fügen Sie erst dann eine weitere hinzu, wenn Sie sicher sind, daß Sie sich nicht anzustrengen brauchen, um sich an die Gedanken zu erinnern, weil Sie sonst Ihre Entspannung stören.

Sie können auch Ihre eigenen Affirmationen bilden, um positive Veränderungen in Ihrem Verhalten oder in Ihrer Persönlichkeit zu erzielen.

Diese Affirmationen werden wirken, wenn sie (1) kurz, (2) glaubhaft, (3) positiv und (4) kreativ sind und helfen, Probleme, sei es für Sie oder andere, zu lösen und nicht neue Probleme zu schaffen.

Schritt 6: Noch bevor der Morgen Ihres vierzigsten Übungstages angebrochen ist, werden Sie in der Lage sein, sich tief zu entspannen — tief genug, um Ihren Alphazustand zur Veränderung von unerwünschten Gefühlen, Haltungen und sogar von unerwünschten körperlichen Zuständen, die nicht zu schwerwiegend sind, verwenden zu können. Wenn Sie eine oder zwei von den in Schritt 4 genannten Techniken zur Vertiefung hinzufügen, wird Ihre Entspannung noch besser werden. Sie können jetzt unerwünschte Zustände aus dem Programm nehmen und den Zustand, der Ihnen lieber ist, einprogrammieren. Lesen Sie zuerst, wie Sie dabei vorgehen müssen. Rufen Sie sich dann den Vorgang, immer wenn Sie entspannt sind, in Erinnerung und bestätigen Sie, daß die gewünschten Resultate eintreffen werden. Zählen Sie von 1 bis 5, öffnen Sie die Augen, und die Veränderung wird eintreten.

Nehmen wir zum Beispiel an, daß Sie bei der Arbeit oder beim Autofahren immer müde und schläfrig werden, was Ihnen Sorgen macht. Um dies zu korrigieren, können Sie Schritt 6 anwenden, entweder an Ihrem Arbeitstisch oder in Ihrem Auto — wobei Sie letzteres vor Beginn der Übung geparkt und den Motor abgestellt haben. Schließen Sie die Augen, machen Sie einen tiefen Atemzug und führen Sie dann den Morgencountdown durch, bei dem Sie gerade sind. Sobald Sie bei Eins angelangt sind, vertiefen Sie Ihren Alphazustand entweder mit der progressiven Entspannungsmethode oder indem Sie eines Ihrer mentalen Bilder visualisieren.

Dann sagen Sie mental: »Ich bin müde und schläfrig. Ich will nicht müde und schläfrig sein. Ich will hellwach sein und mich gesund und munter fühlen. Ich werde jetzt von 1 bis 5 zählen. Bei 5 werde ich die Augen öffnen, hellwach sein und mich gesund und munter fühlen. Ich werde nicht müde und schläfrig sein. Ich werde hellwach sein.« Zählen Sie von 1 bis 3, dann halten Sie kurz an, um sich zu erinnern: »Bei 5 werde ich die Augen öffnen, hellwach sein und mich gesund und munter fühlen.« Zählen Sie weiter und bei 5 öffnen Sie die Augen und wiederholen mental: »Ich bin hellwach, ich fühle mich gesund und munter. Es geht mir besser als zuvor.« Und so wird es sein.

Viele unerwünschte Zustände lassen sich mit dieser Technik leicht ändern: durch Verspannungen verursachte Kopfschmerzen, Morgenmißstimmung, Trübsal und negative Haltungen. Die Grundtechnik bleibt sich immer gleich: Gehen Sie in Ihren Alphazustand, vertiefen Sie ihn, identifizieren Sie den unerwünschten Zustand, erklären Sie, was Sie statt dessen wollen. Bestätigen Sie, daß Sie, wenn Sie bei 5 die Augen öffnen, in dem gewünschten Zustand sein werden. Bei 3 wiederholen Sie diese Erklärung und bei 5 öffnen Sie die Augen und bestätigen, daß Sie den gewünschten Zustand erreicht haben.

Schritt 7: Mit der Silva-Methode können Sie nicht nur sich selbst helfen, sondern auch anderen Menschen. Schritt 7 ist eine Methode, anderen zu helfen. Mit dieser Technik haben Sie die Möglichkeit, ohne ein Wort zu sprechen, Kindern zu helfen, nicht mehr ins Bett zu machen oder Daumen zu lutschen. Auch Erwachsenen können Sie helfen, einen größeren Grad der Reife zu erreichen, sei es was ihr Verhalten betrifft oder ihr Verständnis. Sie brauchen wieder kein Wort zu sprechen, sondern werden eine sogenannte ›subjektive Kommunikation‹ mit der betreffenden Person führen.

Nachdem wiederholte Gespräche nichts gefruchtet hatten, machte Mr. L. von der subjektiven Kommunikation Gebrauch, um seinen Nachbar dazu zu bringen, sein Fernsehgerät leiser zu stellen. Miss F. veranlaßte ihren schmollenden Freund, sie anzurufen. Mrs. S. brachte ein Kind dazu, seine Hausaufgaben mit mehr Freude zu erledigen.

Um eine subjektive Kommunikation anfangen zu können, gehen Sie in Ihren Alphazustand und vertiefen ihn, wie in Schritt 3 und 4 beschrieben. Visualisieren Sie im Alphazustand die Person, mit der Sie sprechen müssen, und führen Sie *mental* ein Gespräch mit ihr. Erklären Sie das Problem und schlagen Sie eine Lösung vor. Dann beenden Sie Ihre Sitzung, indem Sie in der gewohnten Weise von 1 bis 5 zählen.

Die Form Ihrer mentalen Botschaft ist wichtig. Sollten Sie versuchen, Ihren Nachbar zu bewegen, sein Radio leiser zu stellen, wäre es Zeitverschwendung, ihm mental zu sagen: »Sie Mistkerl, drehen Sie Ihr Radio leiser oder ich werde die Polizei rufen!« Mit derart schweren Geschützen aufzufahren könnte zwar auf der objektiven Ebene wirken, niemals aber auf der subjektiven Ebene.

Auf der subjektiven Ebene, die im Funktionsbereich der rechten Gehirnhälfte liegt, ist Ihr Höheres Selbst in Verbindung mit dem Höheren Selbst der anderen Person. Wenn Sie auf eine feindselige Art und Weise sprechen, schaffen Sie eine Dichotomie oder Polarität. Die rechte Gehirnhälfte wird daher ausgeschaltet, denn Polarität fällt unter die Kompetenz der linken Gehirnhälfte. Einen befehlenden, kämpferischen Ton anzuschlagen wird daher nur zu einem Mißerfolg führen. Das Geheimnis ist, die Botschaft in einen liebevollen Rahmen zu stellen.

Es hat auch wenig Sinn, in Ihrer mentalen Konversation darauf zu pochen, daß Sie recht haben und der andere unrecht, da dies ebenfalls Ihre Verbindung zur rechten Gehirnhälfte unterbrechen wird und zwar aus demselben Grund — Dualität gehört in den Aufgabenbereich der linken Gehirnhälfte. Um Erfolg zu haben, vermeiden Sie, ›wer recht hat‹ und bleiben bei dem, ›*was* richtig ist‹.

Um eine liebevolle, auf gegenseitigem Verständnis ruhende Basis für Ihre subjektive Kommunikation zu schaffen, von der Ihr Erfolg abhängt, könnte Ihre mentale Botschaft in etwa lauten: »Mein lieber Nachbar, ein lautes Radio kann nicht nur Ihr Hörvermögen beeinträchtigen, es kann auch die Nerven Ihres Nachbarn strapazieren. Wäre es nicht besser für Sie und für mich, die Lautstärke auf ein gegenseitig besser erträgliches Ausmaß zu senken?«

240

Schritt 8: Sie können die Silva-Methode adaptieren, um Ihren Doktor bei seiner Arbeit, Sie von lästigen Beschwerden zu befreien, zu unterstützen. Hier sind die Schritte:

■ Machen Sie Ihre Morgenübung und vertiefen Sie nach dem Countdown Ihre Entspannung (Schritte 3 und 4).

■ Stellen Sie sich vor, daß Sie Ihre Intelligenz im Inneren Ihres Körpers schützen und suchen Sie tatsächlich die Stelle, die Ihnen Probleme macht, auf.

■ Korrigieren Sie das Problem auf die Art, die Ihnen gerade einfällt (vernähen Sie die Wunde, tragen Sie eine Heilsalbe auf, usw.).

■ Sehen Sie, wie das Problem verschwindet und Sie wieder gesund sind. Sehen Sie, wie der betroffene Körperteil normal funktioniert.

■ Beenden Sie Ihre Sitzung, indem Sie wie gewohnt von 1 bis 5 zählen.

Hier sind einige Beispiele für die Anwendung der Silva-Methode, um die Selbstheilung zu unterstützen:

■ Statten Sie Ihren weißen Blutkörperchen einen Besuch ab und fordern Sie sie auf, sich schnell zu versammeln, um einen Eindringling auszustoßen. Sehen Sie bei dem anschließenden Kampf zu, der sich in jeder von Ihnen gewünschten Form abspielen kann.

■ Suchen Sie Ihre Leber auf. Begrüßen Sie sie liebevoll. Schlagen Sie ihr vor, daß ein bißchen weniger Harnsäure vorzuziehen wäre. Sehen Sie, wie der Gichtknoten verschwindet.

■ Suchen Sie einen entzündeten Rückenmuskel auf. Stellen Sie sich vor, daß Sie ihn mit einer Salbe behandeln, die Entzündungen heilt. Sehen Sie vor Ihrem geistigen Auge, den ›dankbaren‹ Muskel, der nicht mehr schmerzt.

Schritt 9: Sie können sich selbst so programmieren, daß Sie jedes Mal, wenn Sie den Daumen und die ersten beiden Finger egal welcher Hand zusammenhalten, eine tiefere Bewußtseinsebene erreichen. Je weiter Sie, wie in Schritt 3 beschrieben, fortgeschritten sind, desto wirksamer wird diese Drei-Finger-Technik sein. So gehen Sie dabei vor:

Sobald Sie während Ihrer Morgenübung den vertieften Bewußtseinszustand erreicht haben, fügen Sie Daumen, Zeige- und Mittelfinger von einer Hand zusammen und sagen mental zu sich selbst: »Jedesmal, wenn ich diese drei Finger zusammenhalte, funktioniert mein Geist auf einer tieferen Bewußtseinsebene.« Wiederholen Sie diesen Satz noch zweimal und beenden Sie Ihre Sitzung, indem Sie in der gewohnten Weise von 1 bis 5 zählen.

Sie haben sich damit eine Möglichkeit geschaffen, mehr Alphawellen zu aktivieren und somit eine größere Beteiligung der rechten Gehirnhälfte zu erreichen. Zur Erlangung einer größeren Bewußtheit — wann immer dies erforderlich ist — brauchen Sie nur Ihre drei Finger zusammenzuhalten, und dies wird Ihnen helfen

■ die richtige Entscheidung zu treffen
■ die richtigen Worte zu sagen
■ eine optimale Lösung zu finden
■ weise zu handeln
■ die angemessenen Schritte zu unternehmen.

Es gibt zwei Wege, um die Drei-Finger-Technik zu verstärken: Erstens durch die Wiederholung der oben angegebenen Programmierung und zweitens, indem Sie vor ihrer Anwendung in den Alphazustand gehen und sie zur Erfüllung einer bestimmten Aufgabe speziell programmieren. Zu diesem Zweck können Sie die oben angegebene Programmierung zum Beispiel wie folgt ergänzen: »...so daß ich bei der geschäftlichen Besprechung heute nachmittag zum Wohle der Firma das Richtige sagen werde.«

Schritt 10: Zur Steuerung Ihres Wohlbefindens und Ihres Erfolges ist es notwendig, problemorientiertes Denken aufzugeben und statt dessen zu beginnen, *lösungsorientiert* zu denken. Da entspanntes Denken kreativ ist, wogegen problemorientiertes Denken die Probleme nur verstärkt, so vermag nur lösungsorientiertes Denken Lösungen zu bewirken.

Sie können eine Veränderung vornehmen, indem Sie die Silva-Spiegeltechnik benutzen. Als Vorbereitung auf diese Technik gehen Sie während einer Morgenübung in Ihren vertieften Alphazustand und stellen sich dann einen Spiegel vor. Stellen Sie sich vor, daß der Spiegel Szenen beliebiger Größe bergen kann, und weiters, daß der Rahmen dieses Spiegels von blauer zu weißer Farbe wechseln kann. Machen Sie sich mit dem Umstand vertraut, daß der Spiegel mit dem blauen Rahmen das Problem aufzeigt, während in dem Spiegel mit dem weißen Rahmen die Lösung oder das Ziel, das Sie zu erreichen wünschen, zu sehen sein wird.

Sobald Sie während einer Ihrer Morgenübungen einen solchen Spiegel geschaffen haben, werden Sie in der Lage sein, ihn jederzeit zu benutzen. Hier sind die Schritte, wie Sie dabei vorgehen müssen:

- Machen Sie Ihre Morgenübung und vertiefen Sie Ihre Entspannung (Schritte 3 und 4).
- Visualisieren Sie den blau gerahmten Spiegel, wie er das problematische Objekt, die problematische Person oder Szene reflektiert, und studieren Sie das Problem.
- Löschen Sie dieses Bild, rücken Sie den Spiegel etwas nach links, ändern Sie den blauen Rahmen in einen weißen um, und ›sehen‹ Sie die Lösung oder das erreichte Ziel.
- Rufen Sie sich in Erinnerung, daß Sie von nun an, wann immer Sie an dieses Projekt denken sollten, es als weiß gerahmte Lösung sehen werden.
- Beenden Sie Ihre Sitzung, indem Sie in der gewohnten Weise von 1 bis 5 zählen.

Die Linksbewegung des Spiegels kennzeichnet eine leichte Zeitverschiebung in die Zukunft. Schritt 4 ist der Schlüssel;

er führt Sie in Richtung positiven Denkens. Und positiv zu denken, bringt Ihnen alle Vorteile und Erfolge, die Sie sich wünschen.

Sobald Sie am Ende von Schritt 3 angekommen sind, können Sie die Augen schließen, einen tiefen Atemzug machen, von 10 bis 1 zählen und positives Denken jederzeit und überall für konstruktive, kreative oder problemlösende Zwecke anwenden. Sie werden mit beiden Gehirnhälften denken. Ihre linke Gehirnhälfte stellt Ihnen die sichtbaren Mittel zur Unterstützung in dieser materiellen Welt zur Verfügung. Dank Ihrer rechten Gehirnhälfte verfügen Sie nun auch über unsichtbare Mittel zur Unterstützung.

19

Ein Blick in die Zukunft

José Silva hat einen langen Weg hinter sich: Vom Ausfegen eines Friseurladens zum Geleiten von Millionen Menschen in ein besseres Leben. Rückblickend ist zwar weder Krippe, Esel, noch Kreuz zu sehen, doch ein ›einsames Leben‹, das Wunder vollbracht hat.

Doch in diesem Kapitel sollen keine Parallelen zwischen Jesus und José gezogen werden, sondern nur darauf hingewiesen werden, welche Auswirkungen das Werk des letzteren auf die kommenden Jahrzehnte haben wird. Das Zukunftsbild, das José gemalt hat, fußt auf den durch die Silva-Methode hervorgerufenen Veränderungen:

- Die Menschen werden sich bis zu ihrem Tod die volle Gesundheit bewahren, altersbedingte Krankheiten wird es nicht mehr geben.
- Unternehmer werden von ihrer aktivierten Intuition und ihren hellseherischen Fähigkeiten Gebrauch machen und auf diese Weise die richtigen Entscheidungen treffen.
- Junge Leute werden sich nach ihrem Studium intuitiv zu jenem Beruf hingezogen fühlen, für den sie am besten geeignet sind, um auf diese Art der Menschheit zu dienen.
- Die Menschen werden mehr Menschlichkeit und Respekt für alle Formen des Lebens zeigen.
- Bodenschätze und Rohstoffe werden besser genutzt werden, und alternative Rohstoffquellen werden auf hellseherischem Wege entdeckt und geortet werden.

- Arbeits- und Führungskräfte werden auf subjektive Weise miteinander kommunizieren und für das gemeinsame Wohl zusammenarbeiten.

- Den Personaldirektoren wird es besser gelingen, den richtigen Mann an den richtigen Platz zu stellen, die Finanzleute werden die richtigen Entscheidungen in punkto Investitionen treffen, und die Industrie wird wissen, was und wieviel sie erzeugen soll.

- Staatsmänner werden sich tatsächlich wie solche verhalten, weiser reagieren und damit Frieden und Glück auf der Erde fördern.

Diese Voraussagen ergeben zusammen ein visionäres Bild der Zukunft. José kann in einer solchen visionären Höhe leben, für mich ist die Atmosphäre dort zu dünn. Ich muß mich daher mit einem Blick aus der Vogelperspektive begnügen. Was folgt ist meine eigene Vorstellung von der Richtung, die wir einschlagen werden, und von der Zukunft, die uns erwartet.

Wir sind Zeugen eines grundlegenden Wandels unseres Weltbildes. Jahrhundertelang haben wir uns mit einer mechanistischen Sicht der Natur, des Lebens und des Universums zufriedengegeben. Punktum — ändern wir das Vorzeichen, ersetzen wir es durch ein Plus. Und nach dem Pluszeichen steht Bewußtsein.

Die Schulwissenschaft hat das menschliche Bewußtsein lange Zeit ignoriert, obwohl dieses Bewußtsein die Resultate ihrer Experimente beeinflußt hat.

Den Einfluß des menschlichen Bewußtseins auf die Forschung anzuerkennen und zu messen kann sich als kompliziert erweisen. Doch indem wir das Bewußtsein selbst zum Forschungsobjekt machen, wird sich dieses erweitern und eine Bewegung entstehen, die ins Spirituelle und Göttliche führt. Das Studium des Bewußtseins bringt uns unserer eigenen kreativen Quelle näher, die zu verstehen und zu nutzen von jeher die größte Herausforderung für die Wissenschaft dargestellt hat.

In dem Maße, in dem durch die Silva-Methode der Menschheit die Scheuklappen abgenommen werden, so daß Pädagogen, Wissenschaftler und Heiler das Bewußtsein als kreatives Werkzeug zu verwenden beginnen, tritt eine fundamentale Wahrheit zutage: Das Bewußtsein beeinflußt die Materie.

Durch die Silva-Methode kann jeder Mensch lernen, seine persönliche Welt zu verändern. Wer die Silva-Methode praktiziert, kann kranke Organe gesund machen, ein unausgewogenes Bankkonto ins Gleichgewicht bringen und aus dem Lot gekommene Beziehungen wieder einrenken. Wenn wir den Blick in die Zukunft richten, so fällt er auf große Gruppen von Menschen, die gelernt haben, diese Dinge zu tun, und die zusammenarbeiten.

Diese Gruppen, die gemeinsam Entspannung und Visualisierung praktizieren, können — werden! — daran arbeiten, kranke Kulturen, kranke internationale Beziehungen und eine kranke Umwelt in ihr gesundes Gegenteil zu verwandeln.

In Japan heißt es, daß »der größte Krieger zuerst sich selbst erobert«. Die Silva-Methode hat mit dem Individuum angefangen. Der nächste Schritt ist die Gruppe.

Im September 1989 fand in Charlottesville, Virginia, eine Tagung statt, die zum Ziel hatte, Richtlinien für das amerikanische Erziehungswesen festzulegen und ein Komitee zu bilden, das diese Richtlinien ausarbeitete. Diese Richtlinien umfaßten folgende Ziele: Bei Schülern und Studenten sollte vermehrt darauf geachtet werden, ihre denkerischen und problemlösenden Fähigkeiten auszubilden und zu stärken. Bei Kindern stand die Entwicklung einer positiven Einstellung zu sich selbst im Vordergrund und die Anhebung des Lernniveaus, um die Heranbildung eines konkurrenzfähigen Arbeitspotentials zu gewährleisten.

Welch ein Zufall! Auch die Silva-Methode hat sich diese Ziele gesetzt, ja mehr noch, sie hat sie bereits verwirklicht.

Sobald sich ein auf dem Bewußtsein basierendes Paradigma seinen Weg in wissenschaftliche Kreise gebahnt hat, findet es von selbst Eingang in pädagogische, politische und medizinische Kreise, womit sich wieder einmal zeigt, daß es eigentlich nur einen einzigen Kreis gibt.

Was hat dieses Injizieren von Bewußtsein in Wissenschaft, Erziehung und Politik für den einzelnen zu bedeuten? Es bedeutet, daß wir langsam zu verstehen beginnen werden, wie wichtig die subjektive menschliche Erfahrung im Hinblick auf unseren Lebensstil ist. Wir werden uns öfters unseren Tagträumen hingeben. Wir werden öfter unsere innere kreative Quelle anzapfen (die in Wirklichkeit nicht nur in uns, sondern überall ist), um unsere Probleme zu lösen.

Wir werden zu einer neuen Stufe von gegenseitigem Respekt und Harmonie aufsteigen. Wir werden mehr in Einklang mit unserer Umwelt und der Natur sein.

Und sobald wir uns verändern, verändern wir auch die Geschichte.

»Halt!« werden Sie sagen. Das klingt aber auch sehr visionär — mit bloßer ›Vogelperspektive‹ hat das nichts mehr zu tun.

Nein, sage ich. Ich habe mich bloß entspannt und es im Alphazustand niedergeschrieben.

Glaube und Hoffnung sind wesentliche Zutaten für den Erfolg der Silva-Methode. Doch die Jahre vergehen und es werden immer mehr ›Wunder‹ berichtet, so daß die Zutaten von Glaube und Hoffnung von selbst zu entstehen beginnen.

Selbst die Behavioristen sind mittlerweile zu der Überzeugung gelangt, daß diese Zutaten sehr wichtig sind, und für unser Leben und unsere Gesundheit eine große Rolle spielen. Einer der führenden Behavioristen auf dem Gebiet der Medizin, Dr. Neal Miller von der Yale University und

Rockefeller University, hebt hervor, daß der Placeboeffekt ein Beweis dafür ist, daß Gedanken und Erwartungen die physiologische Realität beeinflussen können. Ein weiteres Beispiel für die zunehmende Anerkennung der Rolle des Bewußtseins liefern die Forschungsarbeiten von Dr. Karl Pribram, der beobachtet hat, daß die Neuronen des Gehirns ein Hologramm schaffen. Zwischen diesen beiden Beispielen liegt die unmißverständliche Tatsache, daß das Bewußtsein den Kinderschuhen entwachsen ist.

In einer interessanten Geschichte über die Schöpfung wird berichtet, daß der Schöpfer das Geheimnis ihrer Entstehung nicht auf dem höchsten Berg oder im tiefsten Meer zu verstecken beschloß, wo die Menschen es leicht finden würden, sondern im menschlichen Geist, dem Ort, wo sie zuletzt suchen würden.

Jesus ermahnte uns, dort nachzusehen, doch dieser Teil seiner Lehre wurde nie voll erfaßt. Vielleicht gab es noch andere nach ihm, doch keiner war so erfolgreich wie José Silva, nicht nur was den Grad der Wirksamkeit betrifft, sondern auch die Zahl der Trainingsteilnehmer. Und diese Zahlen sprechen für sich.

Den anderen Forschern fiel es leichter, die Arbeit von José Silva zu ignorieren, als sie zu erklären. Jesus erging es genauso und auch dem Psychologen Carl Jung, der Pionierarbeit geleistet hat und sein Konzept über das kollektive Unbewußte wie folgt zusammenfaßte: »Es reicht überall hin... so wie wir nicht sagen können, wo die Welt aufhört, so können wir auch nicht sagen, wo das Unbewußte endet und ob es überhaupt ein Ende hat.«

Wir finden aber nicht nur bei Jung, sondern auch bei dem Physiker Erwin Schrödinger Bestätigung, der allgemein als einer der führenden Wissenschaftler dieses Jahrhunderts gilt und dessen Forschungen über Wellen die Basis der Quantenphysik bilden. Er sagte, daß wenn man das Bewußtsein der Milliarden Menschen auf der Erde addieren würde, die Zahl Eins herauskäme.

Dr. Larry Dossey, der frühere Leiter des Städtischen Krankenhauses in Dallas, der nun als Internist für die Dallas Diagnostic Association arbeitet, beschreibt, wie eine seiner Patientinnen während einer Gallenblasenoperation einen Herzstillstand erlitt, jedoch erfolgreich wiederbelebt wurde. Diese Patientin beschrieb später Dinge, die sie ›sah‹. Sie gab an, daß der sie operierende Chirurg ungleiche Socken trug. Sie nannte die Namen der Chirurgen, die vor dem Operationssaal in ihrem Warteraum auf die nächste Operation warteten. Sie zählte die Fälle auf, die auf dem Schwarzen Brett standen und demnächst an die Reihe kommen würden. Alle diese Angaben stimmten ganz genau. Doch noch erstaunlicher war die Tatsche, daß diese Patientin von Geburt an blind war und in ihrem Leben nie etwas gesehen hatte.*

Die Kraft des Bewußtseins! Sie bilden die Vorhut, während das Bewußtsein die Denker von heute zu faszinieren beginnt und sich ihre Wertschätzung erobert. Sie kennen die Kraft des Bewußtseins. Vielleicht haben Sie Ihre mentale Kraft noch nicht vollständig entwickelt, aber Ihr Glaube an sie ist bereits so stark, daß Sie die Geschichte von der blinden Patientin, die plötzlich ›sehen‹ konnte, nicht vergessen werden.

Erfreulicherweise ist der Prozentsatz der Leute, die diesen Fall aus ihrem Gedächtnis löschen werden, im Abnehmen begriffen. Die Skeptiker mögen zwar noch immer überwiegen, doch ihre Zahl verringert sich. ›Wunder‹, wie sie die Silva-Methode vollbringt, werden von den Massen mehr und mehr akzeptiert. Doch scheint dieser Prozeß im materialistischeren Westen langsamer vor sich zu gehen als in den Entwicklungsländern oder im Osten, wo entweder weniger Materialismus herrscht oder das spirituelle Bewußtsein größer ist. Für die Zukunft bedeutet das, daß sich die Silva-Methode außerhalb der Vereinigten Staaten schneller ver-

---

* Recovering the Soul: A Scientific and Spiritual Search (New York: Bantam, 1989)

breiten wird, ehe sie schließlich den ihr gebührenden Platz in der planetaren Gesellschaft einnehmen wird.

Wo ist Ihr Platz in dieser Zeit eines sich erweiternden und wandelnden Bewußtseins? Ein Mann hat die Antwort darauf – der Mann, der den Geheimnissen des menschlichen Geistes auf die Spur kam.

Wenn Sie in der Silva-Methode ausgebildet worden sind, werden Sie wahrscheinlich bereits mittels der Kraft Ihres Bewußtseins an diesem Wandel mitarbeiten. Haben Sie ein Problem zu lösen, so fordern Sie einen Traum an, der Ihnen die Antwort gibt, oder Sie benutzen die Glas-Wasser-Technik, um eine Lösung zu erwirken. Wollen Sie ein bestimmtes Resultat oder Ziel erreichen, so wenden Sie die Spiegeltechnik an, um sich entsprechend zu programmieren. Müssen Sie eine geschäftliche Entscheidung treffen, werden Sie Ihr Labor aufsuchen und sich von Ihren Ratgebern helfen lassen. Sollten Sie oder jemand, der Ihnen nahesteht, von einer Krankheit befallen werden, werden Sie ebenfalls Ihr Labor aufsuchen und das Problem ›reparieren‹, indem Sie den abnormalen Zustand schwinden sehen und den normalen Zustand wieder herstellen. Ist Ihrerseits ein sofortiger Geniestreich fällig, so brauchen Sie bloß Ihre drei Finger zusammenzufügen. Alle diese Techniken und noch vieles andere, was Sie in einem kompletten Training lernen können, bewirken, daß Sie Ihre mentale Kraft und das größere geistige Potential, mit dem sie in Verbindung steht, besser nutzen und es für Sie arbeiten lassen.

Ohne ein derartiges Training haben Sie nicht die volle Kontrolle über Ihr Bewußtsein. Sie sind ein Kandidat für Erfolg oder Mißerfolg, Gesundheit oder Krankheit, Glück oder Unglück. Da Sie nicht in der Lage sind, sich die volle Kraft Ihres Bewußtseins zunutze zu machen, werden Sie wahrscheinlich über sichtbare Hilfsmittel verfügen, aber Sie werden wenige oder gar keine unsichtbaren Mittel zur Unterstützung haben. Sie sind wie ein Schiff ohne Steuer. Sie mögen zwar glauben, daß Sie irgendwo hinfahren, doch in

Wirklichkeit treiben Sie ziellos auf dem offenen Meer.

Was immer wir tun und richtig zu machen glauben, ist nur ein kleiner Teil dessen, was wir tun können und tun sollten. Warum? Weil wir nur einen kleinen Teil unseres geistigen Potentials nutzen und weil der Teil, den wir nicht nutzen, der kreativste ist.

Kann die Antwort in öffentlichen Versammlungen oder internationalen Konferenzen gefunden werden?

Nein, wir müssen einen anderen Ort aufsuchen.

Sind Sie willens, in Ihr inneres Königreich zu gehen und einen größeren Teil Ihres Bewußtseins zu aktivieren?

Ich hoffe, Ihre Antwort ist ›Ja‹.

José Silva hofft, daß Sie einverstanden sind, dies zu tun.

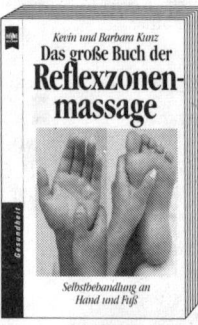

ESOTERISCHES WISSEN

DER SCHLÜSSEL ZUR INNEREN WEISHEIT

Wege und Wahrheiten
für ein besseres und erfolgreiches Leben

ESOTERISCHES WISSEN

08/9595

ESOTERISCHES WISSEN

08/9596

ESOTERISCHES WISSEN

08/9597

ESOTERISCHES WISSEN

08/9598

ESOTERISCHES WISSEN

08/9599

ESOTERISCHES WISSEN

08/9600

WILHELM HEYNE VERLAG
MÜNCHEN